시시콜콜 명리학시리즈 ④

地支

낭월 박주현 지음

지지가 복잡하다고?
요만큼만 알면 돼!

三命

```
국립중앙도서관 출판예정도서목록(CIP)

地支 / 글쓴이: 박주현. -- 논산 : 삼명, 2016
   p. ;   cm. -- (시시콜콜 명리학시리즈 ; 4)

ISBN 978-89-94107-07-3 04180 : ₩14000
ISBN 978-89-94107-01-1 (세트) 04180

명리학[命理學]

188.5-KDC6
133.3-DDC23            CIP2016004341
```

시시콜콜 명리학시리즈 ④ 地支

글쓴이 | 낭월 박주현
1판1쇄 | 2011년 11월 11일
1판2쇄 | 2016년 3월 3일

....

펴낸이 | 홍순란
디자인 | 박금휘
펴낸곳 | 삼명

주소 | 32906 충남 논산시 상월면 상월로 664번길 95호
등록 | 제2011-000001호
전화 | 041-734-2583
팩스 | 041-736-1583
http://www.sammyeong.com

ⓒ 박주현, 2011
ISBN 978-89-94107-07-3 04180
     978-89-94107-01-1 (세트)

....

저자와의 협의에 의해 인지를 생략합니다.
잘못된 책은 바꿔드립니다.
이 책의 전부 또는 일부 내용을 재사용하려면 반드시 사전에
저작권자와 삼명의 서면동의를 받아야 합니다.

오행(五行)의 음양(陰陽)인
천간(天干)의 열 개가
이합집산(離合集散)이 되어서
지장간(支藏干)의 이치(理致)로
세상(世上)에 그 모습을 드러내니

이를 일러서 지지(地支)라고 하고
그 안에 인원(人元)의 조화(調和)까지
깊이깊이 간직하고 있으니
비로소 간지(干支)의 변화(變化)가
활용(活用)의 길을 찾는다.

|목차|

■ 地支편을 시작하며 ················· 22

제1장 十二支의 총론(總論)

1. 地支와 계절(季節) ················· 27

1) 계절이 생기는 이치(理致) ·············· 28
　(1) 황도(黃道) ························· 29
　(2) 황도(黃道)의 12궁(十二宮) ········ 30
　(3) 백도(白道) ························· 33
　(4) 적도(赤道) ························· 34
　(5) 위도(緯道) ························· 36
2) 한국의 계절 ······························ 36
　(1) 춘절(春節)의 寅卯辰 ··············· 37
　(2) 하절(夏節)의 巳午未 ··············· 37
　(3) 추절(秋節)의 申酉戌 ··············· 38
　(4) 동절(冬節)의 亥子丑 ··············· 38

2. 하루의 분류(分類) ····· 40

   1) 조간(朝間)의 寅卯辰 ············· 41
   2) 주간(晝間)의 巳午未 ············· 43
   3) 석간(夕間)의 申酉戌 ············· 44
   4) 야간(夜間)의 亥子丑 ············· 45

3. 방위(方位)의 관점 ····· 48

   1) 동방(東方)의 寅卯辰 ············· 49
   2) 남방(南方)의 巳午未 ············· 50
   3) 서방(西方)의 申酉戌 ············· 51
   4) 북방(北方)의 亥子丑 ············· 52

4. 지장간(支藏干)의 이해 ····· 54

   1) 지장간(支藏干)의 의미(意味) ········ 54
   2) 공간개념의 지장간(支藏干) ········· 56
   3) 시간개념의 지장간(支藏干) ········· 58
   4) 인원용사와 월률분야의 비교(比較) ··· 61
     (1) 子水 ······················ 62

    (2) 丑土 ································· 62
    (3) 寅木 ································· 62
    (4) 卯木 ································· 63
    (5) 辰土 ································· 64
    (6) 巳火 ································· 64
    ※ 巳中戊土의 존재(存在) ············ 65
    (7) 午火 ································· 69
    ※ 午中己土의 존재(存在) ············ 70
    (8) 未土 ································· 70
    (9) 申金 ································· 71
    (10) 酉金 ································ 71
    (11) 戌土 ································ 71
    (12) 亥水 ································ 71
5) 地支와 띠의 관계(關係) ············· 72
6) 地支의 陰陽五行 ······················ 73
7) 地支의 체용(體用) 구별(區別) ········· 74
8) 地支의 배열(排列) ····················· 77
    (1) 독립적(獨立的)인 순서(順序) ······ 77
    (2) 계절적(季節的)인 순서(順序) ······ 77

5. 四行의 一生 ··· 78

1) 木行의 一生·· 79
2) 火行의 一生·· 81
3) 金行의 一生·· 82
4) 水行의 一生·· 83
5) 三合의 오해(誤解) ·· 83

제2장 十二支의 각론(各論)

1. 子水 ································· 87

  1) 子水의 본질(本質) ············ 87
    (1) 양체음용(陽體陰用) ········· 88
    (2) 냉수(冷水)와 빙수(氷水) ····· 89
    (3) 씨앗과 씨알 ················ 89
    (4) 압축된 알갱이 ·············· 90
    (5) 지혜로운 스승 ·············· 92
    (6) 자정수(子正水) ·············· 93
  2) 子水의 글자풀이 ············· 95
  3) 계절(季節)에서의 子월 ········ 97
    (1) 대설(大雪)과 동지(冬至) ····· 98
    (2) 동지(冬至)의 시각(時刻) ····· 99
    (3) 子월의 壬癸 ················ 100
    (4) 자월괘(子月卦) ·············· 101
  4) 하루에서의 子시 ············· 102
    (1) 표준시(標準時)와 자연시(自然時) 102
    (2) 자정(子正)의 전후(前後) ····· 104
  5) 子水와 쥐띠 ·················· 105
    (1) 번식력(繁殖力) ·············· 105

  ⑵ 쥐 발가락 숫자······················106

2. 丑土 ··· 108

 1) 丑土의 본질(本質)··················108
  ⑴ 음체음용(陰體陰用) ···············109
  ⑵ 辛癸己의 구조(構造) ··············109
  ⑶ 우주(宇宙)의 블랙홀 ··············112
  ⑷ 적막(寂寞)한 죽음의 계곡(溪谷) ···114
  ⑸ 열공(熱功)하는 학생(學生) ········115
 2) 丑土의 글자풀이····················118
  ⑴ 게놈과 丑의 유사성(類似性) ········120
  ⑵ 辛金과 癸水는 양쪽 줄기이다. ······121
  ⑶ 己土는 연결선(連結線)이다. ········123
 3) 계절(季節)에서의 丑월 ·····················123
  ⑴ 소한(小寒)과 대한(大寒) ············125
  ⑵ 丑월의 癸辛己 ······················126
  ⑶ 축월괘(丑月卦) ·····················126
 4) 하루에서의 丑시·····················127
 5) 丑土와 소띠·························128

3. 寅木 ················· 130

1) 寅木의 본질(本質) ············ 130
  (1) 양체양용(陽體陽用) ············ 130
  (2) 火의 시발지(始發地) ············ 130
  (3) 임신(姙娠)과 출산(出産) ······ 131
  (4) 임산부(姙産婦)의 안색(顔色) ····· 133
  (5) 탈태요화(脫胎要火) ············ 133
  (6) 戊丙甲과 己戊丙甲 ············ 135
2) 寅木의 글자풀이 ············ 135
3) 계절(季節)에서의 寅월 ········ 137
  (1) 입춘(立春)과 우수(雨水) ········ 137
  (2) 年柱의 기준(基準) ············ 138
  (3) 입춘은 四柱의 기준 ············ 138
  (4) 寅월의 戊丙甲 ············ 140
  (5) 인월괘(寅月卦) ············ 140
4) 하루에서의 寅시 ············ 141
5) 寅木과 호랑이띠 ············ 142

4. 卯木 ················· 144

1) 卯木의 본질(本質) ············ 144
  (1) 음체음용(陰體陰用) ············ 144

(2) 木의 전성기(全盛期) ················ 145
   (3) 10대의 청소년(靑少年) ············· 145
  2) 卯木의 글자풀이 ······················· 147
  3) 계절(季節)에서의 卯월 ················· 148
   (1) 경칩(驚蟄)과 춘분(春分) ·········· 148
   (2) 卯월의 甲乙 ······················· 149
   (3) 묘월괘(卯月卦) ····················· 150
  4) 하루에서의 卯시 ························ 150
  5) 卯木과 토끼띠 ·························· 151

5. 辰土 ··· 152

  1) 辰土의 본질(本質) ······················· 152
   (1) 양체양용(陽體陽用) ················· 152
   (2) 그릇과 내용물 ······················ 153
   (3) 癸水를 저장하는 창고(倉庫) ········ 154
   (4) 창고(倉庫)를 여는 방법 ············· 156
   (5) 乙木의 역할 ······················· 158
   (6) 癸水와 乙木의 관계 ················· 158
  2) 辰土의 글자풀이 ························ 159
  3) 계절(季節)에서의 辰월 ················· 161
   (1) 청명(淸明)과 곡우(穀雨) ············ 161

   ⑵ 辰월의 乙癸戊 ·················· 161
   ⑶ 진월괘(辰月卦) ················ 162
 4) 하루에서의 辰시················ 163
 5) 辰土와 용띠················ 164
   ⑴ 동굴 속의 잠룡(潛龍) ············ 165
   ⑵ 용은 권위의 상징(象徵) ·········· 165
   ⑶ 용의 둔갑술(遁甲術) ············ 165

6. 巳火 ·· 168

 1) 巳火의 본질(本質) ················ 168
   ⑴ 음체양용(陰體陽用) ············ 169
   ⑵ 金의 시발지(始發地) ············ 169
   ⑶ 巳火 속의 庚金 ················ 170
   ⑷ 사라진 戊土 ·················· 172
 2) 巳火의 글자풀이················ 172
 3) 계절(季節)에서의 巳월 ············ 173
   ⑴ 입하(立夏)와 소만(小滿) ·········· 174
   ⑵ 巳월의 戊庚丙 ················ 174
   ⑶ 사월괘(巳月卦) ················ 175
 4) 하루에서의 巳시················ 175
 5) 巳火와 뱀띠················ 176

7. 午火 ························· 178

1) 午火의 본질(本質) ············· 178
   (1) 양체음용(陽體陰用) ········· 178
   (2) 일음(一陰)이 생김 ·········· 179
   (3) 火의 대왕(大王) ············ 180
   (4) 午月에 내리는 서리·········· 181
   (5) 午中己土의 존재(存在) ······ 182
2) 午火의 글자풀이················ 183
3) 계절(季節)에서의 午月 ········· 184
   (1) 망종(芒種)과 하지(夏至) ···· 184
   (2) 午月의 丙己丁 ·············· 185
   (3) 오월괘(午月卦) ············· 185
4) 하루에서의 午時················ 186
5) 午火와 말띠···················· 186

8. 未土 ························· 188

1) 未土의 본질(本質) ············· 188
   (1) 음체음용(陰體陰用) ········· 188
   (2) 용광로(鎔鑛爐)의 역할 ······ 189
   (3) 乙木의 의미 ················ 189
   (4) 丁火의 의미 ················ 191

　　⑸ 乙木과 丁火의 관계·················· 192
　　⑹ 己土의 역할 ························ 192
　2) 未土의 글자풀이······················ 193
　3) 계절(季節)에서의 未月 ················ 195
　　⑴ 소서(小暑)와 대서(大暑) ·········· 195
　　⑵ 未月의 丁乙己 ···················· 196
　　⑶ 未月과 삼복(三伏) ················ 197
　　⑷ 아직은 여물지 않은 곡식 ·········· 198
　　⑸ 미월괘(未月卦) ···················· 199
　4) 하루에서의 未時······················ 199
　5) 未土와 양띠·························· 201

9. 申金 ·· 203

　1) 申金의 본질(本質) ···················· 203
　　⑴ 양체양용(陽體陽用) ·············· 204
　　⑵ 水의 시작(始作) ·················· 204
　　⑶ 申中壬水의 실체(實體) ············ 204
　　⑷ 인원(人元)과 월률(月律)의 戊土 ··· 205
　2) 申金의 글자풀이······················ 206
　3) 계절(季節)에서의 申月 ················ 209
　　⑴ 입추(立秋)와 처서(處暑) ·········· 209

(2) 申월의 戊壬庚 ················ 210
　　(3) 신월괘(申月卦) ················ 211
　4) 하루에서의 申時 ················ 211
　5) 申金과 원숭이띠 ················ 213

10. 酉金 ··· 217

　1) 酉金의 본질(本質) ················ 217
　　(1) 음체음용(陰體陰用) ················ 217
　　(2) 결실(結實)의 적임자(適任者) ······ 219
　　(3) 金의 전성기(全盛期) ················ 220
　　(4) 60대의 초로(初老) ················ 221
　　(5) 발효(醱酵)된 음식(飮食) ············ 222
　2) 酉金의 글자풀이 ················ 224
　3) 계절(季節)에서의 酉月 ················ 226
　　(1) 백로(白露)와 추분(秋分) ············ 227
　　(2) 酉月 庚辛 ················ 228
　　(3) 유월괘(酉月卦) ················ 229
　4) 하루에서의 酉時 ················ 229
　5) 酉金과 닭띠 ················ 230

11. 戌土 ········· 232

1) 戌土의 본질(本質) ············ 232
   (1) 양체음용(陽體陰用) ········ 234
   (2) 화약고(火藥庫) ··········· 235
   (3) 辛金의 작용(作用) ········· 236
   (4) 丁火의 형태(形態) ········· 237
   (5) 辛金과 丁火의 관계(關係) ······ 238
   (6) 火의 휴식기(休息期) ········ 239
2) 戌土의 글자풀이 ············· 240
3) 계절(季節)에서의 戌月 ·········· 241
   (1) 한로(寒露)와 상강(霜降) ······ 242
   (2) 戌月의 辛丁戊 ············ 242
   (3) 술월괘(戌月卦) ············ 243
4) 하루에서의 戌時 ············· 243
5) 戌土와 개띠 ················ 245

12. 亥水 ········· 247

1) 亥水의 본질(本質) ············ 247
   (1) 음체양용(陰體陽用) ········ 247
   (2) 木의 시작점(始作點) ········ 248
   (3) 亥中甲木의 의미 ··········· 250

  ⑷ 월령(月令)의 戊土 ················ 252
  ⑸ 亥中甲木의 生火 ················ 253
 2) 亥水의 글자풀이················ 254
 3) 계절(季節)에서의 亥월 ············ 255
  ⑴ 입동(立冬)과 소설(小雪) ·········· 257
  ⑵ 亥월의 戊甲壬 ················ 258
  ⑶ 해월괘(亥月卦) ················ 258
 4) 하루에서의 亥시················ 259
 5) 亥水와 돼지띠················ 261

13. 地支의 生剋 ················ 264

 1) 子, 午, 卯, 酉의 관계 ············ 264
  ⑴ 생조(生助) ················ 265
  ⑵ 극제(剋制) ················ 265
 2) 寅, 申, 巳, 亥의 관계 ············ 266
  ⑴ 생조(生助) ················ 267
  ⑵ 극제(剋制) ················ 267
 3) 辰, 戌, 丑, 未의 관계 ············ 268
  ⑴ 생조(生助)와 극제(剋制) ·········· 268
 4) 종합적(綜合的)으로 관찰(觀察) ········ 269

제3장 사주작성법(四柱作成法)

1. 사주팔자의 구조(構造) ················· 273

   1) 네 기둥, 여덟 글자················ 274
   2) 生日을 모르면 불용(不用) ············ 275
   3) 정확(正確)하지 못한 정보(情報)········ 276
   4) 오주십자(五柱十字)의 가능성(可能性) 278

2. 四柱를 작성하는 방법(方法) ················· 280

   1) 만세력(萬歲曆) ················ 280
   2) 年柱 ························ 281
   3) 月柱 ························ 282
   4) 日柱 ························ 284
     (1) 야자시(夜子時)와 조자시(朝子時) 285
     (2) 조자시(朝子時) ·············· 286
     (3) 야자시(夜子時) ·············· 287
     (4) 동지(冬至)에서 찾은 유형(類型) ··· 288
   5) 時柱 ························ 290
     (1) 표준시의 변경년도(變更年度) ······ 290

⑵ 동경(東經) 127도 기준(基準) …… 291
⑶ 동경(東經) 135도 기준(基準) …… 292
⑷ 일광절약제(日光節約制) ………… 292
⑸ 지역적(地域的)인 시간차(時間差) 293
⑹ 체감시간 환산법 ……………… 294

3. 대운(大運)의 작성(作成) ………………… 295

1) 대운(大運)은 月柱 기준(基準) ………… 295
2) 대운(大運)의 순행(順行) ……………… 296
3) 대운(大運)의 역행(逆行) ……………… 296
4) 신대운(新大運) ………………………… 297
5) 대운(大運)의 숫자 …………………… 299
6) 만세력(萬歲曆)의 절입일(節入日) …… 300
7) 신대운(新大運)의 대운 변경 ………… 301

4. 세운(歲運) ……………………………… 302

5. 天干의 관계(關係) ········ 304

   1) 干合 ········ 305
     (1) 甲己合 ········ 305
     (2) 乙庚合 ········ 305
     (3) 丙辛合 ········ 305
     (4) 丁壬合 ········ 306
     (5) 戊癸合 ········ 306
   2) 干合의 활용(活用) ········ 306
     (1) 甲己-甲子 ········ 307
     (2) 乙庚-丙子 ········ 307
     (3) 丙辛-戊子 ········ 308
     (4) 丁壬-庚子 ········ 308
     (5) 戊癸-壬子 ········ 308

6. 사주작성(四柱作成) 연습 ········ 309

7. 六甲과 역괘(易卦) ········ 317

   1) 육갑경(六甲經) ········ 318
     (1) 天干 외우기 ········ 319
     (2) 地支 외우기 ········ 319

 (3) 干支 외우기 ························ 320
 (4) 干支 검색법 ························ 322
 (5) 간단한 암기법 ···················· 323
 2) 주역(周易)의 괘상(卦象) ············· 325
 (1) 구궁팔괘(九宮八卦) ············· 325
 (2) 팔괘의 형태(形態) ··············· 326
 (3) 팔괘의 상징(象徵) ··············· 327
 (4) 팔괘의 陰陽과 가족관계 ············· 327
 (5) 팔괘의 五行과 天干 ················ 328
 (6) 팔괘의 방위(方位)와 地支 ········· 329
 (7) 팔괘의 신체(身體)와 장부(臟腑) ··· 329
 (8) 팔괘의 자연(自然)과 동물(動物) ··· 331
 (9) 64괘의 명칭(名稱) ················ 333

■ 地支편의 마무리 ······································· 335

■ 地支편을 시작하며

'春夏秋冬十二支'

地支는 十二支라고 해도 되고 支라고 해도 의미하는 바는 같다. 十干이 변화하는 과정에서 생겨난 것이 十二支라고 할 수 있는데, 이제부터 그 열두 가지의 地支가 가지고 있는 특성(特性)을 공부하게 된다. 그동안 나름대로 알고 있는 것을 바탕으로 삼고 생각을 해가면서 책을 통해서 정리를 하노라면 어느 사이에 十二地支의 의미를 깨닫게 될 것이다.

天干을 한 마디로 요약한다면 '五行陰陽의 본질(本質)'이 되고, 地支는 '본질(本質)의 변화(變化)'가 된다. 天干은 五行이 陰陽으로 확장되는 것을 의미하는 단순(單純)한 것이라고 한다면, 地支는 五行이 陰陽으로 변화된 다음에 그것들을 다시 묶거나 나누거나 하여서 또 다른 변화를 일으키는 과정이다.

地支란 子水, 丑土, 寅木, 卯木, 辰土, 巳火, 午火, 未土, 申金, 酉金, 戌土, 亥水의 열두 글자를 총칭(總稱)하는 말이다. '시시콜콜 명리학시리즈'의 《陰陽》편에서는 상대적(相對的)인 개념을 이해하기 위해서 궁리(窮理)를 했고, 다시 《五行》편에서는 절대적(絶對的)인 개념을 이해하기 위해서 정리를 했다.

그리고 《天干》편에서는 절대성(絶對性)의 상대적(相對的) 변화에 해당하는 열 개의 본질적(本質的)인 이치(理致)를 찾아서 공부를 했다면 이번에는 열두 개의 글자를 이해하게 되는 과정이다. 그러니까 가장 복잡(複雜)할 것이라는 짐작(斟酌)을 해야 할 모양이다.

무엇이든 다 그렇겠지만 이 干支공부는 계속해서 반복적(反復的)으로 진행을 하면서 익히게 되는 것이다. 우리는 이러한 것을 '학습(學習)'이라고 하는데, 이 학습의 뜻을 생각해 보면 '배우고 익힌다.'는 의미이다. 배우는 것은 쉬워도 익힌다는 것은 참 쉽지 않다.

'익힐습(習)'의 글자를 분석해 보면, 날개[羽]와 아흔아홉[白]으로 구성이 되어 있다. 그 뜻은 새가 하늘을 날기 위해서는 날갯짓을 99번 해야만 가능하다는 의미이기도 하다. 그러니 우리가 하나의 이치를 깨닫고 익히기 위해서는 아흔아홉 번의 시행착오(試行錯誤)와 노력이 필요하다는 말이 되는 셈이다.

흰백(白)이 왜 아흔아홉이냐고? 그야 백(百)에서 일(一)을 뺐으니까 그렇게 되는 것이 아니겠는가? '백수(白壽)'라는 말은 '아흔아홉 살'을 말한다는 것이 바로 떠올랐으면 좋겠다. 그러니까 99회 정독(正讀)하면 익혀진다는 말도 되겠다. 이 공부를 뚫어내기 위해서는 그 정도의 열정이 필요하다. 특히 자연의 이치를 궁구(窮究)하는 철학(哲學)이니 당연하다고 해야 할 모양이다.

이 책에서 한글과 한자(漢字)를 병기(併記)하지 않고 한자(漢字)만으로 사용할 글자는 다음과 같다.

한자(漢字)만 표기(表示)하는 글자 보기	
음양편	모든 글자는 한글(한자)로 표시함
오행편	목(木), 화(火), 토(土), 금(金), 수(水) 총 5글자
천간편	음(陰), 양(陽), 천(天), 간(干), 십(十), 연(年), 월(月), 일(日), 시(時), 생(生), 극(剋), 오(五), 행(行), 갑(甲), 을(乙), 병(丙), 정(丁), 무(戊), 기(己), 경(庚), 신(辛), 임(壬), 계(癸) 총 23글자
지지편	자(子), 축(丑), 인(寅), 묘(卯), 진(辰), 사(巳), 오(午), 미(未), 신(申), 유(酉), 술(戌), 해(亥), 지(地), 지(支), 일(一), 이(二), 삼(三), 사(四), 육(六), 주(柱), 합(合), 충(沖), 중(中), 분(分) 총 24글자

 그리고, 十二支의 각론의 끝에 있는 각각의 월괘(月卦)는 역학을 공부하는 학인에게는 기본적인 상식이라고 생각하고 지나는 길에 익혀두기를 바라는 마음으로 언급하고자 한다.

 이제부터는 天干에서 설명하던 것보다도 어쩌면 훨씬 더 복잡한 상황(狀況)을 대입하면서 차근차근 파고 들어가도록 해야 하겠다. 때로는 天干에서 설명을 한 내용들이 다시 거론되기도 할 것이고, 또 때로는 전혀 납득이 되지 않는 이야기가 등장을 할 수도 있을 것이다. 이러한 과정에서 처음에는 상당히 복잡하다고 생각했던 地支의 구조(構造)가 일목요연(一目瞭然)하게 손에 잡히기를 희망한다.

2011년 11월 계룡감로에서
낭월 두손모음

제1장

十二支의 총론(總論)

1. 地支와 계절(季節)

 어떤 단어(單語)를 생각했을 적에 가장 먼저 떠오르는 것을 '대표적인 상징성(象徵性)'이라고 해도 될 것이다. 그리고 地支를 생각하게 되면 무엇보다도 먼저 생각나는 것이 바로 계절(季節)이다. 그래서 地支에 대한 개념으로 계절을 먼저 생각하면서 이해한다면 나중에 정리를 할 적에 많은 도움이 될 것이다.

 天干을 공부할 적에는 인생(人生)과 심리(心理)에 많은 비중(比重)을 두고 궁리를 했다면, 地支를 공부할 적에는 그야말로 땅에 대해서 비중을 두고 관찰하는 것이 '地支'라는 이름에도 잘 어울리지 않겠는가 싶다. 즉 天干을 통해서 천성(天性)을 이해하고 地支를 통해서 환경(環境)을 이해하는 것이 제격이라는 생각도 든다.

 우리나라는 면적이 넓지 않아서 계절을 느끼는 것에 대해서도 대부분 별 차이가 없다고 보아도 되겠지만, 중국(中國)과 같은 넓은 지역에서는 각 지역(地域)마다 계절의 개념이

다르고 실제로 작용력(作用力)도 같지 않다.

그리고 어쩌면 地支의 느낌과 계절의 대입에서 뭔가 일치(一致)하지 않는 느낌이 들 수도 있는데, 이것은 시간적(時間的)으로 5천년이라는 긴 세월 동안의 기후변화(氣候變化)일 수도 있고, 최초(最初)에 측정(測定)을 한 지역과 한국의 체감이 다름으로 인해서일 수도 있을 것이다.

예를 들어서 입춘(立春)이라고 하면 봄을 생각하게 되는데, 한국에서의 입춘은 양력으로 2월 4일 경이라서 아직도 싸늘하게 춥기만 하니 그 상태에서 봄을 느낀다는 것은 뭔가 어색할 수도 있겠다는 생각을 해본 것이다. 그렇지만 地支에 대한 공부를 잘하고 나면 이러한 느낌의 차이도 조정(調整)이 될 것이다. 특히 절기는 '기온(氣溫)'이 아니라 '기운(氣運)'이라고 생각하면 훨씬 이해하기가 쉬울 것이다.

1) 계절이 생기는 이치(理致)

땅에 대해서 이해하기 전에 지구(地球)에 대한 이야기를 좀 하고 넘어가자. 지구에서는 위도(緯度)에 의해서 기후(氣候)가 정해진다. 우리의 인식(認識)대로 설명을 한다면 태양(太陽)이 지나는 길을 적도(赤道)라고 부른다. 만약에 천체(天體)에서 바라본다면 지구의 회전하는 각도와 태양의 각도에 의해서 정해진다고 해야 하겠지만 이 책이 과학적인 설명을 요하는 것은 아니라고 보고 쉽게 이해하면 충분할 것이다. 여하튼 아직도 우리는 '해가 뜬다.'고 하지 '지구의 각도가 회전해서 아침이 되었다.'고 하진 않으니까 말이다.

지구에는 보이지 않는 길과 선(線)이 있다. 여기에 대해서 확실하게 해두고 넘어가면 나중에라도 참고가 될 것이다. 특히 이러한 이야기를 하는 것은 다른 사람에게 地支를 설명해 줄 경우에 참고를 삼으라는 의미도 있으니 정확하게 이해하고 있다면 그냥 넘어가고 그렇지 않다면 잘 알아 놓으면 언젠가 요긴하게 써먹을 때가 있을 것이다.

'보이지 않는 길'이란 적도(赤道), 황도(黃道), 백도(白道)를 말한다. 또 보이지 않는 선은 위도(緯度)와 경도(經度)를 말한다. 길은 자연이 만든 것이고, 선은 인간이 만든 것이다. 그렇지만 인간이 만들었다고 하더라도 자연의 이치를 따라서 만든 것이므로 자연이 만들었다고 해도 그만이다.

(1) 황도(黃道)

황도(黃道)는 태양(太陽)이 지구(地球)를 돌고 있다는 개념으로 만들어졌으니까 이때는 천동설(天動說)이 지배하던 시절이었다고 보면 될 것이다. 지금은 지구가 태양을 도는 궤도(軌度)라고 이해를 해도 무방(無妨)하다. 차[지구]를 타고 가면 나무[태양]나 전주(電柱)가 뒤로 간다고 느끼는 것도 맞고, 나무는 가만히 있는데 차가 앞으로 간다고 해도 맞다. 차 안의 사람은 천동설을 생각한 것이고, 밖에 있는 사람은 지동설을 이야기하고 있을 뿐이니 이것은 단지 관점의 차이일 뿐이다.

이렇게 지구가 태양을 한 바퀴 돌아서 제자리에 오는데 걸리는 시간은 365.2422일이 된다. 즉 365일 5시간 48분

46.08초가 되는 셈이다. 그리고 이것을 12로 나누어 놓고서 그때마다 밝게 보이는 별에 이름을 붙여서 황도(黃道) 12궁(宮)이라고 불렀는데 이것이 점성술(占星術)의 시초(始初)가 되었고, 이것을 바탕으로 운명(運命)을 점쳤던 것이 서양의 점성술이다.

재미있는 것은 서양에서도 12로 나누었다는 것인데, 사람의 생각은 별반 큰 차이가 없었던지 아니면 하늘의 계시를 받은 것이 서로 같았던 것인지는 모를 일이지만 이렇게 비교를 할 수가 있어서 명학(命學)을 연구하는 입장에서도 편리한 점이 많다. 계절(季節)을 이야기 한다고 해놓고 걷잡을 수 없이 커져가는 이야기에 다소 황당할 수도 있겠지만 상식으로 알아 두면 좋은 이야기이니 챙겨 놓기 바란다.

(2) 황도(黃道)의 십이궁(十二宮)

내친 김에 황도 12궁의 명칭과 해당하는 날짜를 살펴보도록 하자. 그리고 어떤 연관성(聯關性)이 있을 수도 있으므로 잠시만 인내심을 발휘하여 따라가 보자.

※ 회귀년 기준

물병자리: 1월 20일~2월 18일
물고기자리: 2월 19일~3월 20일
양자리: 3월 21일~4월 19일
황소자리: 4월 20일~5월 20일
쌍둥이자리: 5월 21일~6월 20일
게자리: 6월 21일~7월 22일

사자자리: 7월 23일~8월 22일
처녀자리: 8월 23일~9월 22일
천칭자리: 9월 23일~10월 22일
전갈자리: 10월 23일~11월 23일
궁수자리: 11월 24일~12월 24일
염소자리: 12월 25일~1월 19일

 날짜를 살펴보면 알겠지만 이것은 달력을 위주로 만들어진 것이 아니다. 달력으로 만들어졌으면 1일부터 30일까지로 나누어졌어야 할 것이니까 말이다. 그렇다면 왜 이러한 날짜로 나누어지게 되었는지를 생각해 봐야 하겠는데, 힌트를 말한다면 하지(夏至)와 동지(冬至)를 생각해 보라고 할 참이다. 동지는 12월 22일 경이다. 그리고 하지는 6월 22일 경인데 묘하게도 경계선의 날짜가 여기에 맞춰져 있다. 그렇다면 이 날짜는 바로 절기(節氣)와 밀접한 연관이 있다는 점을 의심할 여지가 없는 것이다.

 어쩌면 서양인들은 하늘의 신을 믿었던 관계로 항상 하늘의 뜻을 살피다가 12궁의 별자리 변화를 알게 되었고, 동양인들은 땅의 변화에 관심을 두다보니까 24절기를 찾아내게 되었을지도 모른다.

 황도 12궁에서의 기준점은 춘분(春分)이다. 약간의 차이가 있겠지만 결국은 12로 나누면 대체로 비슷하게 떨어지므로 이분(二分)을 기준으로 삼거나 혹은 이지(二至)를 기준으로 삼거나 결과에서는 큰 차이가 없다고 보면 무난할 것이다.

 그러니까 별자리의 구분은 황도(黃道)가 12로 나누어진 것을 분기점(分岐點)으로 해서 붙여진 이름이었던 것이다. 그러므로 사주공부를 하면서 이것에 대해서도 덤으로 알아 두는 것이 좋다는 이야기를 하게 되는 셈이다. 그렇다면 이제는 절기의 날짜와 비교하여 살펴보면서 서로 일치하고 있는지를 비교해 보자.

【節】소한(小寒): 01월 06일　【氣】대한(大寒): 01월 20일
【節】입춘(立春): 02월 04일　【氣】우수(雨水): 02월 19일
【節】경칩(驚蟄): 03월 06일　【氣】춘분(春分): 03월 21일
【節】청명(淸明): 04월 05일　【氣】곡우(穀雨): 04월 20일
【節】입하(立夏): 05월 06일　【氣】소만(小滿): 05월 21일
【節】망종(芒種): 06월 06일　【氣】하지(夏至): 06월 21일
【節】소서(小暑): 07월 07일　【氣】대서(大暑): 07월 23일
【節】입추(立秋): 08월 08일　【氣】처서(處暑): 08월 23일
【節】백로(白露): 09월 08일　【氣】추분(秋分): 09월 23일
【節】한로(寒露): 10월 09일　【氣】상강(霜降): 10월 24일
【節】입동(立冬): 11월 08일　【氣】소설(小雪): 11월 23일
【節】대설(大雪): 12월 07일　【氣】동지(冬至): 12월 22일

　위의 날짜는 평균적인 기준이다. 연도에 따라서 하루 정도의 차이가 날 수도 있다. 그래서 절대적인 것은 아니다. 간혹 입춘(立春)의 날짜가 2월 5일이 되기도 하기 때문이다. 이러한 오차는 천체(天體)가 움직이고, 지구(地球)가 움직이다 보니까 인간이 만들어 놓은 시간과 약간의 차이가 발생한 것으로 이해하고 이것으로 큰 문제를 삼을 것은 없다고 보아도 된다는 말씀이다. 자, 이제 비교 들어간다.

양자리: 3월 21일부터   춘분: 3월 21일부터
게자리: 6월 21일부터   하지: 6월 21일부터
천칭자리: 9월 23일부터   추분: 9월 23일부터
염소자리: 12월 25일부터   동지: 12월 22일부터

이 정도로 참고하고 나머지는 스스로 대입하면서 확인하기 바란다. 간단히 대입을 해봐서 알겠지만 경계선은 절기(節氣)에서 '절(節)'이 아니라 '기(氣)'를 기준으로 되어 있다. 그리고 춘분(春分)이나 추분(秋分), 그리고 동지(冬至)나 하지(夏至)가 모두 '기(氣)'에 속해 있다는 것도 주의해서 살펴봐야 할 부분이다.

나중에 배우게 될 '지장간(支藏干)'을 알고 나면 왜 이렇게 대입이 되어야 하는 것인지도 알게 된다는 여운(餘韻)을 남기면서 이 부분에 대한 설명은 이 정도로 줄인다. 중요한 것은 서양의 별자리가 절기(節氣)에서 나왔고 특히 경계선(境界線)은 기(氣)를 위주로 삼고 있다는 정도만 알아둬도 충분하다고 하겠다. '무슨 별자리에 태어나면 어떻다.'는 설명으로 들어가면 그것은 서양점성술에 해당하는 것이므로 또 별개의 문제라고 하겠다.

(3) 백도(白道)

복숭아 이름이 아니다. 복숭아 이름은 백도(白桃)인 까닭이다. 이 백도는 달이 지구를 29.5일을 주기(週期)로 공전하는 궤도(軌度)를 말한다. 그래서 주기의 질서를 유지하기 위해서 한 달이 29일이면 그 다음 달은 30일로 사용하는 음력

(陰曆)이 만들어진 것이다.

이 백도를 12로 나누게 되면 또한 음력(陰曆)의 기준(基準)이 나오게 되는 것이다. 그러니까 절기력(節氣曆)은 황도(黃道)를 기준으로 한 것이고 음력은 백도(白道)를 기준으로 하였다고 해도 될 것이다. 그리고 달의 위치와 태양의 각도에 따라서 정월 대보름과 8월 대보름이 유난히 크게 보이는 것도 서로 연관이 있는 것이다.

(4) 적도(赤道)

적도는 지구에서 가장 뜨거운 곳으로 위도(緯度)는 0도(度)이다. 여기에 대해서도 좀 있어 보이게 설명을 한다면, '적도(赤道)는 춘분(春分)과 추분(秋分)에 태양이 지구를 지나가는 선상(線上)'이라고 하면 되겠다. 왜냐하면 그 나머지의 기간에는 태양이 북쪽으로 이동하거나 혹은 남쪽으로 이동하기 때문이다.

태양이 북쪽으로 움직이게 되면 지구의 북반구(北半球)에는 여름이 되고, 반대로 남쪽으로 움직이게 되면 남반구(南半球)에서 여름이 되므로 북반구에서는 겨울이 되는 것이다. 그리고 하지(夏至)가 되면 북위 23도를 통과하게 되는데, 이로 미루어서 지구가 23도 기울어져 있다는 이야기를 하게 되는 것이다.

정확히는 23도 26분 22초이다. 그냥 간단하게 23도라고 해도 그만이라는 것을 상용(常用)이라고 한다. 그렇게만 알고 있으면 된다는 이야기이다. 이 지점을 북회귀선(北回歸線)이라고 부른다. 그러니까 하지(夏至)에는 북위 23도에 살고 있는 사람의 정수리 위로 태양이 통과하게 되는 것이다. 이와 반대로 움직이면 남회귀선(南回歸線)이 된다고 알아 두면 틀림없다. 이것을 인체에 대입해 보아도 일리가 있다.

 지구의 구조를 인체에 대입해 본다면 적도(赤道)를 배꼽으로 놓고 보게 된다. 만물(萬物)의 시원(始原)은 아프리카라고 하듯이 배꼽으로 인해서 태생(胎生)의 삶은 시작되는 것이다. 또한 배꼽은 중앙(中央)이기도 하다. 그래서 적도에 해당하는 배꼽은 항상 따뜻해야 하는데, 요즘 젊은 여성의 의상에서 배꼽이 노출되는 것은 아무래도 건강적인 면에서 문제가 있을 가능성을 생각해 보게 된다. 더구나 배꼽에 구멍을 뚫는 것은…….

 북회귀선(北回歸線)은 가슴이다. 심장(心臟)이 있는 자리를 통과한다고 이해를 할 수가 있을 것이다. 그리고 남회귀선(南回歸線)은 생식기(生殖器)가 된다. 생장(生長)을 관장하는 에너지가 모여 있는 곳이라고 할 수 있을 것이다. 지구의(地球儀)를 놓고 살펴보면 인류(人類)의 문화(文化)가 시작된 곳은 모두 북반구(北半球)에 있다.

 북회귀선은 이집트, 인도와 홍콩, 대만(臺灣)을 관통하고 있다. 이러한 곳에서는 식량이 풍부하여 문화에 대해서 꽃 피울 수가 있었을 것이다. 그 이상으로 올라가면 철학적(哲學的)인 세계가 열린다. 이탈리아, 프랑스, 그리스, 중국, 한국, 일본이 모두 북위 30도에서 40도 안에 모여 있는 것을 살펴보면 참 재미있다는 생각이 든다. 풍부(豊富)한 느낌을 갖고 사유할 수가 있는 감성(感性)이 가슴의 위치에 모여 있는 것 같다는 생각이 드는 까닭이다.

(5) 위도(緯度)

앞에서 설명한 바와 같이 위도는 기후(氣候)에 대해서 이해를 할 수가 있다. 크게 나누어서 열대(熱帶), 아열대(亞熱帶), 온대(溫帶), 한대(寒帶), 냉대(冷帶)로 구분이 된다. 그리고 이러한 것을 알아야 되는 이유는 사람이 태어난 지점이 어디냐에 따라서 그 환경을 이해할 수가 있기 때문이다. 그로 인해서 열대(熱帶)에 태어난 사람은 五行에서 水를 찾아야 하고, 냉대(冷帶)에 태어난 사람은 火를 찾아야 하는 이치가 연결되는 까닭이다. 이 정도의 이해라면 계절이 생기는 이치에 대해서 잘 파악이 되었을 것이다.

2) 한국의 계절

우리가 살고 있는 지역에서는 춘하추동(春夏秋冬)의 계절대를 형성하고 있다. 참고로 열대에서는 건기(乾期)와 우기(雨期)만 존재하기도 한다. 그런데 기후도 점차로 변해서 원래는 온대(溫帶)에 해당하는 한국이 점차 아열대(亞熱帶)로 변해가는 과정에 있다고도 한다. 그래서 차(茶)나무를 재배하는 북방 한계선이 지리산에서 강원도까지 올라가고 있다.

기후환경이 달라지는 것으로 인해서 부분적인 변화는 있지만 기본적으로 춘하추동의 사계절(四季節)은 변하지 않고 있다. 그러니까 아직은 종전에 해온 그대로 계절을 12개의 구역으로 나누어 놓고 생활에 대입하여 살펴보더라도 큰 문제는 없을 것으로 생각된다.

(1) 춘절(春節)의 寅卯辰

봄철을 한자어로 춘절(春節)이라고 하고 地支에서는 寅卯辰으로 구분하게 된다. 그러니까 이러한 글자들이 달력에 나타난다면 이 시기는 모두 봄철에 해당한다고 할 수가 있는 것이다. 절기로 구분한다면 입춘(立春)에서 곡우(穀雨)까지의 3개월이다. 그런데 어떤 달력에는 표시가 되어 있지 않을 수도 있다. 여러 가지의 목적으로 만든 달력도 많이 있기 때문이다. 그러니까 이제부터는 적어도 매월의 干支가 표기된 정도의 달력을 걸어 놓고 살펴보기 바란다.

봄철은 木의 계절이다. 그래서 만물이 소생(所生)하고 잉태하면서 짝을 찾아서 사랑의 노래를 부르는 계절이 되는 것이다. 이때를 맞이하여 농부(農夫)는 씨앗을 뿌리고 처녀(處女)는 결혼(結婚)의 부푼 꿈을 꾸게 되는 것이다. 양력으로는 2월 초순부터 5월 초순까지에 해당한다. 음력으로 1월은 寅월이라고 하고, 2월은 卯월, 3월은 辰월이라고 부른다. 또 다소 멋을 부려서 寅월은 맹춘(孟春), 卯월은 중춘(仲春), 辰월은 모춘(暮春)이나 계춘(季春)이라고도 한다. 이것은 그림이나 글을 쓰는 사람들이 즐겨 사용하기도 한다.

(2) 하절(夏節)의 巳午未

여름은 巳월, 午월, 未월로 대입을 하게 된다. 여름이 시작되는 것은 巳火가 담당을 하게 되고, 여름의 기운이 가장 왕성해 지는 것은 午火가 담당하게 되며, 여름이 마무리 되는 단계는 未土가 책임을 지도록 되어 있는 것이다. 양력으로 5월 초순부터 8월 초순까지 해당한다.

(3) 추절(秋節)의 申酉戌

 가을의 시작은 申월이 되고, 왕성(旺盛)한 중심부(中心部)는 酉월이며, 마무리는 戌월에 해당이 된다. 申金의 계절인 음력 7월에는 만물이 결실을 준비하는 시기가 되고, 酉金이 月支에 자리를 잡게 되면 8월이 되어서 왕성하게 결실이 이뤄지는데 이때에 추석(秋夕)이라고 하는 추수(秋收)의 명절(名節)이 들어 있는 것도 우연(偶然)이 아닐 것이다. 이렇게 왕성한 결실의 기운을 받은 오곡백과(五穀百果)가 알차게 영글어 가는 것이다.

 그렇게 결실이 진행되면 다음으로 戌월이 되면서 수확(收穫)의 시기로 접어들게 된다. 이 시기에 수확을 하지 않으면 서리가 내리고 눈이 내려서 결실을 온전하게 거두어들이지 못할 상황이 생길 수도 있으므로 계절의 의미는 농가(農家)에서 더욱 중요하게 여기던 절기(節氣)이기도 했다.

 자연의 흐름에 순응하는 것은 농사(農事)가 가장 대표적이며 앞으로도 대부분 지켜질 것이다. 물론 농법(農法)이 진화(進化)를 해서 한겨울에도 딸기를 구하기가 쉽고, 여름에도 가을 과일을 먹을 수가 있기도 하지만 자연적(自然的)인 관점(觀點)으로 살펴보는 것이 중요하다.

(4) 동절(冬節)의 亥子丑

 겨울철이 되면 자연(自然)은 휴식(休息)에 들어가게 된다. 그렇다고 해서 地支도 휴식을 하고 있는 것은 아니다. 모두가 자신이 맡은 역할을 가지고 있기 때문이다. 그 중에서 亥水는 초벌 저장의 역할을 맡았다. 마치 김장을 할적에 배추에 소금을 뿌려서 부피를 줄이듯이 저장을 위한 준비를 하게 된다.

 또 子水는 완전히 저장을 하는 힘을 발휘하게 된다. 고도(高度)의 압축기술(壓軸技術)은 여기에서 유감(遺憾)없이 발휘되는 것이다. 이렇게 약 30일간에 걸쳐서 압축을 시켜놓으면 子水의 역할은 끝이 나게 된다. 이 기간을 음력으로는 동짓달이라고 부르기도 한다.

 그 다음에 역할을 담당해야 할 地支는 丑土이다. 丑土는 子水가 압축시켜 놓은 모든 씨앗을 알뜰하게 저장하는 일을 맡았기 때문에 엄청나게 큰 항아리에 모든 것을 담아서 깊숙하게 저장하는 것이다. 김치 항아리는 땅 속에 저장하지만 자연상태에서 가을에 결실이 되어서 땅에 떨어진 씨앗은 그 자체로 저장을 하게 된다.

2. 하루의 분류(分類)

하루가 24시간이 된 것은 서양(西洋)에서 지구의 하루 낮과 하루 밤을 24개의 조각으로 나누어 놓은 것이다. 그리고 동양(東洋)에서는 한 단위를 두 배로 해서 12개로 나눴다. 그래서 하루를 나누는 기준이 동서가 서로 같지 않지만, 실상(實相)은 12의 두 배가 24이므로 대입을 하는 것에는 아무런 어려움이 없다.

만약에 서양에서는 하루를 23시간으로 사용하고, 동양에서는 11시간으로 사용했더라면 참으로 복잡한 일이 발생하였을 것이라는 상상을 해볼 수도 있겠다. 물론 그러한 상황이 생긴다면 어떻게 합의점(合意點)을 찾아야 할 것인지를 고민할 수도 있겠지만 참으로 다행스럽다.

한중일(韓中日)에서는 12地支를 바탕으로 형성(形成)된 하루의 시간관(時間觀)을 사용했다. 그리고 이것을 다시 계절(季節)의 춘하추동(春夏秋冬)과 같이 네 개의 그룹으로 묶을 수만 있다면 오행관(五行觀)으로 연결(連結)시키기에 좋은 이점(利點)이 있다. 어수선하게 널어 벌인 것은 정리하고 그룹별로 묶어 놓으면 이해하기에 훨씬 좋으므로 하루와 계절(季節)이 어떤 연관성을 가지고 있는지 생각하면서 살펴보면 된다.

그런데 五行이라고 하면서 왜 자꾸 넷으로 나누는지 의아(疑訝)할 수도 있겠다. 이름이 五行이니까 분명히 다섯이 되어야 할 텐데 말이다. 원래 이렇게 계절의 묶음으로 나눌 적에는 土의 의미는 묶음 속으로 숨어버리고 겉으로 들어나지 않는다고 생각하면 크게 틀리지 않는다. 그러므로 숨어서 보이지 않는 것은 잊어버리고 보이는 것만 논하면 되는 것이다. 다만 그 속에서도 분명히 土의 작용은 움직이고 있다는 것을 잊어버리지만 않으면 된다.

1) 조간(朝間)의 寅卯辰

아침에 배달(配達)되는 신문(新聞)을 조간신문(朝刊新聞)이라고 한다. 그 조간(朝刊)과 이 조간(朝間)의 글자는 다르지만 여하튼 아침과 인연이 있다는 것은 같다고 할 수 있다. 저녁에 배달되는 것은 당연히 저녁과 인연이 될 것이고 그것은 석간(夕刊)이라고 한다. 그렇지만 우리가 지금 분류(分類)하는 것은 사이간(間)이다. 즉 아침나절을 의미하는 조간(朝間)을 말하는 것이다.

寅시부터 시작이 된 것은 木의 기운이다. 시간(時間)으로는 꼭두새벽이라고 하는 3시 반에서 5시 반까지에 해당한다.

아직 해는 돋지 않았지만 새벽이라고 부르고 첫새벽이라고도 한다. 부지런한 사람은 이 시간에 일어나서 하루의 일과(日課)를 준비하기도 한다.

시간에 붙는 반(半), 즉 30분은 2011년 기준으로 표준시(標準時)를 자연시(自然時)로 환산(換算)하기 때문이다. 그리고 이 기준은 1961년도부터 유효하다. 그러니까 그 이전에는 그냥 3시부터 5시까지라고 해야 된다는 것도 알아 두기 바란다. 여기에 대해서는 제3장에서 상세히 설명한다.

卯시는 5시 반에서 7시 반까지를 말하는데 보통 아침을 먹을 시간이다. 직장인(職場人)들이라면 이 시간에 아침을 먹지 않으면 하루의 일에 지장(支障)이 발생(發生)할 수도 있을 것이다. 그래서 어물어물하면 낭패(狼狽)를 당하기 때문에 부지런히 움직이기를 강력하게 요구하는 것이다.

辰시는 7시 반에서 9시 반 사이이다. 자영업자(自營業者)들은 대략 이 시간에 아침을 먹고 움직이게 된다. 일찍 움직여봐야 고객(顧客)들이 아직 움직일 시간이 아니고, 바쁜 사람들의 출근(出勤)하는 시간대(時間帶)는 복잡하기 때문에 조금 느긋하게 움직이는 것이다. 물론 사업을 하는 사람이라도 청과시장(青果市場)의 경매(競賣)를 하는 직업이라면 더 일찍 움직여야 할 것이다.

여기까지를 아침으로 보게 된다. 이 시간은 출근 이전의 시간이기도 하다. 보통 9시부터 업무(業務)에 들어가기 때문이다. 이후(以後)부터는 木의 시간(時間)은 끝나고 火의 시간이 시작된다. 그래서 준비를 하는 단계는 여기에서 끝이 나야 한다. 그런데 아직도 준비가 덜 되었다면 木이 역할을 제대로 수행하지 못한 것이므로 하루의 삶에 차질이 생길 수도 있을 것이다.

2) 주간(晝間)의 巳午未

한낮에는 각자 자신의 삶을 꾸려가기 위해서 열심히 땀을 흘려야 한다. 주야(晝夜)로 교대(交代)하면서 일을 하는 경우에는 휴식(休息)을 취해야 하겠지만 그것은 자연(自然)의 일상(日常)이라고 하기 어렵기 때문에 제외(除外)한다. 사실 이러한 근무형태는 바람직하지 않다는 결론이 난 상태이기도 하다.

火의 시작(始作)은 9시 반부터 11시 반까지의 巳시, 한 중간인 11시 반부터 13시 반까지의 午시, 하루의 마무리에 해당하는 시간인 13시 반부터 15시 반까지의 未시가 모두 일을 하고 활동(活動)하는 火의 시간이다.

그런데 대부분의 직장에서는 적당한 근무시간을 8시간으로 잡아 놓고 있다. 그렇다면 15시 반에서 17시 반까지 해당하는 申시까지도 일을 해야 한다는 이야기가 되는데, 이것이 자연의 흐름에서는 적당하지 않을 수도 있다. 즉 일의 능률(能率)이 현저(顯著)하게 떨어질 가능성도 있다.

만약에 어떤 사업을 하는 대표자(代表者)가 파격적(破格的)으로 하루 6시간을 근무시간으로 한다면 직원들에게 대환영(大歡迎)을 받을 것이며 오히려 효율적(效率的)인 면에서도 반드시 나쁘다고 하기는 어렵지 않을까 싶은 상상을 해보는 낭월이다. 사실 직장인들이 지치고 힘든 것은 申시까지도 일을 하기 때문일 테니까 말이다.

그런데 재미있는 것은 금융기간의 업무시간이다. 주식시장의 증권거래 시간은 15시까지이고 지금은 은행마다 시간이 조금씩 다르지만 과거에는 마감시간이 15시 30분까지 였던 적도 있었다. 그 시간이면 申시 초이거나 이전의 未시가 된다고 보면 틀림이 없을 것이다.

여하튼, 현실은 어떻든 五行으로 본다면 이렇게 하는 것이 오히려 자연스럽다고 하는 생각을 해보는 것도 가능하다. 만약 五行의 이치에 밝은 사람이 사업체를 운영한다면 큰마음을 먹고서 한 번 시도를 해볼만 하지 않겠는가 싶은 생각이 들어서 부추기고 싶어진다.

3) 석간(夕間)의 申酉戌

이번에는 저녁의 시간(時間)이다. 15시 반부터 17시 반까지의 申시에 해당하는 초저녁에는 하루의 일을 수습하고 정리를 하는 시간으로 삼아야 한다. 저녁이라고 하는 것이 현대인에게는 다소 이른 감이 있지만 그것도 우리의 관습에서 아직 해가 중천(中天)에 있으므로 일을 더 해야 한다는 인식(認識)으로 인해서 그렇게 되었을 뿐이다.

반대로 寅시는 아직도 깜깜한데, 우리는 자연스럽게 새벽이라고 하는 것이다. 이와 같은 관점으로 본다면 반대선상에 있는 申시를 초저녁이라고 해서 안될 이유는 없는 것이다. 물론 하루의 일과를 정리하는 시간으로 삼으면 된다. 직장에서도 대략 그러한 일을 하고 있을 가능성이 많을 것이다.

酉시는 17시 반에서 19시 반까지이다. 이 시간에는 저녁을 맛있게 먹어야 할 때이기도 하다. 卯시에 아침을 먹었듯이 하루의 일과(日課)를 마치고 酉시에 저녁을 먹는다는 것은 의미가 있다고 하겠다. 즉 하루를 시작하기 위해서 조반(朝飯)을 먹고, 하루를 마무리 하면서 석반(夕飯)을 먹는 것이다.

그 다음에는 완전히 마무리를 하게 되는 戌시가 19시 반부터 21시 반사이에 진행된다. 이때에는 하루의 일과를 완전하게 끝내고 직장인들도 귀가(歸家)하여 가족들과의 오붓한 시간을 보내면서 하루의 일들을 이야기 나누는 정리의 시간으로 삼게 되는 것이다.

4) 야간(夜間)의 亥子丑

밤이 되면 그 기간을 야간(夜間)이라고 하는데 21시 반부터 23시 반까지의 亥시는 초야(初夜)로 볼 수 있겠고, 이 시간이 되면 낮에 활동을 한 생명체들은 휴식을 위해서 잠자리에 드는 시간이다. 요즘은 저녁에 텔레비전을 보고 술을 마시느라고 이 시간에도 잠을 자지 않을 가능성이 많을 것이다. 그렇게 되면 다음 날의 일에 당연(當然)히 지장(支障)을 초래(招來)하게 된다.

아마도 현재(現在)의 기준으로 저녁 9시에 잠을 자는 곳은 절간 뿐이지 않을까 싶다. 대중(大衆)이 수행(修行)하는 큰

절에서는 저녁 9시가 되면 등불이 꺼진다. 군대는 10시에 잠을 자기도 하는데 절에서는 일찍 자도록 되어 있는 것이 놀랍게도 자연의 시계에 가장 충실(充實)하게 적응(適應)하고 있다는 것을 나중에 五行 공부를 하고 나서야 알게 되었다.

그리고 새벽 3시에 일어나야만 하는 곳도 절간이다. 사찰(寺刹)에서는 일찍 자고 일찍 일어나는 것을 일상적(日常的)인 생활(生活)로 삼고 수행하고 있으니 이보다 더 자연스러울 수가 없다고 해야 하겠다. 여하튼 절간은 그렇게 철저(徹底)히 자연적(自然的)인 곳이다.

밤에는 모든 에너지들이 수축(收縮)하고 있다. 그래서 사람의 능률(能率)도 떨어진다. 이러한 시기에서는 모쪼록 휴식(休息)을 취하는 것이 최선(最善)이다. 그 시간에 잠을 자게 되는 것은 우주의 에너지를 몸에 저장하는 충전(充電)의 시간이기도 한 까닭이다. 그래서 밤에 깊은 잠을 못 자게 되면 다음 날은 하루가 무척 고단한 일과가 되는 것이다.

그러니까 亥시는 수면(睡眠)의 시작이 되고, 子시는 숙면(熟眠)의 시간이며, 丑시에는 잠을 마무리하는 시간에 해당한다. 그래서 이 무렵에는 깊은 잠에서는 벗어나서 주로 꿈을 꾸는 얕은 잠의 시간이 된다고도 한다. 이렇게 여섯 시간을 깊은 잠으로 보내게 되면 일반적으로는 크게 부족하지 않다는 것도 의학적(醫學的)으로 알려진 사실이다. 다만 육체를 많이 쓰는 노동자라면 수면 시간이 부족하다고 생각할 수도 있을 것이다.

이것이 하루의 풍경(風景)이다. 그냥 그렇겠거니 하고 보냈던 나날들이 다시 새로운 느낌으로 각인(刻印)이 될 수 있지 않을까 싶다. 여하튼 항상 새롭게 바라보는 자(者)만이 놀라움을 지속적(持續的)으로 이어갈 수가 있는 것이다. 매양 그날이 그날 같으면 무슨 재미로 살겠는가? 그리고 더 큰 문제는 이렇게 살아가는 사람의 정신(精神)도 빛이 나지 않는다는 것이다.

각자(各者)의 생활환경(生活環境)이 같지 않을 것이므로 모두에게 이와 같은 흐름을 살아야 한다고 말하는 것은 현실성(現實性)이 없는 것이기도 하다. 가령 군인을 생각해 본다면 이들이 밤에 잠을 자지 않고 국토(國土)를 지키기 때문에 국민들이 편안하게 잠을 잘 수가 있는 것이다.

그렇지만 기본형(基本形)은 있기 마련이다. 삶의 기본형은 이렇게 짜여있는 것으로 이해는 하고 가야 하지 않겠느냐는 의견이 되는 셈이다. 그리고 여건(與件)에 따라서 어쩔 수가 없더라도 가능하면 다시 기본형으로 돌아오도록 노력을 하는 것은 알고 있는 것과 모르고 있는 것의 차이라고 해도 될 것이다.

3. 방위(方位)의 관점

 방위(方位)는 동남서북(東南西北)을 말한다. 우리는 통상 (通常) 동서남북(東西南北)이라고 하는데 이것도 틀린 것은 아니지만 그렇게 전해주고 받는 사이에 그 관계를 대립적(對立的)으로 이해를 하고 있다는 것을 알아야 한다. 대립은 좋은 것이 아니다. 뭔가 일을 좀 하려면 항상 남당과 북당이 싸우고 동당과 서당이 대립하는 것을 너무도 지겹게 봐왔으니 더 이상은 보고 싶지 않아서 동남서북이라고 하고 싶어진다.
 대다수의 국민들이 일상적으로 사용하는 언어(言語) 속에서 국민(國民)의 정서(情緖)가 표출(表出)되는지도 모를 일이라는 생각을 하다가 보니까 '동서남북'이라는 말은 하지 말고 귀양을 보내야 하겠다는 생각이 들어서 말이다. 참고로 중국인(中國人)은 동남서북이라고 말한다.
 우리가 계절을 말할 적에는 춘하추동(春夏秋冬)이라고 하면서 방향을 말할 적에는 동남서북이라고 하지 않는 것에 대해서 다시 생각해 보아도 좋을 것이다. 그리고 이 대목을 주의 깊게 살펴본다면 왜 地支의 대표가 계절(季節)인지를 확연(確然)히 알게 될 것이다.

1) 동방(東方)의 寅卯辰

동방의 계절은 봄을 의미한다. 여기에 소속이 되어 있는 寅卯辰도 각자 맡은 역할이 있기 마련이다. 寅木은 일을 시작(始作)하는 단계에 해당하는 것으로 이해를 하면 된다. 卯木은 왕성하게 추진하고 있는 역할이 될 것이고, 辰土는 봄철의 일과를 마무리하는 단계로 보게 된다. 부분적으로 대입을 하면 이렇게 구분을 하지만, 전체적인 地支의 관점으로 보면 기(起)의 단계로 시작하는 의미로 봄철을 이해하면 된다. 그렇게 되면 여름을 승(承), 가을은 전(轉), 겨울은 결(結)이 되겠다.

天干에서는 개별적(個別的)인 특성(特性)을 파악하는데 주력했다면, 地支에서는 서로의 관계에 비중을 두고 관찰해야 한다는 것이 달라지는 공부의 방향이다. 그러므로 天干을 잘 이해하지 않으면 地支에서 또 큰 혼란을 만나게 될 수도 있는 것이다. 원재료(原材料)의 성분(性分)과 특성(特性)을 정확(正確)하게 알고 있어야 어떤 요리(料理)를 하더라도 올바르게 사용을 할 수가 있기 때문이다.

2) 남방(南方)의 巳午未

 남방은 계절로 대입하게 되면 여름과 서로 통한다. 남방은 火에 해당하고 여름도 火의 계절이기 때문이다. 巳火는 火의 집단에서 일을 시작하는 성분이 되고, 未土는 마무리를 하는 것이 되므로 이 둘이 없으면 거두절미(去頭截尾)가 되어버리는 셈이고, 午火만 있을 경우에는 몸통만 있다는 이야기가 되어버린다. 드라마를 볼 적에도 그렇다. 처음부터 시청(視聽)을 한 사람은 진행 과정의 모든 것에 대해서 소상(昭詳)하게 알고 지켜보기 때문에 내용에 대해서 이해하는 정도가 가장 탁월(卓越)하다.

 그런데 처음에는 안 보다가, 나중에 남들이 재미있다고 해서 보기 시작하면 항상 뭔가 미심쩍은 부분이 남게 된다. 더구나 사정이 있어서 끝부분도 못 보게 된다면 참으로 찝찝한 이야기가 되어버린다. 그런데 첫 부분과 끝 부분만 보는 사람도 있다. 이러한 경우에는 午火는 빼버리고 巳火와 未土만 보는 셈이라고 해도 되겠다. 그리고 그 중간의 상황들은 나름대로 상상력(想像力)을 동원(動員)해서 꿰어 맞추면 그것도 재미있는 일이기는 하다. 그렇지만 정확(正確)하지는 않으니 이것이 문제이다.

 午火는 세력으로 모여서 일을 할 적에는 몸통이 된다. 午火는 무슨 일을 하던지 항상 火의 일에서 중심(中心)이 된다는 것을 짐작할 수가 있는 것이다. 未土는 火의 일에 대한 마무리가 된다. 그러니까 未土가 없다면 마무리가 되지 않아서 유시무종(有始無終)이나 용두사미(龍頭蛇尾)의 경우(境遇)를 연출(演出)하게 될 가능성이 있다. 물론 火의 일로 보았을 적에 그렇다는 말이므로 巳午만 있고 未가 없을 경우에 해당하는 것으로 이해를 하면 되겠다.

 설마, 벌써부터 地支는 복잡(複雜)하다고 생각하는 것은 아니기를 바란다. 왜냐하면 본격적(本格的)인 이야기는 시작도 하지 않았기 때문이다. 그리고 단순(單純)하게 살고자 하면서 이 공부를 시작했다면 최대(最大)의 불행(不幸)이라고 해야 할 것이다.
 이 공부는 단순하게 시작해서 복잡하게 전개되었다가 다시 단순해지는 과정을 거치게 되는데, 전개되는 과정에서의 압박감(壓迫感)을 못 이기고 탈락(脫落)하는 경우가 너무 많음을 잘 알고 있는 낭월이기에 이렇게 초장(初場)부터 마음가짐을 가볍게 하지 말고 긴장(緊張)을 조금 하라는 의미로 압력을 넣고 있는 것이다. 공부를 하다가 그만두면 억울하지 않겠는가 말이다.

3) 서방(西方)의 申酉戌

 서방도 金이고 가을도 金이므로 서로 같은 의미로 이해를 해도 무방하다. 다만 계절은 절대적인 의미를 나타내지만 방위는 이러한 글자들이 서로 모여있을 경우에 맡는 역할이라는 점에 차이를 두고 이해하면 된다.
 申金은 金의 집단에서 설계(設計)를 담당하고 기획(企劃)

을 추진(推進)하는 역할(役割)을 맡았다. 또 酉金은 왕성하게 일을 처리(處理)하고 진행(進行)하는 일에 몰두(沒頭)를 하게 되고, 戌土는 그 일들의 마무리와 뒷수습을 하는 역할로 자신의 임무(任務)를 충실(充實)하게 수행하게 되는 과정을 맡았다.

酉金은 金의 중심(中心)에 있는 세력이다. 왕성하게 자신의 본분(本分)을 다하고자 한다. 그러므로 초지일관(初志一貫)으로 오로지 금사(金事)에만 관심을 둔다. 그러니까 金으로서 해야 할 일에만 관심을 둔다는 말이다. 金의 일이란 수렴(收斂)하고 결실(結實)하는 과정(過程)이다.

戌土는 金의 역사(役事)에서 마지막으로 수습(收拾)을 하는 역할이 된다. 결실의 마무리는 수확을 하는 것이니 戌土가 이 일을 맡은 것이다. 그래서 최선을 다해서 자신의 임무(任務)를 수행하게 된다.

4) 북방(北方)의 亥子丑

북방(北方)에서는 亥子丑이 역할(役割)을 담당하게 되는데, 亥水는 水의 역할에서 초기적(初期的)인 작업(作業)을 수행하는 임무를 부여(附與)받았기 때문에 저장에 대한 준비를 하게 된다. 김장을 할 적에 바로 김치를 담그는 것이 아니라 일단 절이는 단계를 거쳐서 수분을 어느 정도 제거하고 숨을 죽인 다음에 비로소 양념을 버무리는 것과 비교해서 이해를 할 수가 있겠다. 그러니까 亥가 맡은 것은 바로 절임에 있다는 것이다.

　子水는 水의 왕성(旺盛)한 본진(本陣)이다. 그 힘은 강력(强力)하고 흐트러짐 없이 초지일관(初志一貫)으로 자신의 임무를 수행하는 역할로서 水의 저장능력(貯藏能力)을 강화시키는 것이 본분(本分)이다. 그런데 커튼을 만들어도 앞에서 잘 접어서 주름을 잡아줘야 하듯이 여기에서도 亥水의 시작이 잘되어야 子水의 임무도 멋지게 진행이 될 수 있다.

　丑土는 水의 일을 마무리하고 수습하는 역할을 담당한다. 그래서 항상 뒤에서 기다리고 있다가 亥水를 거쳐서 子水에서 성공적(成功的)으로 결과(結果)를 얻은 것을 마무리하여 정리(整理)를 하게 된다. 그래서 土는 모두 마무리와 수습(收拾)을 하는 것이 본분(本分)이라고 보면 틀림이 없다.

　그러니까 子水를 만난 丑土는 저장의 일을 마무리하고, 酉金을 만난 丑土는 결실의 일을 마무리하게 되는 것이다. 비슷해 보이면서도 약간 다른 차이가 있는 것인데 이러한 점은 차차로 이해를 넓혀가노라면 자연히 정리가 될 것이므로 지금은 그냥 그런가보다 하고 넘어가도 된다.

4. 지장간(支藏干)의 이해

 이제는 地支의 기본적(基本的)인 구조에 대해서 대략적(大略的)인 위치(位置)나 역할(役割)이 무엇인지 어느 정도 가늠이 되었을 것이다. 이제부터는 地支 속으로 파고 들어가서 구조(構造)를 이해하도록 설명을 한다. 계절이나 방위에서는 地支 자체로 대입을 하였지만 사주풀이를 할 적에는 月支의 地支를 제외하고는 그렇게 볼 경우는 거의 없다. 그야말로 그냥 개념으로만 그렇게 보는 것으로 이해(理解)하고 실질적으로 활용하는 단계(段階)에서는 지금부터 설명하는 지장간(支藏干)을 잘 이해하는 것이 중요하다.

1) 지장간(支藏干)의 의미(意味)

 地支를 이해하기 위해서는 지장간(支藏干)을 알아야 하는 것이 필수적(必須的)인 과정(過程)이다. 글자의 의미로만 본다면, '地支에 감춰진 天干'이라는 의미가 된다. 그렇지만 地支에 감춰졌다는 말이 자칫하면 오해(誤解)를 불러일으킬 수도 있으므로 주의가 필요하다고 하는 점을 강조(强調)하게 된다.

 이름 속에 들어 있는 '감춰졌다'는 글자가 가지고 있는 뜻이 문제이다. 기본적인 地支에 새로운 그 무엇이 별도로 감춰진 것으로 오해를 할 수가 있기 때문이다. 그렇다면 왜 '장(藏)'이라는 글자를 썼을까? 그것은 地支만 전부(全部)라고 생각을 하면 안된다는 의미였을 것이다. 그럼 어떻게 이해(理解)를 하면 되는가? '地支는 天干의 독립적(獨立的)이거나 혹은 혼합적(混合的)으로 구성(構成)된 물질(物質)'이라고 보면 된다.

 그러니까 '亥=甲(30%)+壬(70%)'라고 이해를 하면 틀림이 없는데 혹시라도 '亥는 亥대로 존재하면서 추가로 甲(30%)+壬(70%)가 있는 것'으로 이해를 하지는 말라는 의미이다. 말하자면 지장간(支藏干)이 바로 地支인 것이다. 이렇게만 이해를 하면 정확(正確)하다.

 지장간(支藏干)을 사용하는 역학(易學)은 자평명리학(子平命理學)이다. 다른 역학분야에서 거론하는 경우는 잘 보이지 않는데 유독 자평명리학에서만 地支를 보는 방법으로 지장간을 채용(採用)하고 있는 것을 보면 자평법(子平法)만의 독특(獨特)한 세계(世界)가 나타나게 되는 것이라고 생각을 해본다.

 그리고 지장간(支藏干)을 이해하는 방법은 두 가지가 있는데, 하나는 독립적(獨立的)으로 이해하는 것이고 또 하나는 연속적(連續的)으로 이해하는 방법이다. 독립적으로 이해하는 것을 '인원용사(人元用事)'라고 하고, 연속적으로 이해하는 것을 '월률분야(月律分野)'라고 부른다. 여기에 대한 자세한 이치에 대해서는 나중에 다시 거론을 할 것이므로 지금은 지장간(支藏干)의 의미만 파악하고 이야기를 풀어가도록 한다.

2) 공간개념의 지장간(支藏干)

독립적(獨立的)인 지장간(支藏干)				
地支		지장간의 비율		
旺支	子水	癸 0.3	癸 0.2	癸 0.5
	午火	丁 0.3	丁 0.2	丁 0.5
	卯木	乙 0.3	乙 0.2	乙 0.5
	酉金	辛 0.3	辛 0.2	辛 0.5
生支	寅木	丙 0.3	甲 0.2	甲 0.5
	申金	壬 0.3	庚 0.2	庚 0.5
	巳火	庚 0.3	丙 0.2	丙 0.5
	亥水	甲 0.3	壬 0.2	壬 0.5
庫支	辰土	癸 0.3	乙 0.2	戊 0.5
	戌土	丁 0.3	辛 0.2	戊 0.5
	丑土	辛 0.3	癸 0.2	己 0.5
	未土	乙 0.3	丁 0.2	己 0.5

이 표는 地支의 개별적(個別的)인 天干의 비율(比率)을 의

미한다. 여기에서 사용된 숫자에 대해서는 '낭월의 사용공식'이라고 하는 전제(前提)를 붙여놔야 할 것 같다. 왜냐하면 모든 학자들이 이와 같은 표를 사용하는 것은 아닌 까닭이다. 참고로 이 표는 하건충 선생의 관점을 개선(改善)한 것이다.

하건충 선생은 월률분야의 수치에 대해서 의문을 가지고 보다 합리적이면서 쉬운 대입을 할 방법을 모색하다가 이와 같은 공식을 얻게 되었을 것으로 짐작을 해본다.

이 표를 사용하는 이유는 대입이 편리하고 특별한 문제점이 발견되지 않아서이다. 그러므로 일단 그대로 참고하여 대입하다가 무슨 문제점이 생겼다면 그때에 수정(修整)해도 될 것이라는 이야기를 해둔다. 아마도 그럴 리는 없을 것이라는 확신은 가지고 있지만 또 알 수 없는 일이기에 드리는 말씀이다. 그리고 다른 책에 나와 있는 지장간(支藏干)의 비율과 비교해서 수치가 다르게 기록된 것으로 혼란을 겪지 말라는 당부이기도 하다.

地支의 장간(藏干)을 공간적인 개념(概念)으로 이해를 하는 것은, 예를 들어 寅木이 四柱 안에 존재한다면 그 사람이 어느 계절에 태어났더라도 무관하게 寅木의 성분인 丙甲의 기능을 가지고 있다고 보는 관점이라고 할 수 있다.

참고로 고서(古書)에서는 이러한 구조를 일러서 '인원용사(人元用事)'라고 기록했다. 그것은 천지인(天地人)의 개념(概念)에서 나온 것이다. 天干은 천원(天元)이요 地支는 지원(地元)이라면 지장간(支藏干)은 인원(人元)이 된다는 의미를 말한다. 이것을 부연설명하면 인간은 땅의 기운으로 육신(肉身)을 얻었지만 하늘의 기운을 내재(內在)하고 있는 존재(存在)라는 의미도 된다. 또한 인간사(人間事)의 모든 비밀은 이 지장간(支藏干)에서부터 나온다고 하는 말도 있을 정도로 그 역할은 중요하다.

그리고 지장간(支藏干)의 표 정도는 무조건 외워두는 것이 좋다는 압력(壓力)을 넌지시 넣는다. 그만큼 중요하다는 의미이다. 어차피 고수(高手)가 되기 위해서는 六十甲子와 지장간은 외우지 않을 수가 없다. 우선 급한 마음에 도표(圖表)를 보면서 이해하고 활용(活用)하면 될 것으로 생각이 될 수도 있지만 막상 실제로 임상(臨床)에 들어가게 되면 그것이 얼마나 폼이 나지 않는 어설픈 스타일인지를 저절로 알게 될 것이다. 그때에 가서 허겁지겁 외우는 것보다는 지금 여유롭게 오며가며 외워 놓으라는 말씀이다.

3) 시간개념의 지장간(支藏干)

절기(節氣)는 절(節)과 기(氣)의 합성어(合成語)이다. 그 달이 시작되는 기점(起點)으로부터 15일간이 절(節)이고 나머지 15일은 기(氣)가 되는 것인데, 자평명리학(子平命理學)에서는 기(氣)를 논하지 않고 절(節)만 논한다. 참고로 육임(六壬)이라는 점술계통의 분야에서는 기(氣)를 크게 관찰한다. 이렇게 각 분야에서 비중을 두고 있는 것이 제각기 다르다. 아마도 점(占)과 기(氣)는 서로 통하기 때문이 아닐까 싶은 생각도 해본다.

또 각 절(節)이 교체(交替)되는 시기(時期)는 대부분(大部

分) 양력(陽曆)으로 매월(每月) 초순(初旬)의 4일에서 9일 사이에 들어오게 된다. 이렇게 일정한 시간이 되면 변화하니 이것은 분명히 시간(時間)과 인연이 있는 구조이다. 그래서 계절에서 논하는 地支의 장간(藏干)은 시간적(時間的)인 개념(概念)으로 이해를 한다. 그것은 결국 여기(餘氣)와 중기(中氣)와 본기(本氣)라는 구조를 만나더라도 어렵지 않게 수용(受容)이 되는 것이다.

 이해를 돕기 위해서 절기(節氣)와 월률분야에 대한 표를 살펴보도록 하자. 이것은 시간개념이기 때문에 언제부터 언제까지는 무슨 절기에 해당하고 또 그 절기가 지나면 무슨 절기가 들어오는지를 알게 된다.

절기(節氣)와 지장간(支藏干)				
24절기	月支	餘氣	中氣	本氣
대설~동지	子月	壬:10	癸:20	
소한~대한	丑月	癸:9	辛:3	己:18
입춘~우수	寅月	戊:7	丙:7	甲:16
경칩~춘분	卯月	甲:10	乙:20	
청명~곡우	辰月	乙:9	癸:3	戊:18
입하~소만	巳月	戊:7	庚:7	丙:16
망종~하지	午月	丙:10	己:9	丁:11
소서~대서	未月	丁:9	乙:3	己:18
입추~처서	申月	戊:7	壬:7	庚:16
백로~추분	酉月	庚:10	辛:20	
한로~상강	戌月	辛:9	丁:3	戊:18
입동~소설	亥月	戊:7	甲:7	壬:16

제1장 十二支의 총론

절기(節氣)의 구체적(具體的)인 내용(內容)은 각론(各論)에서 다시 설명(說明)을 하게 될 것이므로 시기에 대해서만 알아 두면 된다. 표에서 생소하게 보이는 용어는 정리하면 좋을 것이다. 여기(餘氣)라는 말은 지난달의 기운(氣運)의 여운(餘韻)이 남아있다는 뜻이고, 중기(中氣)는 여기(餘氣)와 본기(本氣)를 이어주는 기운이 되고, 본기(本氣)는 비로소 해당 하는 달의 기운(氣運)이 발생하게 되는 것으로 이해를 하면 된다. 이러한 이유로 인해서 계절이라고 하는 시간개념으로 이해를 하면 된다.

 참고로 고서(古書)에서는 이러한 구조를 '월률분야(月律分野)'라고 표시했는데, 여기에서 율(律)을 생각해 보면 일률적(一律的)으로 반복해서 나타나는 이치(理致)라는 뜻이 포함되었을 것으로 본다. 그리고 전해지는 책마다 天干이나 비율이 일치(一致)하지 않는 면도 있으므로 참고적으로 알아 두면 되겠고 실제로 四柱를 대입할 적에는 크게 비중을 두지 않는다.

 참고로, 강호(江湖)에는 월률분야의 이론을 크게 확대해서 대입하는 경우와 地支 자체에 비중을 두는 경우가 있다는 것도 알아 두도록 한다. 그리고 낭월의 관점은 월률분야는 비중을 두지 않고 참고만 하는 정도이고, 地支에 비중을 두고 四柱를 관찰하고 있는 셈이다. 우선 이렇게 이해를 하고서 나중에 활용하는 단계에서 월률분야도 같이 연구해 보기 바란다.

4) 인원용사와 월률분야의 비교(比較)

	인원용사-空間	월률분야-時間
子	癸:1.0	壬:10 癸:20
丑	辛:0.3 癸:0.2 己:0.5	癸:9 辛:3 己:18
寅	丙:0.3 甲:0.7	戊:7 丙:7 甲:16
卯	乙:1.0	甲:10 乙:20
辰	癸:0.3 乙:0.2 戊:0.5	乙:9 癸:3 戊:18
巳	庚:0.3 丙:0.7	戊:7 庚:7 丙:16
午	丁:1.0	丙:10 己:9 丁:11
未	乙:0.3 丁:0.2 己:0.5	丁:9 乙:3 己:18
申	壬:0.3 庚:0.7	戊:7 壬:7 庚:16
酉	辛:1.0	庚:10 辛:20
戌	丁:0.3 辛:0.2 戊:0.5	辛:9 丁:3 戊:18
亥	甲:0.3 壬:0.7	戊:7 甲:7 壬:16

표를 보면 같은 地支라도 인원용사와 월률분야 간에 구조(構造)와 비율(比率)이 다르다는 것을 알 수 있다. 낭월도 과거(過去)에는 월률분야의 지장간(支藏干)에 비중을 두고 연구하고 임상을 했는데, 임상이 쌓이면서 월률분야는 月支의 경우에만 참고를 하고 나머지는 인원용사를 위주로 대입하는 것이 타당하다고 판단(判斷)을 하게 되었다.

그렇지만 입문(入門)을 한 초학자(初學者)의 관점(觀點)에서는 이렇게 서로 차이가 나는 것에 대해서 어떻게 이해해야 할 것인지도 궁금할테니 이를 감안(勘案)하여 간단하게나마 참고적(參考的)인 설명을 한다.

(1) 子水

인원용사에서는 癸水만 생각하면 되는데, 월률분야에서는 壬癸를 생각해야 한다. 그러니까 대설(大雪)이 지나고 10일까지는 壬水가 하늘의 기운을 장악(掌握)하고 있다가 11일부터 癸水에게 넘겨주고 떠나간다는 의미이다.

(2) 丑土

인원용사와 월률분야에서 모두 같은 辛癸己가 되므로 달라지는 것은 비율이다. 소한(小寒)부터 9일간은 子월에서 넘어온 癸水가 자리를 지키다가 辛金에게 넘겨줘서 3일을 유지하다가는 己土에게 인계를 하는 것으로 이해하게 된다.

(3) 寅木

인원용사에서는 丙甲으로 보게 되고, 월률분야에서는 戊丙甲이 되므로 내용물(內容物)이 달라졌다. 여기에서 戊土는 지난달인 丑월에서 넘어온 것으로 보게 되는데, 丑월의 기운은 己土였으므로 己丙甲이 되어야 합리적(合理的)인데 그렇지가 못하다. 뭔가 문제가 있었던 것은 아닐까 싶은 의문(疑問)을 가지고 계속 살펴보았다.

戊土가 갑자기 나타난 것은 이해가 어렵지만 그래도 억지로라도 말이 되게 만든다면, 己土의 습토(濕土)가 넘어 왔지만 기운이 陽으로 변하는 바람에 己土가 戊土로 변했다고 볼 수도 있겠다는 궁리도 해봤다. 그렇지만 자연스럽지 않아서 껄끄러운 것은 사실이다.

《三命通會(삼명통회)》에서는 己丙甲으로 되어 있다. 그렇지만 대부분이 그냥 戊丙甲으로 대입을 하므로 일반적으로 따르는 것을 억지로 바꾸는 것도 쉬운 일은 아니라는 생각이 든다. 그렇지만 月支에 비중을 두지 않고 인원용사(人元用事)를 위주(爲主)로 대입하면서 이러한 고민은 잊어버리게 되었다.

인원용사에서 논하는 것이 丙甲인 이유는 원래 지난달에서 무엇이 넘어오고 말고 하는 것은 의미가 없는 것이다. 干支의 기능이 月支에만 있는 것도 아닌 바에는 독립적(獨立的)으로 관찰(觀察)을 할 필요가 있기 때문이다. 그래서 戊土는 없는 것이 끼어들었다고 봐서 제거하고 나면 丙甲이 남게 되는 것이다.

丙火는 寅木의 주인(主人)이다. 왜냐하면 寅木은 火生支가 되는 까닭이다. 그리고 甲木은 본체(本體)이므로 두 글자는 반드시 그렇게 존재해야 할 이유와 논리적(論理的)인 근거(根據)가 된다는 것을 알게 되면 戊土는 의미가 없는 글자로 변하게 된다. 아울러서 월률분야의 寅, 申, 巳, 亥에는 모두 戊土가 있는데, 인원용사에서는 사용하지 않는다.

(4) 卯木

인원(人元)에서는 乙만 사용하고 월률(月律)에서는 甲乙을 논한다. 경칩부터 10일간 지난달에서 관리자(管理者)로 존재하던 甲木이 넘어왔다가 乙木에게 자리를 넘겨주는데, 이렇게 지난달에서 넘어온 天干을 여기(餘氣)라고도 하고, 초기(初氣)라고도 부른다.

이 여기(餘氣)는 달은 바뀌었지만 아직 여운(餘韻)이 남아있다는 의미가 된다. 예를 들어 대통령(大統領)이 임기(任期)를 마치고 물러난 후에 새로운 대통령이 부임하더라도 전 대통령이 재직(在職)하였던 당시의 여러 영향(影響)들은 여전히 남아 있어서 새로운 대통령에게도 영향이 미치는 것과 비슷한 셈이다.

(5) 辰土

인원(人元)에서는 癸乙戊로 보고, 월률(月律)에서는 乙癸戊의 순서로 대입을 한다. 丑월과 마찬가지로 비율에 대해서만 차이가 나는데, 인원에서 癸水가 30%의 많은 비율을 가지고 있는 것은 辰土가 수고(水庫)이기 때문이다. 그렇지만 월률에서는 잠시 일을 맡게 되는 3일 즉 10%에 해당하는 비중을 가지고 있으니 이 두 개념은 서로 다른 것이다.

하건충 선생은 乙을 0.3으로 보고 癸를 0.2로 대입했는데, 이것은 월률분야의 비중을 고려하여 대입한 것으로 보인다. 다른 地支의 土도 모두 마찬가지이다. 그리고 진춘익 선생이 癸에 0.3을 배당하고 乙에는 0.2를 배당했는데, 이것은 辰土가 수고(水庫)의 역할을 맡은 것이 더 비중이 크다고 봐서이다. 그리고 낭월도 이 주장이 진일보(進一步)한 것으로 봐서 수용하였다.

(6) 巳火

인원에서는 庚丙으로 논하고 월률에서는 戊庚丙으로 논한다. 여기에서도 寅월과 마찬가지로 辰월의 戊土가 넘어와서

7일을 담당하게 되어서 여기(餘氣)로 존재(存在)하게 되는데 인원에서는 논하지 않으므로 제외하게 된다.

그런데 고서(古書)에서는 인원용사(人元用事)에서도 巳월의 戊庚丙은 붙어 다니는 곳이 적지 않게 많다. 여기에 대해서는 따로 설명을 해야 할 모양이다. 이 巳中戊土를 어떻게 해야 할 것인지를 고민하느라고 보낸 많은 시간들을 생각하면 설명이 필요할 것이기 때문이다.

※ 巳中戊土의 존재(存在)

월률에서만 사용을 할 적에는 아무런 문제가 없는 巳월 戊土이다. 그런데 인원(人元)으로 관점을 옮겼는데도 보는 책마다 빠지지 않고 따라다니는 이 글자를 어떻게 해야 할 것인지에 대해서 궁리를 해도 답이 나오지 않았던 것이다.

그런데 황당하게도 전혀 예상(豫想)치도 못했던 곳에서 그 해답(解答)이 출현(出現)하게 되었다. 그것은 바로 십이운성(十二運星)에 그 뿌리를 두고 있었던 것이다. 그렇다면 십이운성은 또 무엇인가? 물론 낭월의 《왕초보사주학》을 보았다면 안면이 있을 것이지만 그렇지 않은 경우를 생각하여 간단하게 설명을 해야 할 모양이다.

십이운성(十二運星)은 다른 말로 포태법(胞胎法)이라고도 한다. 地支를 12종류의 단계를 만들어 놓고서 그 단계를 거쳐서 五行이 순환하는 것으로 인식하는 법이다. 물론 이것은 풍수학(風水學)에서도 많이 사용이 된 것으로 봐서 오래된 역사를 가지고 있는 것은 틀림이 없다.

그 열두 가지의 요약된 이름은 절(絕), 태(胎), 양(養), 생

(生), 욕(浴), 대(帶), 녹(祿), 왕(旺), 쇠(衰), 병(病), 사(死), 묘(墓)이다. 절(絶)에서 시작하여 한 바퀴 유전(流轉)하고는 다시 묘(墓)로 돌아가는 구조(構造)인데, 인간(人間)이 잉태되어서 살아가다가 늙고 병든 다음에 죽어서는 묘에 묻힌다는 이야기이다.

아무래도 이쯤에서 십이운성의 표를 하나 봐야 할 모양이다. 영양가(營養價)도 없는 자료를 찾아서 또 이 책 저 책을 방황하는 것도 시간이 아까운 탓이다. 낭월이 아까운 지면(紙面)을 낭비(浪費)하는 것도 감수(甘受)하고 표 하나를 만들어서 실제로 어떤 구조인지 볼 수 있도록 해야 하겠다. 다만 미리 말하지만 이것을 외운다거나 중요하다는 생각은 절대로 하지 말라는 당부를 한다. 왜냐하면 이것은 그야말로 구조만 이해하는 용도로 보여 주려는 것이 그 목적이기 때문이다. 그러므로 괜한 고생은 하지 말고 구조만 살펴보면서 이해하기 바란다.

십이운성[일명 포태법]표										
	甲	乙	丙	丁	戊	己	庚	辛	壬	癸
絶	申	酉	亥	子	亥	子	寅	卯	巳	午
胎	酉	申	子	亥	子	亥	卯	寅	午	巳
養	戌	未	丑	戌	丑	戌	辰	丑	未	辰
生	亥	午	寅	酉	寅	酉	巳	子	申	卯
沐浴	子	巳	卯	申	卯	申	午	亥	酉	寅
冠帶	丑	辰	辰	未	辰	未	未	戌	戌	丑
建祿	寅	卯	巳	午	巳	午	申	酉	亥	子
帝王	卯	寅	午	巳	午	巳	酉	申	子	亥
衰	辰	丑	未	辰	未	辰	戌	未	丑	戌
病	巳	子	申	卯	申	卯	亥	午	寅	酉
死	午	亥	酉	寅	酉	寅	子	巳	卯	申
墓	未	戌	戌	丑	戌	丑	丑	辰	辰	未

표를 보면 알겠지만, 丙戊와 丁己는 완전(完全)히 똑같은 구조를 하고 있다. 五行의 형태(形態)와 역할(役割)이 다르다는 것을 이미 알고 있다면 이 논리(論理)는 문제가 있음을 직감적(直感的)으로 파악할 수가 있을 것이다.

물론 내친 김에 보여 주기는 하나, 괜히 시간낭비하면서 다른 것은 볼 필요 없고, 丙戊와 丁己에 대해서만 살펴보는 것이 좋겠다. 다음 항목의 午火에 대한 설명에서도 이 부분이 참고 되어야 할 것이기 때문이다.

왜 이런 현상(現象)이 생겼을까? 그것은 아마도 五行 중에서 土의 위치(位置)를 찾지 못한 시기에 만들어진 표는 아닐까 싶은 생각을 해봤다. 원래 土는 잘 보이지 않고 뚜렷한 성향(性向)도 나타나지 않기 때문에 어렵다. 그래서 고대(古代)의 철학자들이 답을 찾지 못하고 고민하다가 유사(類似)하다고 판단이 된 火에게 붙여 놓은 것이라고 짐작만 해본다.

이렇게 오랜 세월이 흐르면서 지혜로운 학자들에 의해서 양질의 자료들이 쌓이고 이론적으로도 진보(進步)해서 이제 五行이 각각의 영역을 가지고 있는 것으로 이해하는 시대(時代)가 되었는데도 그 오랜 관습(慣習)은 쉽사리 고쳐지지 않고 이렇게 소개를 하지 않으면 안되는 지경(地境)에 다다랐다고 해야 할 수도 있겠다. 여하튼 이해만 바로 하면 된다.

그런데 이 이야기가 자평법(子平法)에 들어와서 행세(行勢)를 하였다. 낭월도 처음에는 '대단히 중요한 것인가 보다.' 싶어서 깍듯이 대우를 하다가 나중에 보니까 아무것도 아닌 것으로 판단이 되어서 내쫓아 버린 존재(存在)들이다. 물론 이 논리를 그대로 적용(適用)시키는 학자들도 있을 것이다. 그것은 나름대로 쓸모가 있다고 생각되어서일 것이므로 그것까지 뭐라고 할 것은 아니다.

문제는 지장간(支藏干)에서도 이 녀석들이 행세를 하고 있었다는 것이다. 즉 丙戊는 巳火에 건록(建祿)이 되는데, 丙火가 같은 성질(性質)의 陽火인 巳火에 건록이 되는 것은 타당성(妥當性)이 있다고 하더라도, 五行이 다르고 역할(役割)도 다른 戊土 조차도 여기에 근거지(根據地)를 둔다는 것이 아무래도 의아(疑訝)했다. 처음에는 지장간을 연구하면서도, 이 녀석이 당연히 붙어 있다고 생각해서 나름대로 풀이하기를, '丙火가 庚金을 剋하는 것에 대해서 보호(保護)를 하려고 戊土가 그 자리에 있다.'는 생각으로 자신의 의문을 합리화

(合理化) 시켰다.

그런데 이제 庚金은 丙火에게서 직접(直接) 단련(鍛鍊)을 받아야만 한다는 것을 알고 나서 다시 의심(疑心)의 눈초리로 바라보다가 어느 순간(瞬間)에 비로소 그 존재(存在)의 출처(出處)가 십이운성(十二運星)이었다는 것을 발견하고서는 아무런 미련이 없이 한 방에 날려버린 것이다.

물론 이러한 주장(主張)은 낭월의 소견(所見)이다. 그러므로 벗님이 공부를 하면서 이러한 이론들을 참고하거나 말거나 그것은 각자의 판단(判斷)에 맡길 뿐이다. 다만 낭월은 이러한 관점(觀點)으로 巳中戊土를 바라보기 때문에 논외(論外)로 한다는 것은 이해를 하고 있어야 할 것 같아서 이러한 기회에 언급을 해둔다.

(7) 午火

인원에서는 丁火만을 논하지만, 월률에서는 丙己丁을 논한다. 여기에서 丙火는 지난달의 巳火에서 주관(主管)을 하던 丙火라는 것을 알겠는데, 己土는 왜 그 자리에서 버티고 있는 것인지에 대해서 또 한 번의 수수께끼가 일어나게 된다. 己土는 지난달에서 넘어온 것도 아니면서 다른 子卯酉는 모두 한 가지 五行만으로 구성이 되어 있는데 어쩐 일로 유독(惟獨) 午火는 己土를 대동(帶同)하고 있는 것인지는 풀어야만 되는 숙제였던 것이다. 물론 지금은 모두 해결이 되었다. 그것은 바로 巳中戊土와 같은 맥락(脈絡)으로 이해를 하면 간단하게 풀리는 문제이다.

여기에 대해서도 약간의 이해를 돕도록 하자. 어차피 '시시콜콜'이니까 조금 더 설명을 해놓는 것이 혹시라도 납득이 되지 않을 벗님에게 도움이 되지 않을까 싶어서이다. 물론 십이운성을 이해하고 나면 너무도 간단하게 해결이 나버린다는 것이 오히려 허탈(虛脫)하다고 해야 할 모양이다.

※ 午中己土의 존재(存在)

십이운성에는 丙戊가 같은 巳火에 건록(建祿)을 두고 있듯이 丁己도 또한 같은 午火에 건록(建祿)을 두고 있었던 것이다. 즉 陽土는 陽火를 의지하여 기생(寄生)하고, 陰土는 陰火를 의지하여 기생하고 있었던 것이다. 그러니까 巳中戊土와 午中己土는 서로 같은 입장에 의해서 그 자리에 있었다는 이야기가 된다.

표를 보면서 명료(明瞭)하게 이해가 되었다면 午火 속의 己土가 왜 있게 되었는지를 순식간(瞬息間)에 파악하게 되었을 것이다. 낭월은 이것을 이해하기 위해서 많은 시간을 허비(虛費)했지만 벗님은 이 인연으로 단번에 알게 되었으니 그것이 보상(補償)이라고 생각하면 그나마도 위로가 조금은 되기도 한다.

(8) 未土

인원에서도 乙丁己로 나타나고 월률에서도 丁乙己의 순서(順序)로 되어 있는 것을 보면 대동소이(大同小異)하다. 비율에 대한 차이만 정리(整理)하면 그 나머지는 그대로 관찰해도 무방할 것이다.

(9) 申金

인원에서는 壬庚으로 논하고, 월률(月律)에서는 戊壬庚 혹은 己戊壬庚으로 논하는데, 寅木에서와 같은 의미이지만 己戊壬庚으로 논한 곳이 상당히 많은 것을 보면 未월에서 강하게 화기(火氣)를 받은 己土의 힘을 어느 정도 인정한 것이 아닐까 싶다.

여기에서 戊土든 己戊土든 인원에서는 논하지 않으면 된다는 것을 알고 관찰하면 된다.

(10) 酉金

인원에서는 辛金만 생각하면 되는데, 월률에서는 庚辛을 생각하게 된다. 그 이유는 지난달인 申월의 庚金이 넘어와서 10일간 작용을 하기 때문으로 이해를 하면 된다.

(11) 戌土

인원의 丁辛戊와 월률의 辛丁戊는 다른 土와 마찬가지로 비율의 차이가 좀 다를 뿐이고 구성은 대동소이하므로 그대로 이해하면 문제는 없을 것이다.

(12) 亥水

인원에서는 甲壬을 논하고, 월률에서는 戊甲壬으로 보는데, 戊土는 戌中戊土가 넘어온 것으로 이해하면 된다. 그리고 인원에서는 戊土는 논하지 않고 본체(本體)인 壬水와 씨앗이면서 희망인 甲木을 논하면 된다.

5) 地支와 띠의 관계(關係)

 띠는 누구나 알고 있을 것이다. 그리고 地支와 연결(連結)되어 있기 때문에 지나가는 길에 알아 두자고 언급을 하지만 실제로 자평명리학에서는 별다른 의미를 두지 않는다. 다만 고서(古書)를 보게 되면 해당 地支를 설명하면서 종종 띠를 응용(應用)하기도 하는 까닭에 혹시라도 모르고 있다면 곤란할 수도 있으니까 참고로 알아 두는 것이다.

 그래서 공부를 하다가 보면, 꼭 필요해서 반드시 알아 둬야 하는 것도 있지만 중요한 의미는 없더라도 남들의 말귀를 알아듣기 위해서 모르면 곤란한 것도 있는 것이다. 요즘 아이들이 하는 말을 못 알아들으면 '사오정'이라고 놀린다. 몰라도 그만이라고는 하더라도 그들의 대화에 끼어들기 위해서라도 조금은 알아 두는 것이 소통(疏通)에 도움이 될 것이다.

年支와 띠의 관계			
子	쥐[鼠]	午	말[馬]
丑	소[牛]	未	양[羊]
寅	호랑이[虎]	申	원숭이[猿]
卯	토끼[兎]	酉	닭[鷄]
辰	용[龍]	戌	개[狗]
巳	뱀[蛇]	亥	돼지[猪]

 참고로 호랑이띠는 범띠라고도 하고, 원숭이띠는 잔나비띠라고도 한다. 닭띠는 봉황띠 라고도 하는데 황제가 닭띠일 경우에 그렇게 아첨(阿諂)을 한 것이 아닌가 싶다. 그리고 원숭

이가 등장하는 것만 보아도 이 동물들은 모두 중국에서 생겨났다는 것을 짐작할 수 있을 것이다.

만약에 띠의 이야기가 더 남쪽에서 생겨났더라면 악어나 코끼리가 등장을 했을 수도 있을 것이기 때문이다. 또 상상의 동물인 용이 등장을 하는데, 이것이 좀 엉뚱해 보이기는 하지만 나중에 각론(各論)에서 약간의 의견을 첨가(添加)하기로 한다. 띠에 대해서는 일반적인 상식으로 알아 두는 정도면 충분하다.

6) 地支의 陰陽五行

天干의 五行과 陰陽은 단순하다고 할 수도 있겠는데 地支의 경우에는 그렇지가 않아서 별도(別途)로 약간의 설명을 하고 넘어가는 것이 나중에라도 의문(疑問)이 남지 않을 것으로 생각이 된다. 태극(太極)에서 陰陽으로 나뉘어서 사상(四象)이 되었고, 여기에 土를 포함시켜서 五行이 되었다.

이 五行을 陰陽으로 나누게 되면 十干이 되는데, 그 十干이 地支로 물질화(物質化) 하면서 다시 이합집산(離合集散)의 과정을 거쳐서 十二支로 정착(定着)이 된 것으로 이해하면 된다.

陰陽	陽						陰					
四象	少陰			太陽			少陽			太陰		
支	寅	卯	辰	巳	午	未	申	酉	戌	亥	子	丑
五行	陽木	陰木	陽土	陽火	陰火	陰土	陽金	陰金	陽土	陽水	陰水	陰土
季節	봄			여름			가을			겨울		

地支의 구성(構成)

 그런데 이것이 시간적(時間的)으로 차이(差異)를 두고 일어난 것인지, 아니면 어느 순간(瞬間)에 거의 동시(同時)에 일어나게 된 것인지에 대해서는 어떤 답도 내릴 수가 없다. 다만 우리는 시간적인 개념으로 이해하는 것이 습관(習慣)이 되었으므로 그러한 방법을 통하여 이해하고 있다는 것도 생각하면서 살펴보기 바란다. 이와 같이 표는 간단하게 표시를 하지만 실제로 그 속에 들어 있는 의미는 좀 더 관찰을 하면서 음미(吟味)를 했으면 좋겠다. 그 과정에서 반드시 뭔가 얻을 내용(內容)이 있을 것으로 기대가 되는 까닭이다.

7) 地支의 체용(體用) 구별(區別)

 天干의 경우에는 체(體)와 용(用)이 같이 작용(作用)하게 되는데, 地支는 그렇게 단순하지가 않아서 네 개의 地支는 체용(體用)이 뒤바뀌게 된다는 것을 알지 않으면 나중에 상당히 혼란스러운 일이 발생(發生)할 수 있다. 표 안에 ▲를 참고하여 살펴보면 쉽게 구분이 될 것이다.

地支의 체용(體用)			
子	▲ 體陽用陰	午	▲ 體陽用陰
丑	體陰用陰	未	體陰用陰
寅	體陽用陽	申	體陽用陽
卯	體陰用陰	酉	體陰用陰
辰	體陽用陽	戌	體陽用陽
巳	▲ 體陰用陽	亥	▲ 體陰用陽

원래(原來)의 地支는 다음과 같이 陰陽으로 나누는 것이 일반적(一般的)이다. 그리고 자평명리학(子平命理學)을 제외하고는 또한 이와 같은 방식(方式)을 사용하는 경우가 대부분이므로 주의하지 않으면 괜한 일로 갈등(葛藤)을 느낄 수도 있으므로 지금 알아 두는 것이 좋겠다.

○ 陽支 – 子, 寅, 辰, 午, 申, 戌
● 陰支 – 丑, 卯, 巳, 未, 酉, 亥

이렇게 나타낸 것은 地支의 순서에 따라서 陽陰으로 대입한 것이다. 좀 더 자세히 정리하기 위해서 다음과 같이 살펴보면 이해가 쉬울 것이다. 이것을 地支五行의 체(體)라고 알아 두면 되겠다. 자평명리학을 제외한 대부분의 역학(易學)에서는 이러한 공식을 그대로 대입하고 있으므로 혼란이 없기 바란다.

마치 홀짝으로 陽陰이 부여된 것처럼 보이기도 한다. 이것을 제대로 이해하지 못하고서 자평명리학에서도 이와 같이 대입을 하게 되면 큰 혼란에 빠지게 되는데, 그것은 나중에 십성(十星)에 대해서 공부를 하면서 뼈저리게 느끼게 된다. 그래서 지금부터 올바르게 대입하도록 안내하는 것이다. 그렇다면 사주학에서 사용하게 되는 地支의 陰陽에 대한 쓰임새[用]를 생각하는 방법으로 나열(羅列)을 해보도록 하자.

```
地支 - 子 丑 寅 卯 辰 巳 午 未 申 酉 戌 亥
본질 - 癸 己 甲 乙 戊 丙 丁 己 庚 辛 戊 壬
陰陽 - ● ● ○ ● ○ ○ ● ● ○ ● ○ ○
```

陰陽이 뒤섞여 있어서 일견(一見) 혼란스러워 보이지만 地支는 표로 나열하는 것이 목적은 아니라 각각(各各)의 실체(實體)를 바로 이해하는 것이 중요하기 때문이다. 무엇보다도 地支의 본질(本質)은 지장간(支藏干)에 있음을 주의해서 살펴보면 문제는 순식간(瞬息間)에 풀려 버린다. 즉, 地支의 본질(本質)은 天干으로 가늠하면 된다는 것이다. 그러한 이유로 해서 子水는 양체(陽體)이지만 癸水가 본질(本質)이므로 陰水로 대입하게 되는 것으로 알고 있으면 틀림없다.

또 午火도 마찬가지로 양체(陽體)이지만 본질(本質)이 丁火이므로 陰火로 논하게 되어서 실제로 작용을 하게 될 경우에는 陰火로 논하게 된다는 것을 분명하게 알고 있으면 대입하는데 아무런 문제가 없다. 巳火와 亥水도 같은 관점(觀點)으로 이해하면 간단하게 해결이 될 것이다.

8) 地支의 배열(排列)

地支의 배열에는 고래(古來)로 두 가지의 방법(方法)을 사용하고 있다. 여기에 대해서 간단히 언급을 해두는 것이 나중에라도 궁금한 마음이 생기지 않을 것 같다.

(1) 독립적(獨立的)인 순서(順序)

地支를 독립적으로 설명할 경우에는 子丑寅卯辰巳午未申酉戌亥로 배열을 한다. 그리고 일반적으로 그냥 地支라고 하게 되면 이와 같은 순서로 생각을 해도 거의 틀림이 없다. 그냥 보편적(普遍的)인 배열이다. 이 구조(構造)의 기준점(基準點)은 子水가 되고, 절기(節氣)로 본다면 동지(冬至)가 된다. 그러니까 동지를 기준으로 해서 대입을 하게 될 경우에는 이와 같이 설명이 된다는 것도 참고로 알아 두면 된다.

(2) 계절적(季節的)인 순서(順序)

계절적으로 地支를 배열하게 되면 봄을 나타내는 寅卯辰으로 시작을 해서 여름을 나타내는 巳午未와 가을을 나타내는 申酉戌, 그리고 겨울을 나타내는 亥子丑으로 나누어서 대입을 하기도 한다. 그래서 寅卯辰巳午未申酉戌亥子丑으로 배열을 하게 된다. 기점(起點)을 말한다면 입춘(立春)이 되는데, 여기에서는 계절단위로 설명하는 것이므로 개별적(個別的)인 관점과 약간 다르다고 보면 된다. 그리고 이렇게 묶어서 볼 경우도 많으므로 이상하다고 할 것은 없다는 것을 분명(分明)하게 알아 두고 진행한다.

5. 四行의 一生

 五行은 木, 火, 土, 金, 水이지만 그 중에서 土를 제외하게 되면 木, 火, 金, 水 넷이 남는다. 원래 土는 네 가지의 木, 火, 金, 水를 위해서 봉사하고 희생하는 임무(任務)를 부여받았다고 보아도 좋을 것이다. 특히 계절(季節)의 개념에서는 환절기(換節期)에 해당하며 관절(關節)과 같은 역할을 맡은 것이고, 개별적(個別的)으로 대입하게 되면 마무리를 하는 역할이 된다.

 이제부터는 좀 더 구체적으로 木行, 火行, 金行, 水行의 一生을 놓고 地支를 대입하여 살펴보도록 한다. 이것도 또한 계절을 떠나서 생각을 할 수가 없다고 할 정도로 춘하추동(春夏秋冬)의 흐름과 밀접하게 연결이 되어 있다는 것을 생각하면 틀림이 없다. 제각각의 木, 火, 金, 水는 태어나서 성장하여 부여받은 일을 하다가 기운이 쇠락(衰落)하면 정리(整理)를 하고 휴식(休息)에 들어가는 순환(循環)을 하게 된다. 그리고 그러한 일을 원활하게 진행하도록 준비해 주는 것이 앞의 土이고 마무리를 하도록 정리해 주는 것이 뒤의 土가 된다. 즉 丑은 木行의 일을 준비해 주고 辰은 木行의 일을 마무리하도록 정리해 주는 역할을 맡고 있다고 이해를 하면 되는 것이다.

1) 木行의 一生

木이 태어나서 활동하다가 다시 휴식을 취하는 과정이 부단(不斷)히 반복되는 것이 木行이다. 그 일생의 흐름을 줄여서 생왕고(生旺庫)로 말하게 되는데, 그 말의 속에 있는 본래의 의미를 잘 이해하지 않으면 오해를 할 수 있는 가능성도 있으므로 정확히 이해하고 넘어가도록 해야 한다.

木行의 一生								
地支	亥	子	丑	寅	卯	辰	巳	午	未
循環	誕生	成長	學習	出世	旺盛	休息	傳授	老衰	入庫
生旺庫	生			旺			庫		

표를 보면서 이해하면 도움이 될 것이다. 우선 木은 亥水를 만나서 탄생(誕生)을 하게 된다. 그리고 子水를 만나서 성장(成長)을 하고, 丑土를 만나면 선대(先代)의 지식(知識)을 열심히 학습(學習)하게 된다. 그리고 寅木을 만나 비로소 세상에 나가게 되니 이것을 출세(出世)라고 한다.

다음에 卯木을 만나 능력(能力)을 발휘하여 왕성(旺盛)한 활동을 하다가 辰土를 만나면 잠시 휴식(休息)이 필요하다. 그리고 기운을 차려서 巳火에게 삶의 경험(經驗)과 지혜(智慧)를 전수(傳授)해 주고서 午火가 되면 노쇠(老衰)하여 더 이상 움직일 수 있는 기력(氣力)이 남아 있지 않게 되고 未土를 만나게 되면 모든 일을 마치고 고(庫)에 들어가서 잠을 자게 된다.

그리고 여기에서 거론되지 않은 申酉戌에서는 木이 할 수 있는 일은 아무것도 없다. 그래서 이 기간은 모든 것을 잊어버리고 깊은 잠에 빠져 들어가게 되는 것이다. 이렇게 地支의 순서(順序)를 대입해서 木行의 一生을 대입하면 상당히 많은 정보(情報)를 얻을 수가 있는 것이다. 그리고 만약에 申酉戌의 기간에 木이 어정거리게 되면 바로 金에게 된통으로 혼나게 될 것이다. 그것은 자신이 서 있을 자리가 아닌데 끼어드는 꼴이기 때문이다.

이렇게 아홉 단계를 이해한 다음에는 세 단계로 줄여서 표현(表現)을 할 수가 있는 것이니 이것이 바로 생왕고(生旺庫)이다. 木의 생왕고(生旺庫)는 亥卯未이다. 亥水는 木의 기운(氣運)이 움트기 위해서 배양(培養)이 되는 곳으로 이해를 하고, 卯木은 木이 성장하여 왕성(旺盛)한 세력(勢力)을 이루고 있는 것이고, 未土는 활동(活動)을 마친 木이 다음의 시기(時期)를 기약하면서 창고(倉庫)에 보관(保管)이 되는 것을 의미한다.

그러니까 亥水에서 시작되는 木의 기운(氣運)이 흐름을 타고 가다가 卯木이 되면서 기(氣)와 질(質)이 모두 왕(旺)의 극(極)에 달하였다가 서서히 쇠약(衰弱)해 지면서 未土를 만나면 휴식(休息)을 위하여 창고(倉庫)로 들어가게 되는 순서를 따르는 것이다.

2) 火行의 一生

기본적인 구조를 본다면 火行도 木行의 형태와 별반 다를 것이 없다고 이해하면 될 것이다. 다만 글자의 순서만 달라지게 된다.

火行의 一生								
地支	**寅**	卯	辰	巳	**午**	未	申	酉	**戌**
循環	**誕生**	成長	學習	出世	**旺盛**	休息	傳授	老衰	**入庫**
生旺庫	生				旺				庫

火行은 寅에서 生을 받아서 시작을 하게 된다. 그러니까 寅木을 만난 火는 생명(生命)이 시작되고, 흘러가면서 점차로 기운이 왕성(旺盛)해져서 午火를 만나게 되면 절정(絶頂)에 도달하게 된다. 그렇게 활동하다가 차차로 약해지면서 마침내는 戌土에서 숙면(熟眠)에 들어가게 되는 것이다. 여기에서 거론(擧論)되지 않는 亥子丑을 만나게 되면 火는 활동(活動)을 중지(中止)하고 있는 상태가 된다.

3) 金行의 一生

金行의 출발점은 巳火가 된다. 여기에서 시작된 여정은 마지막으로 丑土를 만나야만 마무리가 되어서 편안하게 휴식을 취할 수가 있는 것으로 대입하게 된다.

金行의 一生								
地支	巳	午	未	申	酉	戌	亥	子	丑
循環	誕生	成長	學習	出世	旺盛	休息	傳授	老衰	入庫
生旺庫	生				旺				庫

巳火를 만나 金이 탄생(誕生)하여 午火를 만나 성장(成長)을 하면서 기운을 받고 있는 단계(段階)로 이해를 하게 되고, 酉金을 만나면 이번에는 金이 왕성(旺盛)하게 활동하는 단계이고, 다시 丑土를 만나게 되면 이번에는 金의 활동을 마무리하고 창고에 들어가 쉬면서 다음을 기약하고 있는 것으로 이해를 하면 된다. 그리고 寅卯辰의 地支를 만나게 되면 金은 기운이 없어서 활동을 할 수가 없으므로 조용히 휴식을 하고 있는 상태라고 보게 된다.

4) 水行의 一生

地支	申	酉	戌	亥	子	丑	寅	卯	辰
循環	誕生	成長	學習	出世	旺盛	休息	傳授	老衰	入庫
生旺庫	生				旺		庫		

水行의 흐름은 申金을 만나 탄생(誕生)하여 酉金을 만나 성장(成長)을 하고, 子水가 있으면 왕성(旺盛)하게 천하(天下)를 누비면서 활동을 하고 있는 것으로 이해를 하고, 辰土를 만나게 되면 활동을 다하고 무력해진 水가 창고에 들어가서 휴식을 하게 되는 것으로 이해를 한다. 그리고 巳午未를 만나게 되는 것은 깊은 잠에 빠져있는 상태라고 하는 것으로 알아 놓으면 된다.

5) 三合의 오해(誤解)

혹시라도[어쩌면 당연(當然)히!] 여러 종류의 명리학(命理學)과 관련된 서적(書籍)을 보았다면 三合이라는 이야기를 읽었을 것이다. 그리고서 앞의 설명을 보게 되면 바로 '아하~ 이것은 三合을 말하는 것이군~!'이라고 단정(斷定)을 해버릴 가능성이 매우 높을 것 같다.

그러나 四行의 一生에 대한 관법(觀法)은 三合과는 무관(無關)하다. 그리고 사실 三合은 전달과정에서의 오류(誤謬)

일 것이다.

 그냥 있는 그대로의 풀이에 집중(集中)하여 이해하고 슴의 개념(槪念)으로 확장(擴張)하지 말라는 것만 당부하고 넘어갈 참이다. 그러니까 亥를 보면 木이 生을 받고 있다고만 생각하고, 卯와 같이 있으면 生을 받아서 왕성하게 되었다고 이해를 하면 될 뿐 괜히 三合이 되었다고 생각을 하지 말라는 당부를 하는 것이다.

 만약에 '亥卯未는 三合이라서 서로 만나게 되면 木으로 변한다.'는 기억이 떠올랐다면 식자우환(識字憂患)이다. 틀린 지식(知識)으로 오류(誤謬)를 범할 수가 있다는 의미이다. 사실 亥卯未는 木의 一生에 대한 요약(要約)에 불과(不過)한 것이기 때문이다. 三合에 대해서는 《干支》편에서 자세히 설명을 할 것이므로 참고하기 바란다.

제2장

十二支의 각론(各論)

1. 子水

 이제부터 본격적으로 地支에 대해서 파고 들어가 보도록 한다. 처음에는 다소 어려울 수도 있을 것이다. 어쩌면 天干에 대해서는 잘 이해를 했는데, 갑자기 뭔가 무지하게 복잡해진 느낌으로 인해서 일순간(一瞬間) 당황스러울 수도 있을 것이다. 그렇지만 이 단계에서는 반복적인 학습(學習)이 결과적으로 성공(成功)을 가져다 줄 것이기 때문에 이유여하(理由如何)를 막론하고 파고 들어가는 수밖에 없다는 말씀으로 격려(激勵)를 한다.

1) 子水의 본질(本質)

 子水는 癸水와 같은 성분(性分)으로 구성(構成)이 되어 있다. 그러므로 작용(作用)을 하는 본질도 비슷한 것으로 이해를 해도 큰 문제는 없다. 다만 차이(差異)를 논한다면 癸水는 기(氣)의 차원(次元)에서 이해를 했다면, 子水는 기(氣)가 물질화(物質化) 되었다고 보는 것이다. 비유(比喩)하면 공기 중에 떠있는 습기(濕氣)는 癸水인데 그것이 추운 기온으로 인해서 땅에 떨어져서 서리가 되고 눈이 되고 또 얼음이 되었다면 이것은 子水라고 할 수가 있는 것이다. 이 두 사이에는 본질은 같으면서도 생긴 모양과 작용하는 기능은 서로 다르다는 것으로 차이점을 이해하면 된다.

(1) 양체음용(陽體陰用)

地支의 구조를 살펴보게 되면 체용(體用)이 같은 地支도 있고, 다른 地支도 있다. 그리고 子水는 체와 용이 다른 地支에 속한다. 地支를 종합적으로 모두 이해하고 보면 水火는 체용(體用)이 바뀐다는 것을 발견(發見)할 수가 있을 것이다.

子水는 양체(陽體)이면서 음용(陰用)이 되니까 체를 논하는 학문에서는 陽으로 본다. 특히 육효(六爻)에서는 陽으로 대입한다. 그러므로 육효를 공부하다가 자평명리학을 배우게 되면, 처음에는 이러한 문제들로 인해서 상당히 혼란스러울 수가 있을 것이다. 물론 육효가 뭔지 모른다면 다행이지만 말이다.

자평명리학의 핵심(核心)은 용(用)을 위주(爲主)로 삼아서 적용(適用)시키는 것이다. 그래서 체와 용이 같을 경우에는 상관이 없지만 서로 다른 경우에는 바로 용(用)을 위주로 대입하고 풀이하게 되는 것이다.

(2) 냉수(冷水)와 빙수(氷水)

子水는 물이다. 물이 가장 무거울 때에는 그 온도(溫度)가 4℃라고 하는데 물의 맛도 이때가 가장 좋다고 한다. 경기도(京畿道)의 포천(抱川)에는 산정호수(山井湖水)라고 하는 연못이 있는데, 그 물이 뒤집어지는 이유는 수온(水溫)의 변화로 인해서이다.

수면(水面)의 기온(氣溫)이 저하(低下)되어서 온도가 낮아지다가 섭씨 4도가 되면 균형(均衡)을 잃게 된다. 그래서 무거운 것은 아래로 내려가고 대신에 아래의 물이 위로 올라오게 되는데 그로 인해서 물이 뒤집어지는 작용이 일어나는 것이다. 어느 해 가을에 놀러 갔었는데 하필이면 물이 뒤집히는 시기에 갔던지라 그렇게 물이 맑다던 산정호수에서 흙탕물만 보고 왔던 기억이 나는데 요즘은 어떤지 모르겠다.

가장 무겁다는 것은 압축이 최고조(最高潮)에 도달(到達)했다는 의미도 되는 것이다. 그래서 子水의 상태에 가장 가까운 온도로 생각을 해보게 된다. 이보다 더 온도가 떨어지게 되면 결빙(結氷)현상이 일어나게 될 것이고 얼게되면 압축도 떨어지는데 그것은 다시 거칠어지는 것을 의미하게 된다. 당연히 무게는 가벼워진다. 아주 조금이기는 하겠지만 비중(比重)이 물보다 가볍기 때문에 빙산(氷山)도 물에 뜨는 것이다.

(3) 씨앗과 씨알

알찬 곡식(穀食)의 씨앗을 의미한다. 특히 씨(氏)를 의미하는 종자(種子)를 생각하는 것이 더 적격(適格)이다. 내년(來年) 봄에 심으려고 추녀 끝에 매달아 둔 씨앗을 떠올리면 더욱 좋다.

알찬 곡식에서 '알'은 가득 찬 상태를 말하는 것이다. '닭의 알'에서도 마찬가지로 속이 가득찬 것을 말하니까 말이다. 달걀이라고 해야 하겠지만 느낌이 살지 않아서 '닭알'이라고 써본다. 꿩알과 쌀알도 있고, 불알도 있다. 불알은 수컷의 고환(睾丸)을 말하는데, 이것을 한자로 한다면 화란(火卵)이라고 해도 될 것 같다. 그렇게 되면 난자(卵子)는 수란(水卵)이 되나?

큰 종자는 복숭아나 호두와 같은 것이 있고, 작은 것으로는 도라지씨나 좁쌀도 있다. '알'의 결실에 대해서는 특별히 구분을 할 필요가 없으므로 종류(種類)는 불문하고 결실(結實)을 이루어서 수확(收穫)을 마친 종자라면 모두 해당이 된다. 나름대로 자신의 유전자(遺傳子)를 압축해서 저장해 놓고는 때가 되기를 기다리고 있는 것은 같기 때문이다.

(4) 압축된 알갱이

더 넓은 시야(視野)로 관찰(觀察)을 하게 되면 모든 알갱이들은 子水의 영역(領域)으로 포함을 시켜도 된다. 가능하면 더 많은 유형(類型)을 포함시키는 것이 생각의 폭을 넓게 만들어서 자유로운 사색(思索)의 공간(空間)을 갖게 되므로 제한(制限)을 시킬 필요가 전혀 없다.

그리고 알갱이는 모두 압축이 되어 있으니 구태여 압축이라고 할 필요도 없다. 종자도 그렇고 정자(精子)도 그렇고, 눈으로 볼 수가 없을 정도의 매우 작은 알갱이들 모두 압축이 되어 있는 것으로 봐도 무리가 없을 것이기 때문이다. 알갱이의 모양은 동그랗다. 더 이상 압축이 될 수 없는 형태가 이렇게 나타나는 것을 보면 참으로 신기(神奇)하다.

광자(光子)를 '빛 알갱이'라고 한다. 무심(無心)코 인식(認識)하는 빛도 알갱이라고 하는데 얼마나 작고 얼마나 빠른 것인지 생각하면 할수록 감탄(感歎)을 금할 수가 없다. 크기를 좀 알아보려고 인터넷에 검색을 해봤지만 일정한 크기도 없고 질량(質量)도 없다고 한다.

그러니까 설명으로 이해를 도울 이미지를 떠올릴 수도 없다는 이야기이다. 그래서 더욱 오묘(奧妙)하다는 생각만 하고서 신비(神秘)로운 알갱이로 그냥 둬야 할 모양이다. 다만 중요한 것은 결국 그것도 子水라는 것이다. '아니, 광자(光子)를 보고 水라니? 빛은 丙火라고 하지 않았던 감?'이라고 되묻고 싶을 수도 있겠다. 만약 벗님이 그런 생각이 들었다면 아직도 완성(完成)과는 거리가 멀다고 할 수 있겠다.

빛은 丙火이다. 그리고 빛 알갱이는 子水이다. 이것은 설명(說明)이 변덕(變德)스러운 것이 아니라 개념(概念)으로 이해(理解)를 해야 할 부분이다. 이 정도가 되면 五行이 뒤죽박죽으로 보일 수도 있을 것이다. 그리고 낭월은 그러한 효과(效果)를 노리고 있는 것이기도 하다. 왜냐하면 고정(固定)된 생각은 이미 죽은 것이기 때문이다.

이야기를 읽다가 보면 반드시 《天干》편의 癸水에 대한 설명과 겹치는 부분이 발생하게 된다. 그리고 이것은 子水에만 해당하는 것이 아니라 다른 地支에서도 같은 공식으로 대입이 되므로 그러한 경우에는 복습하는 마음으로 읽어 두면 될 것이다. 이러한 것을 감수하면서도 거듭 이야기를 하는 것은 서로 이와 같은 작용이 복합적으로 일어나기 때문이다.

(5) 지혜로운 스승

 인류(人類)의 스승들은 결실(結實)이 잘 된 알찬 종자(種子)에 해당한다. 그 종자는 세상으로 파종(播種)되어서 수없이 많은 복제품(複製品)의 제자(弟子)들을 키워내는 농사(農事)를 짓게 되는 것이다. 그런 의미에서 석가(釋迦)나 공자(孔子)는 '알찬 종자'라고 해도 될 것이다. '알이 가득 찼다'는 의미로 생각하자. 그 종자가 맺은 결실은 이루 헤아릴 수도 없을 만큼 성공적(成功的)인 수확(收穫)을 거뒀고, 또 계속해서 거두어나갈 것이기 때문이다. 그래서 농부가 들녘에서 농작물(農作物)을 가꿀 적에 스승들은 서재(書齋)에서 학문(學問)을 연구(研究)하고, 진리(眞理)를 찾아서 동남서북으로 뛰어다닌다.

 그러한 스승들의 우량종자들로 인해서 우리는 편안하게 고인들의 영양분(營養分)을 듬뿍 머금고 오늘도 이렇게 지혜(智慧)의 길을 추구(追求)할 수가 있으니 얼마나 다행스러운 일인지 모를 일이다. 물론 여기에다가 무언가 새로운 양질(良質)의 DNA를 추가할 수가 있다면 만분지일(萬分之一)이나마 스승의 은혜에 보답(報答)하는 길이 되겠다.

 따지고 보면 자평(子平) 선생이 뿌린 종자가 아직까지 소멸하지 않고 계속해서 대대손손(代代孫孫)으로 이어지고 있는 것을 보면 분명히 우량한 종자였을 것이 분명하다. 자평 선생은 자평명리학의 종자를 심은 분이다. 더구나 계속해서 진화(進化)를 할 것이므로 앞으로 어떻게 변화해 나갈지는 예측불허(豫測不許)이다. 낭월이 아무리 연구에 연구를 거듭해서 새로운 학설을 찾아낸다고 하더라도 四柱의 주체를 日干으로 삼는 것을 바꾸지 않는다면 결국은 자평 선생의 뒤를 잇고 있는 것이다.

혹, '그렇다면 日干을 주체로 보는 것만 바꾸면 자신의 명리학이 되는 것 아녀?'라고 할 수도 있을 것이다. 물론 그것은 맞는 이야기이다. 그렇지만 그렇게 할 수가 없는 이유는 간단하다. 日干을 주체로 대입하지 않고서 해석이 되는 사주학(四柱學)을 발견하지 못했기 때문이다.

(6) 자정수(子正水)

자정에 샘솟는 물을 자정수라고 한다. 그래서 잠을 자다가 그 시간에 일어나서 냉수(冷水)를 마시는 일을 오랫동안 반복하는 사람도 있는데, 이렇게 하면 수명장수(壽命長壽)하고, 영감(靈感)을 얻어서 무불통지(無不通知)의 경지(境地)에 도달하게 된다는 말을 믿는 것이다.

그래서 낭월도 며칠 해보다가, 오래도록 살아가는 것도 좋고, 모르는 것이 없이 다 아는 무불통지도 좋지만 잠을 쫓는 일이 더 힘겨워서 포기하고 말았는데, 이치적으로 말이 되는 것인지에 대해서나 생각해 보도록 하자. 물론 맘이 내키는 독자(讀者)는 시도(試圖)를 해보는 것도 나쁘지 않을 것이다.

다만, 수돗물도 같은 의미가 될지는 모르겠지만 주변에 흐르는 물이 있는 것이 아니라면 어쩔 수가 없으므로 미리 수돗

물을 받아서 밖에 뒀다가 자정(子正)이 되면 마셔보는 것이다. 직접 해보고 수돗물이라서 효험(效驗)이 없다면 포기하면 되겠고, 효과가 있다면 또 하나의 실험이 성공적(成功的)으로 이뤄진 것이라고 보면 될 것이다.

여기서 말하는 자정(子正)은 자연시(自然時)로 기준을 삼아야 할 것이다. 그렇다면 시계가 밤 12시 30분을 가리킬 적에 마시면 된다. 자정은 하루 중에서 기온이 가장 낮은 시간 [子水이므로]이다.

여름이나 겨울이나 이 시각에 물이 가장 무거워질 것은 물리적(物理的)으로 말이 된다고 하겠으니까 밤잠이 없는 벗님이라면 시도를 해봐도 해롭지는 않을 것이다. 그렇게 무거워진 물이라면 육각수(六角水)에 가까울 것이기 때문이다. 건강하면 좋은 일이니까 사양(辭讓)할 필요가 없겠다.

참고로 육각수라는 말은 물 분자(分子)의 구조(構造)가 육각의 형태를 띤다는 의미이다. 보통은 오각(五角)으로 움직이다가 적당한 온도 즉 4도 정도가 되면 육각의 형태로 변하는데, 이 때의 조직은 치밀하기 때문에 같은 공간에 많은 물이 들어가게 되므로 무거워진다는 이야기이다. 그리고 이 물은 생명수(生命水)가 되고, 감로수(甘露水)가 되고, 초능력(超能力)을 발휘하는 물이 된다고 하는 것까지는 뭐라고 말을 못하겠다.

특히 자정수(子正水)를 장군수(將軍水)라고도 하는데, 병약(病藥)한 사람이 계속해서 이 물을 먹게 되면 기운이 천하장사(天下壯士)가 된다는 말이 여기에서 발생(發生)했을 것으로 본다. 그리고 산골에서 흘러나온 이야기로는, 계속해서 약수터로 자정에 물을 마시러 다니면 어느 날은 시커먼 장수(將帥)가 싸움을 걸어온다고 한다. 그 싸움에서 이기게 되면 장사(壯士)가 되는 것이다. 물론 믿거나 말거나이다. 그렇지만 무속인들 사이에서는 신빙성(信憑性)이 있다고 한다.

2) 子水의 글자풀이

 지금부터 글자에 대해서 풀이하는 것은 낭월의 나름대로 '그럴 수도 있지 않을까?' 싶은 생각들을 가지고서 설명하는 것이므로 이러한 설명이 문자학(文字學)에서 타당성(妥當性)이 있느냐 마느냐 하는 문제를 제기하지 말라는 당부(當付)를 한다.
 같이 생각해 보다가 뭔가 그럴싸한 생각이 든다면 낭월의 생각에 동참(同參)을 한 것이고, 전혀 말도 되지 않는 황당한 주장이라고 생각이 된다면 어쩔 수가 없으니 그냥 '통과(通過)~!'를 외치는 수밖에 없다는 점을 미리 말씀해 놓고서 시작을 한다.
 子는 료(了)와 一로 구성이 되어 있다. 료(了)는 '깨치다'는 뜻과 '마치다'는 의미가 포함되어 있는 글자이다. 물론 '밝다'는 의미도 있다. 그리고 一은 하나를 의미한다. 그렇다면 한 가지 일을 마친 것도 되고, 한 가지를 밝게 깨친 것도 된다. 이러한 의미를 한 줄로 엮어보자. '한 가지의 일을 밝게 깨쳐서 마친 상태'가 된다. 이렇게 풀어놓고 보니까 참 재미있는 뜻이 되었다. 이것은 지혜종사(智慧宗師)를 지칭(指稱)하는 말이 아닌가? 글자의 풀이에서 이렇게 원하는 의미가 팍팍 튀어나올 적에는 '짜릿~!'한 희열(喜悅)이 온 몸의 세포(細胞)를 진동시킨다. 그리고 학문(學問)의 즐거움이 이러한 것이라는 점을 만끽(滿喫)하게 되면서 참으로 행복(幸福)하다는 생각을 하게 된다.

그러면 또 뜻으로도 생각을 해보자. 子를 우리는 통상적(通常的)으로 사용할 경우에는 아들로 쓴다. 예를 든다면 독자(獨子), 장자(長子), 양자(養子), 자녀(子女) 등등과 같이 사용(使用)하는 경우이다. 또 다른 경우로는 물질적(物質的)으로도 사용을 하는 글자이기도 하니 예를 들면 종자(種子)나 정자(精子), 난자(卵子)와 같은 경우에도 사용을 한다.

《淵海子平(연해자평)》에 의하면 원래 子의 본 글자는 자(孳)에서 왔다고 한다. 이 글자는 부지런하다는 뜻도 되지만 여기에서는 아이를 낳는다는 뜻으로 쓴 것이 합당(合當)할 것이다. 글자를 들여다 보면, 아마도 풀로 덮은 곳에서 천을 깔아 놓고 그 곳에서 아기를 낳는 모양이다.

자(孳)는 임신(姙娠)한다는 것을 의미하니 뭔가 씨앗을 머금고 있는 모양이다. 자(孳)의 글자에서 자(子)를 따온 것으로 본다면, 자월(子月)에는 일양(一陽)이 생(生)하여 지뢰복(地雷覆)이 되니, 음기(陰氣)가 바뀌어서 양기(陽氣)로 뒤집힌다는 의미로 해석이 가능한 내용(內容)이다. 여기에서 임신(姙娠)을 한 것은 사람에게는 자녀가 되지만 천지(天地)의 자연에서는 양기(陽氣)도 되는 것이다.

이처럼 子의 의미(意味)는 어떤 에너지의 핵심(核心)적인 기운(氣運)이 응축(凝縮)되어 있는 것으로 관찰(觀察)을 한 것이다. 종자(種子)는 해당 식물(植物)의 모든 유전인자(遺傳因子)를 고스란히 한 톨의 씨앗에 담고 있다는 뜻이다.

또 과학적(科學的)으로 분석(分析)하는 경우에는 알갱이의 개념(概念)으로도 사용을 하는데, 그것은 원자(原子), 분자(分子), 소립자(素粒子), 미립자(微粒子), 광자(光子) 등으로 사용하는 말이다. 이것은 우리말로 '톨'이라고 해도 가능하다. '쌀 한 톨'이라고 하듯이 말이다. 그리고 이렇게 다양한 의미는 결국 작은 알갱이에 불과하지만 그 속에는 우주(宇宙)의 역사(歷史)를 모두 포함하고 저장(貯藏)되어 있는 상태(狀態)인 것이다.

3) 계절(季節)에서의 子월

子水가 月支로 자리를 정(定)하게 되었다는 이야기는 필시(必是) 한 겨울이며 한참 추운 계절(季節)이라는 것을 우리는 알 수가 있다. 그만큼 月支에 子水가 놓이게 되면 춥다는 것을 의미한다. 당연히 북반구(北半球)에서의 이야기이다. 남반구에서 子월은 한 여름에 해당할 것이기 때문이다. 이 계절에는 웬만한 사물(事物)은 모두 추위에 동사(凍死)하는 것을 방지(防止)하기 위해서 따스한 불기운을 찾기 마련이다.

(1) 대설(大雪)과 동지(冬至)

대설은 子월의 시작이고, 동지는 중간(中間)이다. 그리고 끝에는 소한(小寒)이 있어서 다시 丑월로 시작된다. 이렇게 子월에 해당하는 절기는 대설과 동지가 되는 것이다. 그리고 특히 우리가 주목(注目)하는 것은 동지(冬至)이다. 왜냐하면 동지에는 여러 가지의 의미가 포함되어 있는 까닭이다.

우선 태양(太陽)의 운행이 다시 시작이 되는 것은 동짓날을 시작으로 해서 낮이 점점 길어지기 때문이다. 물론 과학적(科學的)인 지식(知識)을 소유(所有)하고 있는 현대인(現代人)에게는 단순히 태양이 남회귀선(南回歸線)을 통과하는 날로 알고 있지만 과거(過去)에 그러한 것을 모르던 일반 사람들에게 동지의 의미는 남달랐을 것이다.

새로운 한 해가 시작이 된다는 의미에다가 모든 희망사항(希望事項)을 다 담아보고 싶었을 것이고, 그래서 흉한 일들은 만나지 말기를 바라면서 액운(厄運)을 방지(防止)하려고 팥으로 죽을 끓이고, 다산(多産)의 의미로 새알심을 넣었던 동지팥죽은 아직도 그 의미와 함께 이어지고 있다.

이것은 자연(自然)의 새해이다. 물론 음력설도 자연적이기는 하다. 다만 동지(冬至)는 태양의 설이고 정월 초하루는 달을 기준하여 설날이지만 해는 1년 단위로 순환하므로 정확히 말하면 동지가 제대로 된 설인 것이다. 그래서 특별히 동지는 의미가 남다르다고 하겠다. 그리고 동지를 기준으로 새로운 해의 시작이라고 생각해서 四柱의 기점(起點)도 동지로 삼아야 한다는 설이 있다. 이것이 바로 '동지기준설(冬至基準說)'이다.

대부분의 명리학자는 입춘(立春)을 四柱의 시작으로 삼지만 원래의 구조(構造)를 생각해 보면 동지가 기준이 되었다는 것을 알 수가 있는 흔적도 찾을 수가 있는 것이다. 그것은 甲子년 甲子월 甲子일 甲子시가 동지를 기준으로 작성이 된 四柱에서만 존재할 수가 있다는 것을 생각하면 어렵지 않게 알 수가 있는 부분이다.

그리고 지금도 '기문둔갑(奇門遁甲)'이나 구성학(九星學)에서는 이 동지를 기준으로 해서 한해의 시작으로 삼고 운명을 관찰하고 있으니까 참고로 알아 두기 바란다. 대만에서는 동지를 기준으로 四柱를 풀이해야 한다는 학자들이 꽤 있다. 그 중에서도 오준민(吳俊民) 선생은 선두주자(先頭走者)라고 할 수 있을 정도로 이 부분에 대해서 적극적(積極的)이다.

여하튼 이 문제는 지금 논할 것은 아니므로 子月을 생각하면 거론이 되는 부분이라는 점만 알아 두고 있으면 되겠다. 중요한 것은 동지는 한해의 시작이 되는 것이 분명하고, 또 고래(古來)로 그래왔던 흔적들이 많이 남아있다는 것을 이해하는 것으로 충분하다고 본다.

(2) 동지(冬至)의 시각(時刻)

동지를 논할 적에는 '올해 동지는 몇 시인가?'라고 이야기를 하는 이는 조금 수준이 있는 사람이다. 사실 모든 절기는 시각이 정해져 있다. 그런데 특히 동지의 시각에 대해서 비중을 두는 것은 새로운 한 해의 시작이 되기 때문이다. 참고로 2011년의 동지가 들어오는 시각은 12월 22일 오후 2시 30분이고, 2010년의 동지는 12월 22일 오전 8시 38분이다.

이렇게 해마다 시각이 다르게 나타나는데, 그것은 지구(地球)가 태양을 도는 과정에서 약간의 오차(誤差)가 발생하기 때문이다. 여하튼 동지는 지구에서 동시(同時)에 일어나기 때문에 각 지역마다 동지의 시간이 달라진다. 그야말로 시차(時差)만큼의 차이가 나타나는 것이다.

  그 시점(時點)에서 묵은 해와 새해의 경계선(警戒線)이 그려지는 것이다. 일반적(一般的)으로는 크게 비중을 두지 않는 것이지만 만약에 四柱의 기준점(基準點)이 동지시(冬至時)가 된다고 하면 이것은 대단히 중요한 문제로 대두(擡頭)되는 것이다.

  2011년 12월 22일 누군가 오후 2시 25분에 태어나고, 또 누군가는 오후 2시 35분에 태어났다면 두 사람은 서로 年柱가 달라진다. 10분 먼저 태어난 사람은 辛卯년이 되고, 뒤에 태어난 사람은 壬辰년이 되는 것이니 이렇게 된다면 사소한 문제가 아닌 것이다. 물론 이것은 동지를 기준점으로 삼게될 경우이다.

  지금은 대부분(大部分)이 입춘(立春)을 기준점(基準點)으로 삼는 까닭에 동지에서 시각이 중요한 것처럼 입춘의 시각에 대해서 이와 완전히 같은 상황(狀況)이 발생(發生)하게 된다는 점도 미리 알아 두면 해롭지 않을 것이다. 그리고 아마도 낭월의 소견으로는 앞으로는 동지를 기준으로 삼는 방향으로 가야 하지 않을까 싶은 생각이 든다.

(3) 子月의 壬癸

  인원용사에서는 癸水만 생각하면 되지만 월률분야에서는

壬癸를 생각하게 된다. 이것은 흐름을 이어가는 의미로 계절에서 사용하는 지장간(支藏干)의 관점이 되는 것이다. 壬의 단계에서는 냉기가 되고 癸의 단계에서는 압축(壓縮)의 의미가 된다. 그래서 상반기의 10일은 공기가 차가워지는 것으로 이해를 하는데, 실은 이미 지난 亥월에서부터 진행되어 온 것이라고 이해를 하는 것이 옳다. 그리고 나머지 20일간은 압축이 이뤄져서 단단해지는 종자를 만들게 되는 것이라고 해석을 하게 된다.

(4) 자월괘(子月卦)

 주역(周易)의 64괘에는 세상의 모든 모습이 집약적으로 담겨져 있다. 이것은 干支의 60甲子와 서로 엇비슷하게 맞물려 있다고 해도 될 것이다. 숫자도 단지 네 개만 차이가 나는 것을 보면 대략 짐작이 되기도 한다. 주역에서 표시하는 것이 64개인 이유는 8괘를 8로 곱하게 되어서 나온 것이고, 六甲이 60개인 이유는 10干을 12支와 짝지어 놓은 까닭이다.

 매월마다 地支에도 괘(卦)를 적용시켰는데 11월괘라고도 하고 子월괘라고도 하는 것은 64괘 중에 하나인 지뢰복(地雷復)이라는 명칭이 붙어 있는 복괘(䷗)이다. 괘에 대한 설명은 머리만 아플 수가 있으므로 관심이 있다면 주역 책을 보고 이해하라는 말씀을 남기고 생략한다. 여기에서 설명하는 괘는 모양이 중요하므로 여섯개의 괘효(卦爻)가 어떻게 배치되어 있는지만 읽을 수 있으면 되기 때문이다.

 복괘(復卦)의 별명은 '일양시생(一陽始生)'이다. 여섯 개의 음효(--)가 있던 상태(䷁)에서 맨 아래의 처음 괘가 양효

(一)로 바뀌었다는 것을 의미한다. 이것은 이제부터는 陽의 기운이 자라기 시작한다는 의미가 되는 것이다. 즉, 子월이 되어서 동지로 접어들면 새로운 기운이 맨 아래에서 꿈틀대고 있음을 의미한다고 이해하는 정도라면 충분하다. 이런 관점으로 이해하면 되므로 다음부터는 간단하게 설명해도 이해에 어려움이 없을 것이다.

4) 하루에서의 子시

예전에는 子시가 한밤중이었는데, 요즘에는 전기(電氣)의 발달로 생활의 리듬이 늦어져서인지 실감(實感)이 나지 않는 것 같다. 그렇지만 자연적인 생활을 한다면 그 시각(時刻)에는 숙면(熟眠)을 취하고 있어야 할 것이다. 그런데 子시를 이야기하게 되면 어쩔 수가 없이 표준시와 자연시에 대해서 약간의 이해가 필요하게 된다. 다만 한 번만 잘 알아 두면 다시는 이 문제로 복잡하게 생각하지 않아도 되므로 주의해서 살펴보기 바란다.

(1) 표준시(標準時)와 자연시(自然時)

子시는 자연시(自然時)로 보면 밤 11시에서 새벽 1시까지에 해당이 된다. 이것을 2010년 현재(現在)의 표준시(標準時)를 기준(基準)하게 되면, 밤 11시 30분에서 다음 날 새벽 1시 30분까지가 해당이 된다. 이점은 정확하게 알고 있어야 할 부분이다.

원래 자연시는 고정적(固定的)으로 되어 있어서 변하지 않기 때문에 문제가 없지만 형편에 따라서 임의로 시간을 만들어서 쓰게 되면 이것을 자연시로 환산(換算)을 해야 한다는 번거로움이 명리학자(命理學者)에게 주어진다. 그것은 국제적(國際的)인 협약(協約)에 의한 표준시와, 각 나라별로 상황에 따라서 정하여 사용하는 일광절약제(日光節約制)인 서머타임(summer time) 등에 의해서 변경(變更)이 된다.

여기에서는 시곗바늘이 가리키는 시간을 기준으로 설명할 것이므로 표준시를 의미한다는 것으로 알아 두면 된다는 말씀을 미리 하고서 진행하면 될 것이다. 다른 모든 시각(時刻)에 대해서도 마찬가지로 30분을 늦춘 것이 자연시가 되므로 이점에 대해서만 잘 이해하고 있으면 된다.

대만(臺灣)에서는 아예 표준시의 개념(概念)도 없다. 왜 그런가를 살펴보았더니 대만은 자연시와 표준시가 일치하는 지점에 해당이 되어서였다. 오히려 표준시를 이야기하니까 얼른 못 알아 듣는 것을 보면서 참 속이 편하겠다는 생각을 했었다. 그렇지만 억울해 할 것은 없다. 중국은 땅이 넓어서 표준시와 자연시의 차이가 4시간이 되기도 하니까 말이다.

그럼에도 불구하고 모두 같은 시간대(時間帶)를 사용하기 때문에 실제적(實際的)으로 체감(體感)하기에는 많이 어색할 것으로 느껴지기도 한다. 미국은 그래도 서너 개의 표준시(標準時)를 만들어서 각각 적용(適用)시키기 때문에 체감은 실질적(實質的)이겠지만 표기(表記)를 할 적에는 반드시 서부시각이나 동부시각으로 구분을 해야 하니 그것은 땅이 큰 나라에 사는 불편함이겠다.

(2) 자정(子正)의 전후(前後)

子시의 절반(折半)을 통과하는 시각(時刻)을 자정(子正)이라고 이름 지어서 부르고 있다. 자정이라는 말이 있다면 자초(子初)도 있을 것이지만 우리가 사용을 하지 않아서 그러한 말은 사라지고 자정만 남아 있는 것은 아닐까 싶다.

자정의 반대는 무엇일까? 子의 상대(相對)는 午가 되므로 오정(午正)이 될 것이다. 그런데 왜 자정(子正)이라고 하면서 午시의 중간(中間)에는 오정(午正)이라고 하지 않고 정오(正午)라고 할까? 이런저런 자료를 찾아보면 특별히 그래야 할 이유는 없는 것으로 보인다. 그냥 습관적(習慣的)으로 사용하다가 보니까 그렇게 된 것이고 실제로는 자정(子正)과 오정(午正)이 모두 맞는 말이라고 하니까 구분을 할 필요는 없다는 점을 알고 있으면 되겠다.

子正 전후(前後)의 이해					
전날			다음날		
亥末 22시30분	子初 23시30분	子 00시	正 30분	子末 01시30분	丑初 02시30분
	夜子時		朝子時		
亥時	子時				丑時

참고로 자정(子正)의 전후로는 날짜가 달라지고, 정오(正午)의 전후는 오전(午前)과 오후(午後)가 달라진다. 그렇지만 자전(子前)이나 자후(子後)라는 말은 없다. 대신에 전날과 다음날로 나누어지는 것이다.

5) 子水와 쥐띠

 기본적(基本的)으로는 子水와 쥐띠를 연결(連結)시키는 것이 무슨 의미가 있을 것인지에 대해서는 낭월도 좀 찜찜하기는 하다. 그렇지만 이제는 아시아를 떠나서 전 세계적(世界的)으로 나이에 따라서 붙는 동물 이름을 딴 띠에 대해서 관심(關心)을 가지고 자신이 무슨 띠에 해당한다는 정도(程度)는 알고 있는 사람이 늘어나는 추세(趨勢)인 모양이다.

 그래서 합리적(合理的)으로 보이도록 각색(脚色)을 해서 설명(說明)을 해보는 것도 나쁘지 않겠다는 생각을 하게 되면서 다시 쥐와 子水의 관계(關係)를 살펴보게 되었다. 그리고 아무리 쥐에 대해서 설명을 한다고 하더라도 결국은 子水의 의미를 설명하는 도구(道具)로 사용하게 되는 것일 뿐이다. 그리고 보다 깊이 있고 명료(明瞭)한 이해(理解)를 도울 방법(方法)이 있다면 그것이 쥐거나 다람쥐거나 혹은 두더지라도 가릴 필요(必要)가 없다.

(1) 번식력(繁殖力)

 쥐의 본성(本性)에서 생각을 해본다면, 무엇보다도 왕성(旺盛)한 번식력(繁殖力)이다. 이것은 쥐가 아니고서는 불가능할 만큼의 특별한 재능(才能)이라고 해야 할 것이다. 그것은 생식(生殖)의 능력(能力)이 되는데 오죽하면 세상(世上)의 만물(萬物) 중에서 유일(唯一)하게 쥐를 잡는 날이 다 있을까.

 만약 쥐 잡는 날이 기억나신다면 이미 나이가 50세를 상회

(上廻)할 가능성이 많겠다. 젊은 사람들에게는 어쩌면 생소(生疎)한 말이 될 것이니까 말이다. 짧은 임신(姙娠)의 기간(期間)과 많은 숫자의 출산(出産)은 결국 '다산(多産)의 대왕(大王)'이라고 할 만하겠다.

번식력(繁殖力)은 비단(非但) 자녀(子女)를 생산(生産)하는 것에만 국한(局限)하지는 않는다. 후학(後學)을 가르쳐서 학문(學問)을 전달(傳達)하는 것도 번식(繁殖)이기 때문이다. 공자(孔子)의 번식력(繁殖力)이 얼마나 대단하며, 아인슈타인의 번식력이 얼마나 대단한지를 생각해 보면 되겠다.

이것도 예전에는 구전심수(口傳心授)로 전달(傳達)이 되는 과정으로 인해서 시간이 많이 걸렸다면 요즈음은 매체(媒體)의 다변화(多變化)로 인해서 기하급수적(幾何級數的)으로 번식이 된다. 서적(書籍)으로도 번식하고, 영상(映像)으로도 번식하며 음성(音聲)으로도 번식하니 과거에는 1년에 제자(弟子)를 하나 두면 잘하던 것이라고 했더라도 지금은 동시(同時)에 수천수만(數千數萬)이 가능하다.

이렇게 왕성한 번식력을 떠올릴 동물로 쥐가 선택(選擇)되었던 것은 다른 동물들과 비교해서 생각해 보아도 옳았다고 해야 할 모양이다. 물심양면(物心兩面)에서 대단한 번식력이 되는 것이다. 물론 좋은 번식도 있고 나쁜 번식도 있겠지만 그것은 신(神)의 영역(領域)이므로 우리가 왈가왈부(曰可曰否)를 할 것은 아니라고 해야 하겠다.

(2) 쥐 발가락 숫자

子水에 쥐를 대입시킨 것은 발가락의 숫자로 인해서라는

이야기는 《淵海子平(연해자평)》에 나오는데, 그 당시에도 이러한 관찰을 한 것을 보면 아마도 상당히 많은 궁리(窮理)를 하다가 그러한 것에 까지 생각이 미친 것이 아닌가 싶기도 하다. 연해자평의 '논십이지생초(論十二支生肖)'에서는 동물의 발가락으로 예를 들어서 이야기를 하는데 陰은 짝수로 陽은 홀수로 본다는 이야기이다. 생초(生肖)는 띠를 말한다.

쥐와 같은 종류(種類)에 속하는 대부분의 동물들은 앞발가락은 넷이고 뒷발가락은 다섯이라고 한다. 워낙 종류도 다양하므로 확인해서 증명(證明)할 필요까지는 없을 것이다.

쥐의 앞발가락은 4개로 짝수가 되어 陰을 의미하고, 뒷발가락은 5개로 홀수가 되어 陽을 의미한다고 설명을 한 것이 학자적(學者的)인 쥐 발가락 관점(觀點)인 것이다.

그런데 낭월이 주변에서 죽어있는 쥐의 발가락을 일삼아서 세어 보았더니 앞도 다섯 개이고 뒤도 다섯 개여서 확실한지는 모르겠다. 그냥 상징적(象徵的)으로 그렇다는 말로 생각해도 별 탈은 없으리라고 생각은 되지만 확실하게 단언(斷言)하여 앞과 뒤의 발가락이 다르지는 않은 모양이다.

알아본 바로는 품종에 따라서 약간의 차이로 발가락의 숫자가 다를 수도 있다는 이야기도 있다. 물론 워낙 많은 종류가 있다 보면 변형(變形)이 된 종류(種類)인들 왜 없으랴 싶다. 그러니까 사소한 것에 너무 집착을 할 필요는 없다는 말씀이다. 그냥 '그런가보다' 해도 아무런 문제가 없을 것이기 때문이다.

2. 丑土

地支에는 土가 넷이 있지만 그 중에서 가장 먼저 등장을 하는 것이 丑土이므로 어쩌면 이해에 어려운 느낌이 들 수도 있을 것이다. 만약에 그러한 경우라고 한다면 뒤의 戌土에 대한 항목을 함께 보면서 이해하게 되면 훨씬 도움이 될 것이다. 土는 비슷한 것처럼 보이다가도 또 전혀 다른 것으로 설명을 하기도 하므로 혼란스럽게 생각이 될 수도 있음을 염려하여 안내하는 것이니 참고하기 바란다.

1) 丑土의 본질(本質)

丑土는 한 글자 속에 辛癸己의 세 가지의 성분이 있기 때문에 좀 복잡(複雜)하게 느낄 수도 있겠다. 그렇지만 그래봐야 세 가지뿐이다. 분발(奮發)하여 궁리하면 답(答)을 얻을 것은 당연하다고 본다. 이렇게 天干끼리 한 집에서 살아가고 있는 것을 잘 정리하고 나면 머릿속이 훨씬 개운해질 것이다.

혹시라도 왕성(旺盛)한 탐구심(探究心)을 가지고 있는 벗님이라면, 언제 누가 무슨 이유로 庚癸己도 아니고, 甲乙丙도 아닌 辛癸己를 한 자리에 담아놨느냐고 묻고 싶을 수도 있을 것이다. 그러나 낭월에게는 물어도 답을 할 수가 없으니 '좀 더 기다려 보는 수밖에 없다.'고 얼버무려 놓고는 냅다 튀는 것이다. 답을 못하면 도망이라도 가는 수밖에 없기 때문이다.

(1) 음체음용(陰體陰用)

丑土의 체용은 동일(同一)하다. 체(體)도 陰이고 용(用)도 陰이다. 이렇게 陰으로만 구성이 되어 있는 성분(性分)이다. 더구나 그 속에 들어 있는 것이 같은 陰이라고 하더라도 陰 중에서도 또 陰에 해당하는 癸水와 辛金이기 때문에 未中 乙丁과 비교해서 보면 더욱 음기(陰氣)가 강한 성분(性分)이 된다. 乙丁은 비록 陰이기는 하지만 五行은 木火가 되므로 陽에 해당하는 성분이 있기 때문이다.

(2) 辛癸己의 구조(構造)

己土는 陰土이며 토양(土壤)이다. 그리고 辛金은 흡수력(吸收力)이다. 또 癸水는 저장력(貯藏力)이다. 辛金을 흑체(黑體)라고 한 것을 벌써 잊어버리지는 않았을 것이다. 그래서 앞의 과정을 올바르게 이해하지 못하게 되면 다음 단계로 진행을 하는데 애로(隘路)가 많은 법이다. 가장 복잡하다는 丑土를 통해서 地支 공부의 가장 큰 산을 하나 넘어가게 되면 다음의 길은 순탄하다고 해도 되겠다.

① 己土의 역할(役割) - 정신휴양소(精神休養所)

 원래 土는 저장(貯藏)하는 능력(能力)이 있는 성분이다. 모든 것을 땅에다가 묻어버리는 것도 그러한 기능을 잘 알고 있는 지혜로 인해서 가능한 것이다. 비단(非但) 사람만 그러한 것은 아니다. 여우도 자신의 먹이를 땅에 묻어 보관(保管)한다. 그리고 나중에 배가 고프면 찾아와서 꺼내 먹을 것이므로 역시 창고의 개념을 그대로 도입(導入)했다고 보아도 이치(理致)에 어긋나지 않을 것이다.

 거북이도 알을 낳을 때가 되면 땅을 찾아서 기어 나온다. 그리고 구덩이를 파고 그 안에다가 알을 낳고는 뒷발로 흙을 덮은 다음에 다시 물로 돌아가는 것을 보면 조상이 물려준 유산(遺産)이라는 것을 짐작하게 된다. 일단 알을 묻어 놓으면 다음에 때가 되어 지열(地熱)로 부화가 된 새끼들이 밖으로 나오게 된다. 이렇게 하는 것은 보관의 개념에 잘 어울린다. 앞에서 말한 고(庫)나 창고(倉庫)의 개념과도 일치(一致)한다.

 丑土 속의 己土도 바로 이와 같은 역할을 수행하는 것이 목적이다. 그렇다면 반드시 그 속에는 무엇인가의 존재(存在)가 있어야 한다. 아무것도 없는 상태에서 보관을 한다는 것은 어불성설(語不成說)이기 때문이다. 물론 우리는 그 속에 癸辛이 존재한다는 것을 알고 있다.

 丑中己土의 역할은 금고(金庫)가 된다. 이것을 쉬운 말로 바꾼다면 정신휴양소라고 할 수 있을 것이다. 왜냐하면 金의 성분을 자아(自我)라고 했고, 주체(主體)라고 했으므로 이것을 정신(精神)이라고 부를 수가 있다면 그러한 성분이 휴식(休息)을 취할 수 있는 공간(空間)이 丑土인 것이다. 그리고 그 역할을 맡아서 해주는 글자가 己土이다.

요즘 '단기출가(短期出家)'라는 말이 생겼다. 사찰(寺刹)에서 일반인을 상대로 일정 기간을 정해서 수행(修行)하는 공간을 제공하는 것인데 이것을 '템플스테이'라고도 한다. 그 기간 동안에 세파(世波)에 찌든 마음을 정화(淨化)하고 지친 마음은 휴양(休養)을 하게 되는 시간으로 삼고자 하는 사람들이 찾아드는 것이다.

일단 산사(山寺)에 들어가면 출입(出入)은 통제(統制)된다. 그리고 규칙(規則)에 의해서 기간을 채우고서야 자유로운 귀가(歸家)를 할 수가 있는 것이다. 그러한 기간이 비록 7일이나 한 달이라고 하더라도 공식은 같은 것이다. 그래서 이와 같은 형태는 丑中己土의 역할이라는 대입이 가능하겠다. 정신휴양소(精神休養所)라는 이름은 이러한 뜻이다.

② 辛金의 역할(役割) - 충전하는 청소기

辛金의 본질에 대해서는 酉金편에서 자세히 알 수가 있을 것이므로 원활한 이해를 위해서는 먼저 酉金편으로 가서 이해를 해두는 것이 좋을 것이다. 그렇게 세상만물을 흡수하면서 왕성하게 활동을 하던 진공청소기도 휴식이 필요하다. 언제까지 작동만 시킨다면 반드시 고장(故障)이 나게 될 것이기 때문이다. 그래서 재충전을 위해서 보관소에 맡겨 놓은 것이 丑中辛金의 상태이다. 열심히 일을 하던 강력한 성능의 청소기는 편안하게 쉬면서 다음의 일정을 위해서 충전하고 있는 것이다. 물론 이때의 진공청소기 기능은 완전히 중지(中止)된 상태이다.

③ 癸水의 역할(役割) - 냉동실(冷凍室)

丑中癸水는 냉기(冷氣)를 보관하고 있는 곳이다. 이것이 창고(倉庫)라는 개념은 아니므로 착오(錯誤)가 있으면 안된다. 亥子월에 얻은 냉기를 일시적으로 보관해 놓는 것이다. 이때의 창고(倉庫)는 문이 굳게 잠겨있는 상태이고 보관실(保管室)은 수시로 필요하면 들어가서 꺼내다 쓸 수가 있는 곳으로 이해를 하면 되겠다.

냉동실(冷凍室)에 잠시 보관하고 있다가 寅월이 되면 만물의 싹을 틔우는데 바로 활용이 될 것이다. 그리고 겨울에는 냉동실이지만 봄이 되면 가습기(加濕氣)로 사용 방법이 전환(轉換)된다. 그것은 기온(氣溫)이 올라가게 되면서 냉동실에 있는 얼음들이 모두 액체화(液體化)하여 물로 변하는 것과 같은 의미이다.

(3) 우주(宇宙)의 블랙홀

丑土를 계절(季節)의 개념에 머물지 않고 확장(擴張)하여 우주(宇宙)로 끌고 나가면 흑동(黑洞), 즉 블랙홀의 모델로 삼는 것도 가능하다. 물론 아무도 블랙홀을 본 사람이 없다. 그 이유는 빛이 없으므로 육안(肉眼)으로는 볼 수가 없는 까닭이다. 빛을 삼켜버리는 물건을 무슨 수로 본단 말인가? 그것은 불가능(不可能)한 것이기 때문에 짐작으로만 이해를 하고 있는 우주론이다.

빛을 빨아들일 수가 있는 것이 辛金이다. 무엇이든 남김없이 모조리 빨아들인다. 대단한 고성능(高性能)의 진공청소기(眞空淸掃機)이다. 여기에서 빠져나올 방법은 아무것도 없다는 것이 정설(定說)이기 때문이다.

 이렇게 대단한 흡수력으로 빨아들인 다음에는 癸水로 압축을 시킨다. 그리고 己土로 저장을 해버리게 된다. 여기에서 저장을 한다는 것은 낭월의 소견(所見)으로는 새로운 별을 하나 만드는 것이 목적은 아닐까 싶은 생각도 든다.

 어떤 학자의 견해(見解)로는 블랙홀의 반대쪽에는 화이트홀이 있을 것이라고도 하는데, 그것이 아마도 새로운 행성(行星)이 되는 것은 아닐까 싶은 것이다. 물론 책임은 지지 못한다. 낭월은 과학자가 아니기 때문이다. 다만 누구라도 자유롭게 상상을 하는 것은 가능하므로 이런 생각을 해보는 것이다.

 여하튼 이치적(理致的)으로는 타당성(妥當性)이 있어야 한다. 그렇지 않으면 황당무계(荒唐無稽)한 망설(妄說)이 되어버릴 것이기 때문이다. 적어도 일리(一理)는 있어야 한다는 말이다. 낭월이 이렇게 생각을 해보는 이면에는 바로 丑土의 다음에 寅木이 뒤를 이어서 새로운 탄생(誕生)을 의미하고 있기 때문이다. 그러니까 블랙홀에 저장된 에너지가 밖으로 배출되면 새로운 별이 만들어지는 것과 같이 丑에 저장되었던 에너지는 寅을 만들게 되는 셈이다.

 근래(近來)에 나온 이야기 중에는 우주가 끝까지 팽창(膨脹)을 할 것이라고 한다. 그리고 그 끝은 절대 0℃에 도달하게 될 것이라고 한다. '-273℃'까지 내려간다는 말이다. 그리고 모든 것이 다 싸늘하게 얼어붙은 죽음의 우주가 될 것이라는 것이 그 학설(學說)의 종말론(終末論)이다.

 이것은 바로 한 계절의 丑土를 말한다. 만약에 우리가 일년초(一年草)라고 가정을 한다면 틀림없는 이야기가 된다. 그것은 마치 '하루살이는 내일(來日)이라는 단어를 모른다.'는 우스갯소리와 같은 의미이다. 봄에 싹이 나서 여름에 꽃을 피우고 가을에 열매가 맺힌 풀은 내년의 의미를 모른다. 그러면서도 종자(種子)를 만들어 둔다.

그리고 다시 내년이 되면 종자는 싹을 틔우고 새롭게 또 한 해의 삶을 이어가는 것이다. 그렇다면 우주가 丑월을 맞이하여 싸늘하게 식었다가 그것이 극(極)에 달하면 다시 따스한 봄날을 맞이하게 될 수도 있을 것이라는 생각이야 왜 못하겠는가 싶다.

물론 그것[종말설]은 우주의 이야기이고, 이것[丑土 다음에 寅木이 오는 설(說)]은 지구의 이야기라고 볼 수도 있다. 그렇지만 과학자도 자신의 입장에서 관찰(觀察)을 하였다면 지구의 원칙으로 우주를 바라보았을 가능성이 높다.

지장간(支藏干)과 地支를 생각하다가 이렇게 뜬금없이 우주여행(宇宙旅行)도 하면서 그렇게 사유(思惟)하는 것이 우리 철학자(哲學者)들의 즐거움이다. 그렇게 놀다가 발끝에 뭔가 걸리면 걷어 올리는 것이다. 그것이 조개이거나 돌이거나 상관없이 말이다. 이렇게 즐기면서 철학을 하고 五行을 궁리한다면 그것만으로도 즐겁고 행복한 나날이 될 것이다.

(4) 적막(寂寞)한 죽음의 계곡(溪谷)

丑土는 동토(凍土)이다. 식물(植物)이 자랄 수가 없는 얼어붙은 황무지(荒蕪地)이다. 이렇게 차가운 곳에서 자랄 수 있는 것은 아무것도 없다. 그야말로 한 겨울의 시베리아벌판이다. 움직이는 것은 아무것도 없고 황량(荒凉)한 풍경(風景)

이 끝없이 이어질 뿐이다. 살아있는 생명체(生命體)라고 한다면 아무도 그곳으로는 가고 싶지 않은 것이다. 이렇게 적막한 강산(江山)이 있다면 여기에서 떠올려야 하는 것이 丑土이다.

단 하루도 살아갈 수가 없을 것만 같은 곳을 떠올렸다면 잘한 것이다. 이러한 것을 바탕으로 삼아서 丑土의 분위기를 익혀 놓는다면 충분(充分)하다. 그 다음에는 이러한 풍경도 언젠가는 필요로 할 때도 있다는 것으로 여운(餘韻)을 남겨 놓으면 되겠다. 사실 세상에는 쓸모없는 것이라고는 아무것도 없다는 것을 우리는 잘 알고 있다.

아니, 어쩌면 지금 당장은 쓸모없는 것이 있을 수도 있겠다. 그렇지만 비록 오늘은 쓸모가 없더라도 내일에는 그것이 어떤 활용(活用)의 가치를 갖게 될 것인지는 아무도 모른다. 사실 풀 한 포기 자랄 수가 없는 사막(沙漠)에서 유전(油田)이 발견(發見)되어서 떼부자가 된 기름왕국들이 있으니까 말이다. 그래서 어떤 것이라도 모두 조물주의 뜻이 있을 것이라고 생각하고 소중히 보존해야 한다.

(5) 열공(熱功)하는 학생(學生)

그냥 학생은 해당이 되지 않는다. 오로지 무념무상(無念無想)으로 지식(知識)을 흡수(吸收)하느라고 정신(精神)이 온통 한 곳으로 몰두(沒頭)되어 있는 학생만 해당이 된다. 子水에서 스승이 압축을 시켜 놓은 영양가(營養價) 높은 지혜의 가르침들을 흡수하느라고 여념(餘念)이 없는 상태이기 때문이다.

쫙쫙 빨아들이는 흡수력으로 공부를 하는 학생은 머지않아서 스스로 선생이 될 것이다. 원래 먹은 만큼 내어놓는다고 하지 않는가? 이렇게 공부를 한 사람은 반드시 남의 스승이 될 수밖에 없는 것이 자연의 이치이다. 그렇게 하려면 머리는 얼음처럼 차가워야 한다. 뜨거운 머리에는 아무것도 담을 수가 없기 때문이다. 그렇게 공부하다가 열(熱)로 인해서 머리가 뜨거워지면 얼음수건으로 열을 식혀준다.

공부에 온통 정신이 팔려서 날이 새는지 밤이 가는지도 모르고 빠져들다가 보면 어느 한 순간에 대단히 예리(銳利)한 지각력(知覺力)을 발휘하여 가르침의 모든 것을 흡수하게 된다. 사실 낭월도 수강생(受講生)을 가르쳐 보면 그 차이가 뚜렷하게 드러난다. 흡수가 잘되는 사람은 나날이 진보(進步)하는 것이 보이고, 잘되지 않는 경우에는 시간이 흐른 만큼 혼란의 터널이 길어진다.

하나를 알려주면 둘을 깨닫는 제자(弟子)도 있다. 그러한 경우에는 참으로 흥(興)이 절로 난다. 열을 깨닫게 되면 백을 알려주고 싶어진다. 아마도 공자(孔子)가 안연(顔淵)을 가르칠 적에 그러한 기분이 아니었을까 싶은 짐작을 해본다.

머리가 더우면 아무것도 할 수 없기 때문에 두한족열(頭寒足熱)이라고도 하였다. 그래서 머리가 차가울수록 흡수력(吸收力)은 상대적(相對的)으로 높아진다. 지식(知識)을 흡수(吸收)하는 것은 가슴이 아니라 머리이다. 그리고 머리가 압축을 잘 시키려면 차가워야 하는 것이다. 그러므로 학생은 머리가 차가워야만 공부가 되는 것은 당연하다.

이렇게 지식(知識)을 습득(習得)하여 저장하는 지식보관소(知識保管所)인 머리와 냉동보관소의 역할이 완전히 일치한다고 이해를 할 수 있겠다. 차갑게 저장이 된 지식들은 시험장(試驗場)에서 술술 풀려나올 것이다. 이것은 언제까지나 묻어두는 창고와는 다른 분위기이다.

그런데 공부하다가 이성(異性)을 알게 되면 그때부터 공부는 뒷전이다. 머리가 뜨거워진 까닭이다. 아니 그보다는 가슴의 뜨거운 열기(熱氣)가 머리까지 도달하였다고 해야 맞을 것 같기도 하다. 여하튼 이성에 빠지게 되면 공부하는 것은 힘들어진다. 그래서 공부할 때의 이성(異性)을 학마(學魔)라고 한다. '배움의 마귀(魔鬼)' 라는 뜻이다.

그러니까 공부를 할 적에는 丑土처럼 해야 한다. 물론 나중에 활용(活用)을 할 때에는 이렇게 되어선 곤란하다. 배우기는 잘 배웠지만 활용(活用)은 전혀 되지 않을 것이기 때문이다. 20년을 한 방면으로 정진하여 큰 성취가 있음에도 활용이 되지 않아서 공부만 하고 있는 사람을 두고 하는 말이다. 이런 사람을 만년수재(萬年秀才)라고 한다.

그래서 공부를 할 적에는 얼음처럼 차가운 머리로 열심히 하고, 활용을 할 적에는 뜨거운 불처럼 왕성하게 활용을 해야 하는 것이다. 그런데 이것이 잘되지 않아서 사람과 잘 어울리지 못하는 증세(症勢)를 가지고 있는 사람들은 한 곳으로만 빠져들어서 우울증(憂鬱症)이나 편벽증(偏僻症)이 발생할 수도 있다. 그것은 丑土의 기간(期間)이 길어짐으로 해서 생긴 부작용으로 보아도 될 것이다.

그렇지만 이러한 사람들이 기회를 잘 만나게 되면 대단히 놀라운 업적(業績)을 남길 수도 있다. 뛰어난 능력으로 세상을 놀라게 하는 천재(天才)들에게는 일반 사람들이 가지고 있지 않은 정신적인 장애도 있다고 하니 말이다. 그렇지만 실패를 할 가능성도 그만큼 많은 것은 중화(中和)의 삶에서 본다면 비정상(非正常)이기 때문이다.

2) 丑土의 글자풀이

丑

丑의 글자는 뉴(紐)에서 나왔다는 말이 《淵海子平(연해자평)》에서 전해진다. 뉴(紐)는 끈을 의미한다. 끈은 무엇을 하는 물건(物件)인가? 끈은 물체(物體)와 물체(物體)를 이어주거나 묶어 주는 역할을 하는 것인 줄이야 누가 모르겠는가. 그것이 무엇을 의미하는 말인지를 알고자 하는 것이다.

끈으로 무엇을 하겠다는 말일까? 아무래도 계절(季節)을 대입시키는 것이 설명하기에 용이(容易)할 듯 싶다. 子월과 寅월을 이어 주는 끈으로 이해를 하자는 것이다. 왜냐하면 子월은 씨앗이고, 寅월은 싹이 돋는 시기(時期)라고 한다면 그 중간(中間)에서 무엇인가 이어 주어야 할 것이 있지 않겠느냐는 생각을 했기 때문이다.

끈에 어린아이들의 허리를 이어준다는 의미가 그 안에 들어 있다면 잉태(孕胎)한 태아(胎兒)를 키우고 있는 탯줄과 같다. 탯줄은 태아와 엄마를 이어주는 줄이듯이 丑土는 子水

의 씨앗을 寅木의 세상(世上)으로 안내하는 역할을 하는 것이다.

 그런데 놀랍게도 최첨단(最尖端)의 과학(科學)에서 하는 말이 끈 이야기다. '초끈이론(super-string theory)'이라고도 하는데, 우주(宇宙)는 이렇게 미세(微細)한 끈에 의해서 서로 연결이 되어 있다는 말이다. 물론 확인(確認)은 되지 않았지만 이론적(理論的)으로 말이 되기에 그러한 논리(論理)가 나왔을 것이다. '丑'자가 만들어졌을 적에는 아무도 초끈에 대해서 언급을 하지 않았다는 것은 낭월도 알고 있다. 어쩌면 그러한 연결고리는 그야말로 우연(偶然)이었는지도 모를 일이다.

 그런데 요즘 생각하는 것은, '우연은 없다.'는 것이다. 모든 것은 필연(必然)이라는 생각이 자꾸만 들고 있는 것이 지금의 낭월 생각이다. 아마도 고인(古人)들의 혜안(慧眼)으로 우주를 살폈다면 그 정도의 이론 정도는 한 눈에 파악이 되었을 수도 있다고 하면 누가 아니라고 나서겠는가?

 21세기의 지식으로 풀어도 풀리지 않는 이야기들이 이미 수천 년 전에 지구상에 존재했다는 놀라운 것을 알고 있다면 감히 그렇게 단정(斷定)하지 못할 것이다. 그것을 우리는 아무리 궁리를 해도 알 수가 없어서, '불가사의(不可思議)'라는 말로 대신해 놓고 풀어보려고 버둥거리고 있지 않은가 말이다.

 말로는 7대 불가사의라고 하는데, 결국은 아무리 풀어도 풀리지 않는다는 것을 실토(實吐)하고 있는 것에 지나지 않는다. 그러한 고인들의 기적(奇蹟)같은 역사(役事)를 보면, 丑

土를 선택(選擇)한 것이 초끈과는 아무런 상관이 없다고 마냥 우길 일도 아니다. 어쩌면 이제 세계 8대 불가사의에 하나 추가해도 되겠다. 사실 이러한 재미로 글자를 뜯어먹고 있는 낭월이다.

뉴(紐)의 형태(形態)를 보면 실[絲]이 이리저리 얽혀[丑] 있는 모양이다. 여기에서 사(絲)를 떼어내고 丑만 남겨서 부호(符號)로 삼은 것이다. 누가 뭐라고 하든지 낭월은 고인들이 丑을 선택했다는 것은 끈 이론에 대한 힌트를 보았던 것이라고 우길 참이다. 그 편이 훨씬 재미있기 때문이다.

끈이라고 하니까 또 하나의 끈이 생각난다. 바로 DNA의 나선형(螺旋形)의 끈이다. 아무리 그렇게 보지 않으려고 마음먹고 살펴보아도 영락없는 끈이다. 구태여 확인도 되지 않은 초끈까지 갈 필요도 없겠다. 유전자(遺傳子)의 정보가 고스란히 저장(貯藏)되어 있는 것이 丑土였던 것이다.

(1) 게놈과 丑의 유사성(類似性)

또 확대해석(擴大解釋)에 들어간다. 이 끈은 DNA로 보아도 되지 않을까 싶어서이다. 子水에서 뭔가 시작이 되었는데 그것이 유전자(遺傳子)를 따라서 증식(增殖)하는 과정이라고 할 수 있는 것이다. 이렇게 자유로운 생각과 상상 속에서 진리(眞理)를 발견(發見)할 힌트가 무궁무진(無窮無盡)하게 들어 있으니 말이다. 듣자하니 세포(細胞)를 발견한 사람이 생물학자(生物學者)가 아니라 포목점 주인이었다면서?

子와 寅 사이에 DNA의 개념이 포함된 글자가 있다는 것만으로도 흥분할 만하다. 이제부터는 사이비(似而非) 과학자

(科學者)의 해석(解釋)이다. 그 DNA의 구조는 바로 辛癸己이다. 논문(論文)에 없는 엉터리이므로 다 믿지는 말고 그렇게도 볼 수 있겠다는 정도로만 이해를 한다면 정신건강(精神健康)에도 해롭지 않을 것이다. 이해를 돕기 위해서 그림을 하나 제시(提示)한다.

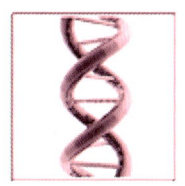 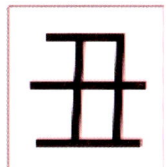

이것을 염색체(染色體)의 구조(構造)라고도 하는데, 비전공자인 철학자의 영역에서 그러한 것까지 알고 있으면 더욱 좋겠지만 몰라도 이해하는데는 아무런 문제가 없다. 그것은 생명공학(生命工學)의 영역(領域)으로 넘겨주고 다만 우리가 필요한 것에 대해서만 생각을 해보면 될 일이다. 낭월의 눈에는 이 구조에서 세 가지를 찾아 볼 수가 있을 것 같다. 그것은 아마도 辛癸己일 것이다. 세상(世上)의 이치를 이렇게 단순화(單純化)시켜서 보면 마냥 속이 편한 법이다.

(2) 辛金과 癸水는 양쪽 줄기이다.

이제부터 엉터리과학자의 말이 될 것도 같은 이야기를 들어보실 차례이다. 말이 되면 박수(拍手)를 쳐주면 되고, 말이 되지 않으면 그냥 '우~'라고 해주기 바란다. 마침 기묘(奇妙)하게도 줄이 두 가닥이다. 그렇다면 丑土의 끈과 무관(無

關)하지 않을 것이다.

그 중의 한 가닥은 辛金을 의미한다. 辛金은 무엇인가? 그것은 과거(過去)의 조상(祖上)으로부터 물려받은 유전인자(遺傳因子)를 말한다. 그야말로 아득한 옛날부터 전해지는 혈통(血統)을 의미하는 것이다. 이것이 왜 辛金인가? 辛金은 기록을 하는 철판(鐵板)이기 때문이다. 그러한 것을 모두 저장(貯藏)하고 있는 것이 흑체(黑體)인 辛金이기 때문에 이러한 것이 가능한 것이다. 다른 것은 도중(途中)에 분산(分散)되어서 제대로 전달(傳達)을 할 수가 없다. 오로지 辛金만이 가능하다는 것에 주목(注目)을 해주기 바란다.

그 모든 것을 흡수(吸收)하여 저장하고 있는 흑체(黑體)와 DNA의 한쪽 끈은 참으로 오묘한 배합(配合)이라고 하지 않을 수가 없는 절묘(絶妙)한 대입(代入)이 되는 것이다. 이것이 학문(學問)을 하는 즐거움이기도 하다.

그렇다면 癸水는 또 다른 한쪽의 줄기가 되는 것이다. 이것은 직접(直接) 부모(父母)로 부터 물려받은 유전인자(遺傳因子)이다. 이것은 최근(最近)의 정보(情報)가 되는 것이므로 오래된 것이 아니다. 물론 이것이 대대손손(代代孫孫)을 거치게 되면서 점차로 辛金으로 변해가는 것이기는 하다. 이것을 모양나게 정리한다면 辛金은 선천적(先天的)인 정보이고, 癸水는 후천적(後天的)인 정보이다.

이렇게 오래된 정보와 새로운 정보가 함께 어우러져서 끈을 만들게 되는 것이다. 그러니까 오래된 정보는 절반(折半)이 되고 이것은 뇌(腦)로 본다면 구피질이 될 것이다. 또 새로운 정보는 신피질이 되는 것이니 이것이 어우러져야만 비로소 변화(變化)한 세상(世上)에 적응(適應)을 하는 생명체(生命體)가 되는 것이다.

(3) 己土는 연결선(連結線)이다.

己土는 중앙(中央)이다. 그리고 물질(物質)이다. 물론 辛金도 물질이고, 癸水도 물질이다. 모두 음성(陰性)이기 때문이다. 만약에 음성이 아니고 양성(陽性)이었더라면 유전자(遺傳子)의 정보(情報)를 전달(傳達)해 주기에는 불가능(不可能)할 것이다.

그것도 서로 엉키지 않도록 일정(一定)한 간격(間隔)을 두고서 끼어들어야만 한다. 물론 중립적(中立的)인 입장(立場)도 지켜야 한다. 자신(自身)의 주장(主張)이 개입(介入)된다면 아마도 변이(變異)가 일어나서 유전자는 변질(變質)이 될지도 모른다. 그러니까 그 일을 수행(隨行)할 天干은 己土를 제외(除外)하고는 존재(存在)할 수가 없는 것이다.

3) 계절(季節)에서의 丑월

계절(季節)의 丑월은 양력(陽曆)으로는 1월초에서 2월초가 된다. 1년 중에서 가장 추운 시기(時期)라고 봐야 하겠는데, 그래서 丑土는 동토(凍土)가 된다. 얼어 있는 땅이라는 뜻이며 아울러서 저장고(貯藏庫)의 역할(役割)도 하고 있다.

地支에는 네 개의 土가 있다. 辰, 戌, 丑, 未가 그것이다. 이 土들은 모두 하는 일들이 뒤의 地支와 앞의 地支를 연결(連

結)시켜주는 역할이라고 보면 거의 틀림이 없을 것이다. 즉 계절(季節)을 이어주는 글자들이라고 하면 될 것이다.

丑土는 겨울과 봄의 역할을 부여받았다. 겨울의 추위를 저장(貯藏)하고 새로운 봄의 기운으로 이어지도록 맡은 바의 임무(任務)를 성실(誠實)하게 수행(隨行)하는 것이 丑土의 역할인 것이다.

丑土가 조절(調節)을 해주는 역할은 인체(人體)의 관절(關節)과 같다. 팔이나 다리에 관절이 없다면 사용하기가 어렵기 때문에 반드시 관절은 필요한데 나이가 들어서 관절이 원활(圓滑)하지 못하면 그 고통(苦痛)은 이루 말할 수가 없을 지경이다. 그때가 되어서야 비로소 丑土, 즉 관절의 역할이 얼마나 중요(重要)한지를 깨닫게 되는 것이다.

丑월의 절기(節氣)는 소한(小寒)에 시작되어 대한(大寒)으로 이어져서 입춘(立春)이 되면 끝난다. 이 절기의 기간은 이름과 마찬가지로 소한(小寒) 대한(大寒)의 혹한기(酷寒期)에 해당한다. 작은 추위의 소한과 큰 추위의 대한이 있는데, '소한보다 추운 대한 없다.'라는 말이 있다.

그런가 하면, '형(兄) 대한이 동생 소한의 집에 놀러 갔다가 얼어 죽었다.'는 말도 있다. 이것도 마찬가지로 소한이 더 춥다는 것을 의미한다. 이러한 속담(俗談)이 나오는 것을 보면 1월 초순(初旬)이 중순(中旬)보다 더 춥다는 것을 의미하고 우리는 생활을 통해서 그것을 확인하고 있다.

그리고 소한(小寒)은 동지(冬至)를 지나고 보름 후에 다가오는 절기(節氣)이기도 하다. 그러니까 가장 압축(壓縮)이 잘되는 시기는 대한(大寒)보다도 소한(小寒)이라는 것을 알 수가 있다. 그런데 왜 이름을 그렇게 지었을까? 소한이 더 추우면 소한을 대한으로 불러야 하는 것이 옳지 않겠느냐는 생각이 든다.

丑土의 본질(本質)은 己이다. 그러니까 대표(代表)가 되는 것이다. 癸와 辛은 소속(所屬)이다. 그래서 己의 절기(節氣)는 형(兄)에 해당하여 대한(大寒)이고 癸辛의 절기는 동생에 해당하여 소한(小寒)이다.

다만 소한이든 대한이든 중요한 것은 모두 춥다는 것이다. 그리고 추워야만 압축이 잘되어서 다음 해에 풍년(豊年)이 든다는 이야기는 과학적(科學的)으로 매우 합당(合當)하다고 하니까 대소(大小)에 신경 쓰지 말고 추운 계절이라는 것으로 알아 두면 될 것이다. 그런데 또 학구적(學究的)인 자존심(自尊心)이 머리를 쳐든다. 뭔가 납득이 될 만한 이야기를 내어 놓으라는 것이다.

(1) 소한(小寒)과 대한(大寒)

丑월의 상반기(上半期)를 통과(通過)하는 지장간(支藏干)은 癸水를 거쳐서 辛金으로 이어진다. 모두가 냉기(冷氣)로 보면 최저온(最低溫)이다. 지장간에서 이러한 흔적을 보여주고 있으니 과연 체감으로 얻은 느낌이 실제로 지장간의 이치와 맞아떨어진다는 것으로 이해할 수가 있는 것이다.

대한(大寒)부터 입춘(立春)까지는 己土가 담당(擔當)하게 된다. 己土가 비록 춥다고는 하지만 金水보다는 온도(溫度)가 높다. 그래서 陰土라고는 하지만 상대적(相對的)으로 다소(多少) 온도가 올라갈 수가 있는 것이므로 조금 덜 추운 정도의 변화(變化)는 충분히 일어날 수가 있는 것으로 보아도 되겠다.

비교(比較)를 할 대상(對象)으로는 未土가 있다. 왜냐하면 본질(本質)이 같은 陰土인 己土이기 때문이다. 그러나 두 글자가 맡은 역할은 천양지차(天壤之差)로 다르다. 그 이유는 속에 무엇을 품고 있느냐는 것에 따라서 용처(用處)가 달라지는 까닭이다.

未土에 대한 자세한 설명은 뒤에서 나올 것이므로 간단하게만 언급을 한다면, 未土에는 乙丁이 있고, 丑土에는 辛癸가 있다는 것이 가장 큰 차이이다. 이러한 차이로 인해서 각자의 역할이 전혀 달라져서, 丑土는 냉기(冷氣)를 담고 있는 그릇이 되고, 未土는 열기(熱氣)를 담고 있는 그릇이 된다. 이것은 고(庫)의 개념과는 다른 것으로 저장되어 있는 것이 아니라 그 역할을 수행(遂行)하고 있는 것을 말하는 것이다.

(2) 丑월의 癸辛己

앞에서도 설명을 했지만 간단하게 정리를 한다면, 癸의 9일은 지난 달의 압축이 계속해서 일어나고 있는 것을 의미하고, 辛의 3일은 그 압축이 된 것을 마무리하는 것으로 이해를 하게 된다. 그리고 마지막으로 18일간의 己는 저장고에 보관하는 단계로 넘어가는 기간이 된다. 이로써 모든 과정의 절차가 끝을 맺고 한 단락이 매듭짓는 과정이다.

(3) 축월괘(丑月卦)

丑월이 되면 괘상(卦象)은 지택림(地澤臨)이라고 부르는 림괘(䷒)가 된다. 효(爻)의 모양을 살펴보면 양효가 하나 더 늘었다는 것을 알 수가 있다. 기온을 보게 되면 1년 중에서 가장 추운 섣달이지만 천기(天機)는 이렇게 양기(陽氣)를 키우고 있다는 이야기가 되는 셈이다. '이제 봄도 얼마 남지 않았다.'는 것으로 이해하게 된다.

4) 하루에서의 표시

丑시는 새벽 1시부터 3시까지이다. 표준시로는 1시 30분부터 3시 30분까지가 된다. 이 시간에는 모쪼록 깊은 잠 속으로 빠져 있는 것이 건강(健康)에 가장 좋다. 그야말로 숙면(熟眠)의 시간(時間)이기 때문이다. 이러한 시간에 잠을 이루지 못하고 뒤척거린다면 하루 온종일 몽롱(朦朧)한 채로 보내야 할 것이다.

밤새 잘 주무셨느냐는 인사도 이 丑시에 에너지를 많이 저장하였느냐는 의미로 해석을 할 수 있다. 그만큼 기운을 흡수하여 충전(充電)하는 시간이다. 子시에는 에너지를 축소시키는 역할을 하고, 丑시에는 저장을 하게 되는 것이므로 子시부터 잠을 자야 하는데 그럼에도 잠을 이루지 못한다면 丑시에는 무조건 잠자리에 들어야 한다.

배터리에 하루를 살아가야 할 에너지를 저장하는 일은 참으로 중요하다. 특히 나이가 들면 이 기능도 떨어진다. 그러니까 더욱 더 잠을 잘 자면서 깊은 충전을 해야 하는 것이고 그래서 노인은 초저녁에 잠이 많다는 말이 나오는 것이다. 젊은 시절에는 며칠 정도는 밤을 새워도 끄떡없다. 그렇지만 세상을 한 50년 살다가 보면 밤 10시만 되어도 하루의 피로(疲勞)가 온 몸을 감싸게 되는 것이다.

5) 丑土와 소띠

 소는 농경시대(農耕時代)부터 인간(人間)의 일을 도맡아서 처리한 가축(家畜)이다. 그리고 소는 가장 힘이 센 동물(動物)이기도 하다. 소의 순종적(順從的)인 면을 보면서 丑土를 떠올렸을 수도 있겠다는 생각이 든다. 주인이 시키는 대로 모두 순순히 따른다는 것은 반항(反抗)을 하기 보다는 수용(受容)을 하는 것으로 봐야 하겠고, 丑土가 그렇게 하는 성분(成分)이라고 본다면 크게 벗어나지 않는 것으로 보아도 될 것이다.

 그렇다면 辰의 용과 戌의 개와 未의 양들은 왜 그 자리에 있는지에 대해서도 설명을 해야 하겠는데, 앞으로 언급을 할 것이므로 급하면 뒤로 가서 찾아보는 것은 각자의 자유(自由)이다. 지금은 丑土에 대해서 설명을 하고자 하는 시간이다. 네 동물들 중에서 가장 순종적(順從的)이면서 힘이 있는 것은 소이다. 그리고 열두 글자 중에서 가장 많은 에너지를 함축하여 저장하고 있는 글자는 丑土이다. 왜냐하면 子水의 엄청난 유전인자(遺傳因子)를 그대로 저장하고 있기 때문이다. 그래서 소가 그 자리를 지키게 된 것이다.

 가축(家畜)으로서의 소는 丑시나 丑월에 휴식(休息)이 주어지는 것도 고려(考慮)가 되었을 것이다. 휴식은 새로운 일을 하기 위한 에너지의 저장에 해당하는 것이다. 편안하게 휴식하지 않으면 일이 시원찮다.

 그렇게 힘이 센 소도 밤에 잠을 못자면 하루 일에 지장이 많은데 하물며 인간이야 더 말을 해서 뭘 하겠느냐는 의미를 담고자 했던 고인들의 상념(想念)들이 녹아 있는 것으로 보인다. 이렇게 하나하나를 고려하면서 멋진 해답(解答)이 되도록 노력을 한 선현(先賢)들의 가르침을 우리가 올바르게 이해하는 것만으로도 낭비(浪費)하지 않는 것이다.

3. 寅木

1) 寅木의 본질(本質)

寅木은 陽의 시작(始作)에 해당한다. 계절(季節)로는 봄이 시작되는 입춘(立春)이 되고, 하루의 자연시(自然時)에서는 꼭두새벽의 3시부터 5시사이가 된다.

(1) 양체양용(陽體陽用)

寅木은 양체(陽體)에 양용(陽用)이다. 甲木도 陽이고 丙火도 陽이므로 모두 陽으로 이뤄진 구조가 된다. 子水와 달리 긴 설명이 필요 없는 부분이다.

(2) 火의 시발지(始發地)

寅木의 구조(構造)를 보면, 甲木이 70%에 丙火가 30%를 차지하고 있는 형태(形態)이다. 그래서 이름은 가장 많은 성분을 따라서 甲木과 같은 것으로 대입을 하는 것이 보통이다. 그런데 여기에 함정(陷穽)이 있음을 눈치 채려면 학문(學問)의 시간이 한참 흐른 다음이 될 것이다.

처음에는 비중(比重)이 큰 성분(性分)으로 본질(本質)을 삼아서 '寅=甲'으로 생각을 하게 되고, 이러한 공식(公式)의 구조에 대해서 전혀 의심(疑心)하지도 않는다. 그러다가 언제부터인가 자꾸만 되돌아보게 되는 현상(現狀)이 발생(發生)하게 되었으니 그것은 왜 寅木이 火의 生支라고 하느냐는 생각이 끊임없이 뇌(腦)를 자극(刺戟)한 까닭이다.

生은 낳는다는 의미이다. 날생(生)이니 당연하다고 하겠다. 낳는다면 무엇을 낳겠는가? 그 속에 들어 있는 것을 낳는 것이 순리(順理)이다. 그렇다면 그 속에 있는 것은 무엇인가? 그것은 丙火이다. 그러니까 '寅木은 丙火를 낳는다.'는 말이다. 그래서 寅木은 丙火를 품고 있다가 때가 되면 낳게 되는 것으로 그 역할(役割)을 맡았다는 이야기이다. 이렇게 되면 체(體)는 甲이고 용(用)은 丙이 된다. 즉 여성(女性)의 경우를 예로 든다면, 체(體)는 여성이고 용(用)은 출산(出産)인 것이다.

(3) 임신(姙娠)과 출산(出産)

지금부터 설명하려는 것은 巳火, 申金, 亥水도 모두 공통(共通)으로 통용(通用)이 되는 개념(概念)이므로 한 번만 잘 이해하면 다시 반복을 하지 않아도 될 것이다. 책을 읽을 적에 처음부터 차근차근 읽으면 문제가 없는 것도, 성급한 마음에 필요한 항목만 찾아서 보게 되면 이러한 내용을 놓치게 되므로 공부를 할 적에는 정독(精讀)이 필요한 것이다.

 寅은 항상 자식을 잉태하고 있는 상태이다. 이것은 마치 암탉이 뱃속에 알을 가지고 있는 것과 흡사(恰似)한 것으로 보아도 되겠다. 때가 되면 알을 낳는다. 그 알은 丙火이다. 寅木이 낳은 것은 丙火이기 때문이다. 寅木이 낳은 것이라면 甲木이 되어야 하는 것이 아니냐고 생각할 수도 있겠다. 물론 요즘에는 복제(複製)된 양(羊)도 있으니 가능하다고 하겠다.

 만약에 寅木이 甲木을 낳았다면 그것은 복제(複製)가 될 것이다. 완전(完全)히 똑같은 것을 낳았다면 그것은 다음의 세대(世代)를 낳은 것이 아니고 당대(當代)의 제품과 똑같은 것을 만들었기 때문이다. 그렇게 되면 木生木은 가능하겠지만 木生火는 분명히 아니다.

 복제품은 탄생(誕生)이 아니다. 生은 탄생을 의미하는 것이기 때문에 木이 木을 낳는 법은 없다고 해야 할 것이고, 설령 있다고 하더라도 그것은 논외(論外)로 해야 할 것이다. 이렇게 설명을 함으로써 왜 寅木이 甲木을 낳았다고 하지 않는 것인지에 대한 궁금증이 해소(解消)될 것이다.

 여기에서 또 하나의 의문(疑問)점이 발생한다. '왜 하필이면 寅木은 丙火만 낳느냐?'고 물어야 하는 것이다. 丁火도 火인 것은 마찬가지이므로 丁火를 낳을 수도 있는데 그 속에는 丙火만 있다는 것이 납득이 되지 않을 수도 있기 때문이다. 적어도 낭월은 그러한 의문이 꼬리를 물고 일어났었다.

 여기에 대한 해답(解答)은 나중에 戊土를 통해서 설명하게 될 것이다. 물론 그 전에라도 벗님이 스스로 답을 얻는다면 낭월보다 뛰어난 총명(聰明)함을 가지고 있다고 보아도 될 것이다. 힘써 연구해 보기 바란다.

(4) 임산부(姙産婦)의 안색(顔色)

 아기를 갖지 못한 여성(女性)의 불안(不安)한 마음을 이해할 수가 있다면, 임신을 한 여성의 밝은 표정(表情)도 이해를 할 수가 있을 것이다. 이러한 점을 살펴보면서 寅木의 본질(本質)이 드러나게 된다.

 그 속에 들어 있는 것이 丙火이다. 우리는 《天干》편에서 丙火의 존재(存在)를 빛의 본질로 이해했다. 광선(光線)의 힘을 가지고 있는 임신부에게는 얼굴에서 광채(光彩)가 나는 것이 당연하다고 해야 할 것이다. 그렇게 해서 세상을 다 얻은 것과 같은 느낌을 갖게 되는 것이 임신을 하고 있는 기간에서 느끼는 특별(特別)한 체험(體驗)이 되는 것이다.

 寅, 申, 巳, 亥 중에서 寅木의 속에만 丙火가 들어 있다. 이것은 임신(姙娠)한 사람에게 해당하는 것으로 이해를 할 수가 있는 모델인 것이다. 다른 경우에는 이와 같은 대입이 어울리지 않을 수도 있기 때문이다. 인체(人體)도 木이라고 할 수가 있다. 유기체(有機體)로 볼 수가 있기 때문에 생명을 논할 경우에는 寅木을 만물(萬物)의 시작으로 작용하는 중심(中心)으로 놓고 관찰하는 것이 적합(適合)하다고 보는 것도 寅월은 소생(所生)하는 계절(季節)이기 때문이다.

(5) 탈태요화(脫胎要火)

 적천수(滴天髓)의 '甲木'에서 말하기를 '태(胎)를 벗어나려면 火가 필요(必要)하다[탈태요화(脫胎要火)].'고 했는데,

寅木은 아예 火를 가지고 있다. 왜 寅木은 丙火를 가지고 있을까? 앞에서 설명한 임신(姙娠)의 의미로만 해석을 한다면 하나는 놓쳐 버리고 하나만 얻게 된다는 것을 알게되면 더욱 세심(細心)하게 살피는 능력(能力)이 발휘(發揮)될 것이다. 다시 생각을 해보자.

 寅월에 모든 씨앗들은 발아(發芽)를 준비(準備)한다. 그리고 땅 속에서 힘차게 대지(大地)를 뚫고 세상(世上)에 머리를 내밀게 된다. 이러한 마당에서 절실(切實)하게 필요한 것은 바로 파워이다. 힘이 없으면 그 단단한 땅을 헤집고 지상(地上)으로 올라 올 수가 없는 것이다.

 뱃속의 아기도 마찬가지이다. 그 좁은 산도(産道)를 통과하여 세상에 태어난 다음에 고고성(呱呱聲)을 울리려면 상당한 힘이 필요한 것이다. 여기에서도 바로 폭발적(爆發的)인 힘이 필요하다. 산모(産母)는 산기(産氣)를 느끼면 아기를 낳을 준비를 한다. 그리고 기다리고 있으면 된다.

 때가 되면 丙火에 불이 붙게 되고, 그 불은 로켓의 발사대와 같은 상황에서 순간적(瞬間的)으로 폭발(爆發)을 하게 되어 있다. 그러면서 산도(産道)를 박차고 세상에 나오게 되는 것이다. 이것이 바로 탄생(誕生)이다. 이렇게 밀고 나올 힘이 부족하다면 그 아이는 이른바 난산(難産)이 된다.

 인간의 난산(難産)이나 불임(不姙)은 식물(植物)의 입장(立場)에서 본다면 발아(發芽)가 되지 않는 것을 의미한다. 그것은 싹을 틔우지 못한 씨앗이 되어버리는 것이고, 씨앗은 그대로 썩어버리고 만다.

(6) 戊丙甲과 己戊丙甲

월률분야(月律分野)에서 나타나는 지장간(支藏干)은 戊丙甲이다. 그런데 여기에서 의심이 발생한다. 月支의 흐름을 논한다면 丑월의 己土가 寅월로 넘어오면서 거치는 과정을 논해야 할 것이고 그렇게 되면 己土가 포함이 되어야 할 것인데 책에 따라서 포함이 되기도 하고 그렇지 않기도 하여 어느 것이 옳은지는 확실하게 단언(斷言)하기 어려운 부분이다.

우선 己土가 포함되어야 한다고 생각하는 것은 흐름에 따라서 관찰하게 되면 당연하다고 하겠다. 그래서 원래는 포함되었던 것으로 보인다. 여기에 대해서는 이론(異論)의 여지(餘地)가 없다. 그렇다면 이렇게 너무도 당연한 것을 왜 제거하게 되었는지도 생각해 봐야 할 것이다.

그것은 아마도 陰土가 丑월에서 寅월로 넘어가면서 기운이 바뀌어서 양토화(陽土化)된 것으로 보면 적당하지 않을까 싶다. 이러한 갈등(葛藤)은 申월에서도 나타난다. 未월의 己土가 申월로 넘어가면서 己戊壬庚으로 보기도 하고, 또 戊壬庚으로 바로 넘어가 버리기도 한다. 이것은 같은 양상(樣相)으로 이해를 하면 될 것이다.

2) 寅木의 글자풀이

寅은 地支의 글자 중에서는 상당히 복잡한 글자에 속하는 셈이다. 《淵海子平(연해자평)》에는 빈(髕)이 寅의 원형(原形)이라고 되어 있다. 이 글자의 뜻은 종지뼈를 의미하는데, 슬개골(膝蓋骨)이라고도 한다. 무릎을 보호하고 있는 뼈이다. 부연(敷衍) 설명을 보면 다음과 같은 내용이 보인다.

'陽의 기운이 솟아오르려고 하는 상황에서 陰의 기운이 오히려 강하여 아래에서 빈연(髕演)한다.'고 되어 있는데 여기에서 빈연이란 의미는 '종지뼈를 잡아당긴다.'고 해야 할 모양이다. 즉, 아직까지 강한 陰의 기운이 미약(微弱)한 陽의 기운을 아래로 잡아당기고 있는 상태를 의미한다고 보면 크게 틀리지 않을 것이다.

민중서림판 《한한대자전(漢韓大字典)》에 의하면, 갑골문(甲骨文)에는 화살을 두 손으로 잡아당기는 모양을 본떠서 '잡아당긴다'는 의미와 '잡아서 편다'는 의미로 사용되지만 그 중에서 후자를 사용하는 것이라고 되어 있다. 그리고 연(演)의 본자(本字)가 寅이라고도 한다. 이러한 의미들을 종합(綜合)해서 정리해 보면, 寅木은 뭔가 엉켜 있는 것을 잡아당기는 일을 하고 있다는 의미가 되고, 그것을 펼쳐놓으려고 한다는 것도 읽을 수가 있겠다.

'편다'는 것은 뭉쳐있는 것을 펴는 것이고, 그것은 바로 丑에서 눈이 따갑도록 보았던 내용인 '압축된 것을 편다.'는 것으로 이해하기에 전혀 무리가 없는 대목이다. 요즘말로 한다면 '압축(壓縮)을 해제(解除)하는 것'과 완전(完全)히 동일(同一)한 의미이다.

丑土 속에 뭉쳐져서 보관되어 있던 물질을 寅木이 풀어야

만 되는 것이다. 이것이 계절로는 봄이 되고, 하루에는 꼭두새벽이 되는 것이다. 밤새 잠을 자고 새벽에 잠에서 깨어나서 정신을 차리려고 기지개를 켜고 간단하게나마 마당에서 몸을 잡아당기고 펴는 운동을 하면서 아침밥을 먹을 준비를 하는 것이다.

3) 계절(季節)에서의 寅월

 봄의 시작을 알리는 것이 입춘(立春)이다. 그래서 입춘부터 경칩(驚蟄)까지를 寅월이라고 한다. 입춘은 양력(陽曆)으로 2월 4일이나 5일에 들어온다. 겨울 내내 웅크리고 있는 생명(生命)들이 기지개를 켜면서 움직이기 시작하는 계절이기도 하다. 자연도 여기에서부터 한 해를 시작하고 인생도 여기에서부터 삶을 시작하게 되는 기준점이다. 그래서 四柱의 출발도 입춘으로 삼게 되었을 것이다.

(1) 입춘(立春)과 우수(雨水)

 입춘(立春)이라는 말은 '봄이 되었다.'는 뜻이다. 봄이 되었으므로 봄의 역사(役事)가 시작된다는 것을 의미하기도 한다. 인생(人生)도 이 자연의 흐름에서 벗어나지 못하기 때문에 겨우내 웅크리고 있다가 서서히 농사(農事)를 지을 준비를 하게 되는 것이다.

 우수(雨水)는 빗물이 된다. 비가 내리는 것은 같지만 봄에 내리면 봄비라고 한다. 봄비가 특별히 의미를 갖는 것은 만물을 겨울잠에서 깨어나게 하는 작용이 있기 때문이다. 이렇게 寅月의 상반기(上半期)에 봄이 시작되어서 중반기(中半期)에는 비가 내리는 것이 모두 丑월의 압축을 해제하고 본래의 기능을 다시 가동(可動)시킬 수가 있도록 준비하는 것에 있음을 생각하면 된다.

(2) 年柱의 기준(基準)

四柱를 작성(作成)할 경우에 무엇인가 기준이 있어야 하는 것은 당연하겠는데, 일반적(一般的)인 기준은 입춘(立春)이 된다. 여기에 대한 이야기는 子水에 대해서 설명을 하면서 이해가 될 만큼 안내(安內)를 하였으니 참고를 하면 되겠다. 이번에는 입춘을 기준으로 삼는 것에 대해서 언급(言及)을 하고자 한다. 이 말은 한 해의 시작(始作)을 말하는 것이다. 어떤 사람이 태어났을 때 중요한 것은 '어느 해의 입춘이 지났는가?' 이다.

예를 들어서 2011년에 태어났다면 입춘이 지나고 나서 태어났는가 아닌가를 봐서 아직 지나지 않았으면 辛卯년이 되지 않은 것으로 봐서 庚寅년으로 표기(表記)를 하게 된다는 점을 알아야 한다. 그러니까 양력으로 2011년 2월 3일에 태어났으면 아직 庚寅년에 해당한다는 말이고, 2월 5일에 태어났으면 辛卯년에 해당한다는 것이다. 왜냐하면 2011년의 입춘은 2월 4일 13시 32분에 들어오기 때문이다.

(3) 입춘은 四柱의 기준

이렇게 1년의 기준점(基準點)으로 입춘이 채택(採擇)된 것은 오래된 일이다. 송대(宋代)에 쓰인 《淵海子平(연해자평)》에서도 寅月을 시작으로 삼았고, 당대(唐代)의 《李虛中命書(이허중명서)》에서도 또한 같은 논리를 채용(採用)하고 있으므로 자평명리학(子平命理學)의 시작부터 입춘이 기준점으로 사용되었다는 것을 짐작하는 것으로는 어렵지 않다.

왜 그랬을까? 고인(古人)들의 지혜(智慧)가 넘치고도 남을 것인데 문제(問題)가 있는 기준점을 사용한 것을 전제(前提)로 하고 생각해 보는 것이 좋겠다. 우선 현재 시행하고 있는 법칙(法則)을 이해하고 모순(矛盾)이 있다면 다른 방법으로 관찰을 해보는 것이 타당하기 때문이다.

앞에서 丙火를 잉태한 寅木에 대한 설명을 했는데, 자연(自然)에서의 한 해도 입춘(立春)은 시작점이 된다. 만물(萬物)이 소생(甦生)하기에는 동지(冬至)보다는 입춘이 제격이기도 하다. 寅月이 출산(出産)이라고 했다면 子月은 임신(姙娠)이 되는 것으로도 대입이 가능하다. 그렇다면 임신부터 생명이냐. 혹은 출산 이후부터 생명이냐의 문제와도 서로 통한다고 하겠다.

四柱의 출발은 임신에서가 아니라 출산부터이다. 그래서 입춘을 기점으로 삼은 것이 아닐까 싶다. 역법적(曆法的)으로는 동지(冬至)가 맞지만 현실적(現實的)으로는 입춘(立春)이 타당하다. 그리고 명리학(命理學)의 고인들은 현실적인 문제를 선택한 것으로 보인다. 그리고 그 후에 이견(異見)을 제시(提示)한 후학(後學)들 중에서는 동지(冬至)를 시작점으로 해야 하는 것에 대해서 진지하게 관찰을 했을 것이다.

문제는 두 가지가 다 일리(一理)가 있다는 것이다. 뚜렷하게 구분이 된다면 어느 것으로 사용이 되던 간에 결정이 났을 것이다. 그런데 동지(冬至)부터 입춘(立春)까지의 45일 사이에 태어난 사람들에 대해서 임상을 해보면 말이 되기도 하고, 그렇지 않기도 하여 딱 부러지게 확신(確信)을 하기가 어려워서 보류(保留)가 된 상태(狀態)이다.

(4) 寅월의 戊丙甲

처음 7일은 戊가 작용하여 겨우내 얼어 있던 하늘의 기운을 풀어주는 단계이고, 그 다음의 丙이 7일 동안 땅 속에 빛을 쏘아 넣어서 공기를 따스하게 데워 주는 역할을 하고 나면 비로소 마지막 16일간은 甲의 작용에 의해서 생명체들이 기지개를 켜고 움직이게 되는 과정이 된다.

(5) 인월괘(寅月卦)

입춘(立春)이면 봄이 되었다는 말이다. 그리고 괘상을 보면 지천태(地天泰)가 되어서 태괘(䷊)를 나타낸다. 이 괘의 모양에서는 陽의 기운이 밀고 올라와서 절반을 장악한 상태가 되고 계속해서 더 밀고 올라갈 것이므로 긴 겨울을 살아남은 사람이나 동물에게는 희망이 생기는 괘가 된다. 그래서 이 괘의 별명은 '삼양개태(三陽開泰)'가 되기도 한다.

괘의 모양을 보면 반음반양(半陰半陽)이다. 이것은 태양의 기준으로 보면 춘분(春分)처럼 밤낮의 길이가 같은 것과 비교를 할 수가 있겠는데, 이것은 현실적으로 시차가 있다고 해야 하겠다. 이유를 생각해 보면 괘상이 가지고 있는 의미는 기운(氣運)에 가깝기 때문이다. 그러니까 기운은 미리 만들어 지고, 그것이 사람의 체감으로 느껴지는 것은 45일 후가 된다는 이야기라고 할 수 있겠다. 왜냐하면 입춘에서 춘분까지의 기간과 동지에서 입춘까지의 기간에는 그만큼의 날짜가 있기 때문이다. 이 45일 사이에는 뭔가 좁힐 수 없는 기(氣)와 질(質)의 이치가 있는 것 같다.

4) 하루에서의 寅시

 2011년을 기준으로는 새벽 3시 30분부터 5시 30분까지에 해당하는 시간이 자연시간에서의 寅시이다. 이것이 귀찮아서 그냥 3시부터 5시까지로 사용하기도 하지만 정확하게 알고 나서 사용하고 말고는 그 다음의 문제라고 생각하면 된다.
 부지런한 사람은 이 시각이면 잠자리에서 일어날 것이고 게으른 사람이라면 아직 일어나고 싶은 마음이 없을 것이다. 자연의 조화(調和)로 본다면 寅시에 일어나는 것이 타당하다. 물론 전날에 늦게 잤기 때문에 어쩔 수가 없다고 하는 말은 의미가 없다. 그렇다면 '일찍 자거라~!'라는 말이 뒤따를 것이기 때문이다.
 옛말에 '한 해의 계획은 정월에 세우고, 하루의 계획은 寅시에 세운다.'고 했는데 정월(正月)은 寅월이다. 결국 寅은 무엇이건 간에 시작을 해야 하는 단계로 관찰을 할 수가 있다는 것은 공통점(共通點)이 된다.
 이것은 丑시의 숙면(熟眠)과 寅시의 기상(起床)으로 대비가 되는데, 깊은 잠을 잔 사람이 일찍 일어날 수가 있기도 하지만, 寅시에 일어나서 수축이 된 심신(心身)을 유연(柔軟)하게 풀고서 하루를 힘차게 시작한다는 관점에서 보더라도 매우 타당하다.

5) 寅木과 호랑이띠

 寅년에 태어나면 호랑이띠라고 하니까 여기에 대해서 생각을 해보자. 호랑이도 상징적으로 대입을 할 적에는 다섯 가지로 구분을 할 수 있다. 즉 庚寅은 백호(白虎)이고, 壬寅은 흑호(黑虎), 甲寅은 청호(靑虎), 丙寅은 적호(赤虎), 그리고 戊寅은 황호(黃虎)라고 할 수 있는 것이니까 다른 동물도 이렇게 붙이면 된다. 특히 그 중에서도 대표적인 호랑이는 백호이다. 왜냐하면 좌청룡(左靑龍) 우백호(右白虎)이기 때문이다.

 열두 동물들 중에서 눈에 불을 켜는 동물은 호랑이이다. 1972년에 팔공산(八公山)에서 수행(修行)을 할 적에 함께 있던 할머니께서 '산신령(山神靈)의 불'이라고 하면서 보여준 것은 계곡(溪谷)아래에서 이리저리 휘젓고 다니는 불빛이었다. 그것도 상당히 훤했다.

 한국에서는 호랑이가 멸종되었다고 하므로 그 말이 사실이라고 생각은 하지 않았지만 그 불빛이 정면(正面)으로 필자를 향했을 적에 깜짝 놀랐다. 크기는 군사용 손전등 정도의 느낌이어서 누군가 전등을 비추나보다 했다. 그런데 불빛이 뚝뚝 떨어지는 것은 아무리 생각을 해봐도 설명을 할 방법이 없다.

횃불과 같은 것이라면 불꽃이 있어야 할 것이고, 손전등이라면 떨어질 불빛이 없기 때문이다. 물론 남을 통해서 들은 것이 아니라 낭월이 직접 보았기 때문에 이렇게 경험을 전할 수가 있는 것이다. 남에게서 들었다면 또 착각을 했을 것이라고 짐작하였을 가능성이 다분하다. 그래서 호랑이는 불을 켠다는 것을 믿지 않을 수가 없었는데, 그 후로도 많은 경험자들이 밤길에 등불이 되어준 호랑이의 이야기를 해줬다. 아직도 그러한 일이 있는지는 모를 일이다.

4. 卯木

1) 卯木의 본질(本質)

 乙木이 물질화(物質化)된 것이 卯木이다. 본질(本質)은 같지만 작용(作用)은 다르다. 陰木은 약하고 부드럽다고 하는 말이 여기에서는 통용(通用)이 되지 않는다. 강력(强力)하고 굳센 왕목(旺木)이라고 해야 하는 것이다.

(1) 음체음용(陰體陰用)

 地支의 개념(概念)은 어쩌면 모계사회(母系社會)를 나타내고 있는 것은 아닌가 싶은 생각이 든다. 왜냐하면 왕지(旺支)에 속하는 子, 午, 卯, 酉가 모두 陰으로 구성(構成)이 되어 있기 때문이다. 그리고 이것이 아마도 가장 평화(平和)로운 자연(自然)의 모습일 것이라는 생각이 된다.
 옛 말에 '씨 다른 형제(兄弟)는 잘 지내지만, 배 다른 형제는 다툰다.'는 말도 이러한 것을 의미하는 것이 아닌가 싶다.

그리고 세상에서 가장 강한 것이 사람인데 그 사람 중에서도 가장 강한 것이 어머니라고 하는 말은 어머니의 엄청난 포용력과 통솔력을 두고 하는 말이라는 생각이 든다. 그러니까 결국은 干支도 자연(自然)의 모습에서 얻은 부호라고 한다면 당연하다고 보아도 되지 않을까?

(2) 木의 전성기(全盛期)

卯木은 매우 왕성(旺盛)한 목기(木氣)를 품고 있는 글자이다. 어느 사물(事物)이라도 모두 전성기(全盛期)가 있기 마련이다. 그런 관점(觀點)에서 卯는 木의 전성기에 해당하는 것이다. 亥水에서 발육(發育)이 되기 시작한 木은 卯木을 만나서 절정(絶頂)의 힘을 발휘하고 있는 상태(狀態)로 이해를 하게 된다.

子水와 마찬가지로 왕기(旺氣)를 속으로 포함하고 있는 地支 중의 하나인데, 겉으로 나서지는 않지만 함축(含蓄)하고 있는 기운(氣運)으로 木의 천하(天下)를 지배(支配)하고 있는 것으로 이해를 하게 된다.

(3) 10대의 청소년(靑少年)

'청춘(靑春)'이라는 글자는 모두 木에 해당하는 의미를 담고 있다. 청(靑)은 오색(五色)에서의 木이고, 춘(春)은 사계절에서의 木이다. 이렇게 힘이 넘치는 아이들에 해당하는 것으로 10대의 청춘과 같다고 보면 크게 벗어나지 않는다. 그러니까 이팔청춘(二八靑春)이 16세를 말하는 것도 같은 의미로 이해를 하게 된다.

그리고 地支에서는 卯木이 여기에 해당한다. 힘차게 뻗어나가는 木의 힘을 막을 방법이 없다고 해야 할 것이니 이때에 환경(環境)이 도움을 주지 못하면 청소년은 반발(反撥)을 하게 되고, 이것을 사춘기(思春期)라고 한다. 사춘기에도 어김없이 춘(春)이 들어 있다는 것에 주목(注目)하면 이해가 더 빠를 것이다.

寅木에서 출산(出産)이 되었다고 한다면 여기에서는 성장(成長)을 하는 것으로 연결시켜서 이해를 할 수도 있다. 식물로 본다면 寅木에서 발아(發芽)가 되는 것으로도 보게 된다. 丙火의 힘을 받아서 세상에 출현(出現)한 생명체(生命體)는 무럭무럭 자라게 된다. 그 시기가 卯木이다.

청소년은 앞으로 자신이 살아가야 할 세상(世上)의 구조를 배우게 된다. 그러기 위해서 열심히 공부를 하는 과정이 필요한데, 적당한 환경(環境)과 기회(機會)를 얻게 되면 육체(肉體)의 성장(成長)과 함께 정신적(精神的)으로도 발달(發達)을 하게 된다.

그러나 누구에게나 공평(公平)한 기회가 주어지는 것은 아니다. 더러는 불편한 환경에서 어렵게 공부를 하기도 하고, 또는 완전히 절망적(絶望的)인 환경에서 좌절(挫折)을 하기도 한다. 이러한 환경이 되면 곧게 자라서 하늘을 찌를 동량(棟梁)이 되지를 못하고 구불구불하게 자라서 쓸모가 없는 나무가 되면 그 용도(用度)는 땔감밖에 없다.

그래서 卯木의 시기에는 환경에 따라서 천양지차(天壤之差)가 되기도 한다. 예를 들어서 옥토(沃土)에 떨어져서 발아(發芽)를 한 나무는 균형을 이루고 끝없이 성장을 하겠지만,

황무지(荒蕪地)에 떨어진 씨앗은 발아를 하였더라도 성장을 할 환경이 불량(不良)하여 말라죽게 될 수도 있는 것이다. 이렇게 극단적(極端的)인 상황(狀況)에 처할 수도 있는 것이 환경(環境)이다.

청소년은 환경이 중요하다는 말을 이러한 의미로 이해할 수도 있다. 그 시기의 여건(與件)에 따라서 대들보와 땔감으로 나누어지게 되는 것은 참으로 중요한 것이라고 하겠으니 태어난 四柱도 중요하지만 어떤 환경이냐는 것도 그에 못지않게 중요하다는 것을 생각하게 된다.

2) 卯木의 글자풀이

卯

《淵海子平(연해자평)》에서는 卯의 출처가 모(冒)라고 한다. '무릅쓸 모(冒)'이니 무릅쓴다는 것은 어려운 일을 그대로 뚫고 진행시키는 것을 의미하는 것이다. 그러니까 만물(萬物)이 땅속에서 힘을 써서 밖으로 나오는 것을 의미하는데, 그냥 쉽게 나오는 것이 아니라 힘써서 노력하여 비로소 단단한 땅을 뚫고 밖으로 나올 수가 있다는 의미로 보면 되겠다.

그리고 卯의 뜻으로는 무성(茂盛)하다는 것과 왕성(旺盛)하다는 것이 포함되어 있는데, 무성한 것은 식물(植物)에게 어울리는 말인 것으로 봐서 木의 왕지(旺支)에 해당하는 卯

木을 그대로 나타내고 있는 것으로 보아도 되겠다.

원래는 모(冒)의 단계에서는 만물(萬物)이 힘써서 땅 속에서 지표면(地表面)으로 나오는 모습으로 이해를 할 수가 있겠고, 이것이 변하여 卯가 되었을 적에는 무성하게 변화(變化)된 것으로 이해를 하게 된다.

3) 계절(季節)에서의 卯월

경칩(驚蟄)으로 시작해서 춘분(春分)으로 이어지는 절기(節氣)에 卯월이 자리 잡고 있다. 보통 경칩에는 겨울잠을 자던 개구리가 놀라서 뛰어나온다고 하는데, 개구리 뿐만이 아니고 모든 동물(動物)들이 다 포함된다고 보면 될 것이다. 땅 속에서 잠을 자고 있다가 온기(溫氣)에 놀라서 뛰어나온다는 의미로 이해를 한다.

겨우내 편안하게 잠을 자다가 놀랄 정도라면 급하게 온도(溫度)가 상승(上昇)한다는 것을 내포(內包)하고 있는 것이다. 온도가 천천히 변화한다면 놀라지는 않을텐데 불에 덴 것처럼 놀란다는 것은 갑자기 더워진다는 것으로 이해를 할 수가 있는 것이다. 그만큼 卯월의 기운은 급속(急速)하게 변화한다.

(1) 경칩(驚蟄)과 춘분(春分)

경칩(驚蟄)에 해당하는 앞의 15일 동안 갑자기 세상이 달라진 것처럼 느껴질 수가 있는 것은 卯木의 대단한 힘으로 인해서일 것이다. 그래서 목왕(木旺)이라고 하거나 왕목(旺木)이라고 할 수가 있는 것이다. 힘차게 변화하고 있는 것은 겨우내 혹독한 추위로 얼어서 압축되어 있던 것이 폭발적으로 확장한 것이다.

뒤의 15일은 춘분(春分)의 절기(節氣)이다. 춘분은 가을의 추분(秋分)과 함께 이분(二分)이 되는데, 낮이 길어지는 과정(過程)에서의 중간(中間)에 해당하는 것이다. 여기부터는 점점 화기(火氣)가 왕성(旺盛)해지는 흐름을 타게 될 것이다. 전반부에서 탄력(彈力)을 받은 木이 후반부에서 힘차게 뻗어가는 것을 생각해도 된다.

그러니까 경칩(驚蟄)은 땅 위의 겨울잠을 자던 동물들이 잠에서 깨어나는 상황(狀況)이고, 춘분(春分)은 냉랭하던 기후가 갑자기 풀리면서 포근해지는 하늘의 상황이다. 태양과의 관계에서 일어난 것이 춘분이기 때문이다. 명칭의 뜻이 좀 다르다는 의미이다. 경칩도 어차피 태양과의 각도에서 나온 것이지만 의미는 땅의 사정을 담고 있는 것으로 보아도 될 것이다.

(2) 卯月의 甲乙

卯월의 지장간(支藏干)에는 甲乙이 자리를 잡고 있다. 처음 10일은 甲이어서 만물이 움직이려고 요동을 치는 것이라고 이해를 할 수가 있다면 다음의 20일은 싹이 자라서 땅을 뚫고 올라오는 분위기를 만들어낸다. 이렇게 자라나는 과정에서 비록 힘은 약하지만 그 누구도 말릴 수가 없는 힘이 내재되어 있다고 해야 할 것이다. 그래서 어디에 있거나, 크기가 작거나 간에 자신의 삶을 시작하기 위해서 움직이는 것이 자연에서의 卯월이 가지고 있는 의미가 된다.

(3) 묘월괘(卯月卦)

卯월이면 체감(體感)으로는 겨우 따사로운 양지(陽地)의 햇살이 반가울 정도인데 괘상에서는 이미 陽의 기운이 차올라서 뢰천대장(雷天大壯)으로 변하게 되어, 대장괘(䷡)로 나타내게 된다. 그 뜻은 '크고 웅장하다'는 의미가 되니 陽의 기운이 이렇게 차올라서 겉으로 드러나게 되는 계절이라는 것을 의미한다고 하겠다. 이렇게 체감과 기운의 차이가 있음을 생각하면서 괘상의 상징성(象徵性)이 앞서가고 있다는 것을 알아 놓으면 나중에 반드시 활용을 할 때가 있을 것이다.

4) 하루에서의 卯시

卯시는 표준시로 새벽 5시 30분부터 7시 30분까지이다. 웬만한 잠꾸러기가 아닌 다음에는 대부분 이 시간대(時間帶)에 일어나서 하루를 준비하게 된다. 밤새도록 휴식(休息)을 통해서 가득하게 충전(充電)된 몸과 마음으로 하루를 살아갈 준비를 하는 것이다. 이렇게 1년의 봄과 하루의 아침은 서로 공통점(共通點)을 가지고 있으므로 비교를 하여 이해하는 것도 도움이 된다.

만약에 밤새워 작업이라도 하고 새벽에 퇴근(退勤)하여 잠을 자야 한다면 卯시에 일어나서 하루를 열심히 살고 저녁에 휴식(休息)을 취하는 것보다는 여러 가지로 불리한 것만은 틀림이 없을 것이니 이것이 자연을 거스르는 것과 순응하는 것의 차이가 될 것이다. 오랜 세월을 순응하여 온 자연의 질서를 벗어나게 되면 어딘가에서 그 부작용을 겪게 될 것으로 생각하고 최대한 자연스럽게 살아가도록 노력을 할 필요가 있을 것이다.

5) 卯木과 토끼띠

예전에는 卯木과 토끼의 연관(聯關)에 대해서 생각을 하면서 아무래도 새봄의 풀이 많으니까 토끼가 가장 좋아하겠다는 생각을 해보기도 하였는데, 그것도 지금에 와서 생각을 해보면 심드렁하다. 신통(神通)한 해석(解釋)이라고 보기에는 너무 없어 보이지 않는가 싶어서이다.

그래서 차라리 토끼와 卯木의 연관성은 생각하지 않는 것이 속편하지 않을까 싶다. 이유를 찾기가 마땅치 않아서이다. 卯木은 乙木의 물질화(物質化)에 해당하는 것으로 본다면 토끼의 식량(食量)이다. 토끼는 풀을 먹고 살아가는 동물(動物)이기 때문이다. 그렇게 생각을 해봐도 결국은 풀로 이어질 수밖에 없는 셈이다.

5. 辰土

1) 辰土의 본질(本質)

 辰土에 대해서 설명을 하려고 생각해 보니까 떠오르는 생각이 많은 것은 아마도 土에 대한 설명을 해야 하기 때문인가 싶다. 丑土를 설명하면서도 이야기가 길었는데, 여기에서도 마찬가지로 긴 이야기를 해야 할 것 같은 예감(豫感)이 든다.
 土에 대한 생각이 많은 이유는 지장간(支藏干)의 구조(構造)로 인해서이다. 사실 地支를 공부하면서 가장 힘들어하는 부분이 辰, 戌, 丑, 未에 대한 이해(理解)가 아닐까 싶다. 처음에는 제법 순조롭게 진행이 되던 공부가 土에 대해서는 잘 모르겠다는 생각이 들 때쯤이면 중급(中級)의 수준은 넘어선 것으로 보아도 될 것이다.

(1) 양체양용(陽體陽用)
 辰土는 陽土이다. 그래서 체(體)와 용(用)이 같이 작용하게 되므로 그대로 이해를 하면 된다. 다만 辰中戊土만 여기에 해당한다는 것을 알아둬야 한다. 즉 지장간(支藏干)의 癸水와 乙木은 모두 陰에 해당하기 때문에 寅申巳亥와는 다르게 겉으로는 陽이면서 속으로는 陰이 되는 특성도 참고하게 된다.

(2) 그릇과 내용물

辰土를 이해하기 위해서 우선 본질에 해당하는 戊土를 그릇으로 보고 그 속에 들어 있는 것을 내용물로 관찰을 하면 이해에 도움이 될 수 있을 것이다. 土라고 해봐야 넷 밖에 안 되지만 그 속에 들어 있는 성분(性分)들은 모두 음기(陰氣)이다. 辰土의 경우(境遇)에도 겉으로는 陽土에 해당하니까 陰陽의 구분에서는 陽이지만 내용에 들어 있는 것을 보면 癸水와 乙木이 들어 있다. 이것은 그릇과 내용물의 陰陽이 서로 다르다는 것을 의미한다.

土에는 저장(貯藏)해 놓은 물질(物質)이 속에 들어 있는데 그것이 모두 陰으로 되어 있다. 반면에 생지(生支)에 해당하는 寅, 申, 巳, 亥에 들어 있는 것은 모두 陽이다. 이렇게 된 것은 아마도 생조(生助)를 할 적에는 기(氣)로 시작하고, 마무리하여 저장을 할 적에는 질(質)로 변환(變換)시켜서 담아 놓는다는 것을 의미하기 때문이다. 그러니까 土 속에 들어 있는 것은 모두 물질(物質)이 되는 것이다.

그렇다면 土에는 양기(陽氣)를 담을 수가 없는 것일까? 만약에 땅에다가 공기를 담아 놓을 수가 있다면 그것도 가능하다고 할 것이나 실은 매우 어려운 노력이 되겠다. 흙에다 공기를 담기가 어렵다면 陽干에 해당하는 甲, 丙, 戊, 庚, 壬을 담을 방법도 없는 것이다. 그래서 四土에는 모두 乙, 丁, 己, 辛, 癸의 陰干이 담겨있는 것으로 이해를 하게 된다.

이러한 연고(緣故)로 辰土에는 癸水와 乙木이 담겨지게 되었고, 戊土는 그들을 위한 그릇의 역할을 하게 되는 것이다. 그러니까 이름만 보고서 辰土는 陽土라고 하지만 실상(實相)은 그냥 하나의 그릇에 불과한 것이 辰戌의 본질(本質)에 해당하는 戊土인 것이다.

(3) 癸水를 저장하는 창고(倉庫)

일반적(一般的)으로 辰土는 수고(水庫)라고도 한다. 그것은 癸水를 담아 두는 창고(倉庫)라는 의미가 되는 것이다. 그래서 안전하게 보관하기 위해서 戊土라는 그릇이 이번에는 창고로 변신하여 그 역할을 맡게 되는 것이다. 왜냐하면 戊土는 중력(重力)으로 이해를 했지만 地支로 변해서는 액체(液體)를 담아 두기 때문이다. 己土가 그 역할을 하지 못하는 것은 습도는 액체를 흡수(吸收)해 버리기 때문이라고 보아도 좋을 것이다. 그래서 水를 담아 두는 창고로는 戊土, 즉 陽土가 제격인 것이다.

그리고 癸水에는 壬水가 액체 형태로 녹아 있다고 이해를 해야 할 것이다. 물론 辰土 속의 癸水를 두고 말하는 것이다. 天干에 있는 癸水는 논외(論外)이다. 이렇게 압축된 곳에는 기질(氣質)이 함께 공존(共存)하게 되는 것이므로 癸水만 있다고 우기지 말고 壬水도 같이 있다고 이해를 하는 것이 타당한 것이다. 이것은 다른 土에서도 마찬가지로 통용(通用)이 되는 관점(觀點)이다.

예를 들어 주방(廚房)에서 연료로 사용하는 LPG가스는 壬水의 기체(氣體)로 볼 수가 있지만 압축(壓縮)해서 용기(容器)에 담을 적에는 액체(液體)로 변하기 때문에 다른 말로는 '액화석유가스(液化石油GAS)'라고 부르기도 하는 것이다. 그렇지만 우리는 그 액체가 기체상태의 LPG와 다른 것이라고 생각하지 않는다. 이러한 관점으로 용기 속에 들어 있는 액체는 壬水가 액화(液化)하여 癸水가 되었고, 주입구를 열어서 가스가 나오면 이번에는 癸水가 기화(氣化)하여 壬水가 되는 것이다.

 이로 인해서 水의 고지(庫支) 역할을 수행하게 되는 것인데, 이렇게 보관(保管)을 했다가 사용처(使用處)를 만나게 되면 다시 밖으로 나오면서 액체와 기체로 나누어서 사용하게 되는 것이다. 그리고 戊土의 중력(重力)으로 가득 눌러 담아서 비록 辰中癸水의 분량은 30%에 불과하지만 실상은 대단히 많은 양을 담고 있는 것이라고 이해를 한다.

 비유를 한다면, 여성이 임신을 한 상태에서도 주어진 일을 한다고 보아도 무방(無妨)하다. 이렇게 언급을 하는 것은 혹시라도 창고의 역할만 하느라고 戊土가 본연(本然)의 일을 하지 않는 것으로 오해를 하면 곤란하기 때문이다. 한 글자가 세 가지의 일을 하고 있는 것이 地支에서의 土가 맡고 있는 일이다. 그러니까 배우는 사람에게도 복잡한 것이 土이겠지만 土의 입장에서도 할 일이 무척 많아서 머리가 복잡할 것 같다는 생각으로 이해를 하면서 동정심이라도 가져보는 것도 나쁘지 않을 것이다.

(4) 창고(倉庫)를 여는 방법

여기에서 土沖에 대한 속설(俗說)을 이야기하고 넘어가야 할 필요성(必要性)을 느낀다. 그 속설이란, '창고는 沖해야 열린다.'는 것이다. 이렇게 황당(荒唐)한 이야기를 대대손손 (代代孫孫)으로 전해줘서야 되겠는가 싶어서 여기에서 끝을 보자는 마음이 간절하다. 혹 沖에 대해서 이해가 되지 않는다면 그냥 넘어갔다가 다음에 와서 읽어도 된다.

'沖한다'는 것은 '충돌(衝突)한다'는 의미를 포함하고 있다. 이 말을 그대로 인용(引用)하게 되면, '辰土는 고지(庫支)이고 그 속에 들어 있는 癸水는 저장(貯藏)이 되어 있는 것인데, 그것은 그냥 사용을 할 수가 없다. 만약 戌土를 만나서 沖이 된다면 비로소 개고(開庫) 즉 창고가 열려서 사용을 할 수가 있는 것이다.'라고 한다.

그런데 놀랍게도 자평의 시조라고 할 수 있는 연해자평(淵海子平)에서는 이러한 이야기가 보이지 않는다. 그때만 해도 이러한 말이 황당하다는 정도는 알고 있었다고 생각을 해본다. 그 다음에 이러한 이야기들이 우후죽순(雨後竹筍)으로 생겨나면서 후학(後學)을 혼란(混亂)의 구렁텅이로 몰아넣었다고 볼 수 있을 것이다.

그 오류(誤謬)를 바로 잡으려고 했던 흔적은 심효첨(沈孝瞻) 선생의 저서(著書)인 《子平眞詮(자평진전)》 2권에 있는 '논묘고형충지설(論墓庫刑沖之說)'을 보면 대략 짐작이 되고도 남는다. 문제는 이렇게 밝은 안내를 해놓았음에도 불구하고 후학이 게을러서 자세히 살피지도 않고 그냥 잘못 전해진 것을 다시 답습(踏襲)하여 배우고 전하는 어리석음을 범하게 되는 것이다. 책의 내용을 보면, 첫 구절이 다음과 같이 되어 있다.

辰戌丑未最喜刑沖. 財官入庫. 不沖不發.
此說雖俗書盛稱之. 然子平先生造命. 無是說也.

 물론 한자라서 읽지 못해도 문제는 없다. 당연히 풀어서 설명을 할 것이기 때문이다. 내용인즉, '辰, 戌, 丑, 未는 형충(刑沖)을 가장 좋아하여 재성(財星)이나 관성(官星)이 고(庫)에 있을 경우에 沖하지 않으면 발현(發現)되지 않는다는 이야기는 대부분의 서적에서 말하는 것이지만, 자평 선생의 연해자평(淵海子平)에는 그러한 말이 없다.'고 해석이 된다.
 만약(萬若)에 구체적(具體的)인 내용(內容)이 궁금한 독자(讀者)는 직접 책을 읽어보기 바란다. 낭월은 여기까지만 언급을 함으로서 심효첨 선생도 이 부분에 대해서 짚고 넘어가야 할 필요성(必要性)을 느꼈다는 것을 안내하는 것이다. 즉 낭월만의 생각이 아니라는 이야기이다. 결국 '沖해야 열리는 것이 고(庫)'라는 이야기는 잘못 되었다는 것인데, 낭월도 여기에 100% 동감(同感)이다.
 상식(常識)이 진리(眞理)인 경우(境遇)가 대부분(大部分)이다. 물론 열쇠라는 개념(槪念)을 도입해서 자칫하면 문으로 들락거린다는 착각(錯覺)을 일으킬 수도 있다. 아파트의 문을 여는 열쇠로 생각하지 말고 그 기능만 떠올리기 바란다. 요즘 자동차의 열쇠는 구멍에 꼽지 않아도 되는 것이 있다. 어쩌면 고(庫)를 여는 방법은 이런 개념으로 이해를 하는 것이 더 진실(眞實)에 가까울 것으로 생각된다.

(5) 乙木의 역할

辰土 속에서 乙木이 하는 역할에 대해서 이해를 해보자. 그러니까 乙木이 본래 타고난 일은 卯木이 전개시켜 놓은 木의 일을 수습해야 하는 일을 담당하게 되는 것이 본래 辰中乙木이 가지고 있는 역할이다. 이것을 계절로 본다면 辰中乙木은 木의 마무리를 하는 역할이 되기 때문이다.

또 하나의 역할은 왕성한 木의 행사를 마치고서 잠시 쉬었다가 다음의 계절인 火의 여름에서 木生火의 역할로 불씨를 전해주어 화기(火氣)를 돋궈야 하는 역할까지도 부여받은 것이다. 그래서 癸水와 함께 乙木도 조용히 창고에서 휴식(休息)을 취하면서 자신의 용도(用度)에 맞는 이벤트가 일어나기를 기다리고 있는 것이다.

(6) 癸水와 乙木의 관계

한 집에 두 陰干이 있으니까 그 관계도 생각을 해봐야 하겠다. 일단 다행인 것은 서로 사이가 좋을 것이라는 점이다. 水生木의 구조로 이루어졌기 때문이다. 또한 乙木이 癸水를 보호할 수도 있다. 戊土가 癸水를 너무 심하게 극제(剋制)하면 위축(萎縮)이 될 수도 있기 때문이다.

또 癸水는 乙木의 생명을 유지시켜 주는 역할을 하여 서로 공생관계(共生關係)가 된다. 乙木이 일을 마친 다음에 창고에서 木生火를 할 때가 오기를 기다리면서 잠시 휴식을 취하고 있지만 약간의 수분(水分)은 필요(必要)하다. 이러한 역할을 함께 있는 癸水가 해주고 있으니 이보다 더 치밀(緻密)한 자연의 조화(造化)가 또 있겠는가 싶다. 乙木은 탱탱하게 윤기(潤氣)를 머금고 다음의 기회가 올 때까지 편안하게 기다리고 있는 것이다.

2) 辰土의 글자풀이

글자의 모양으로 보면, 戊와 戌과 辰이 서로 닮아있다. 그리고 본질(本質)을 보아도 모두가 陽土이다. 그러니까 이 닮은 모양은 그냥 우연(偶然)이 아니라 서로 연관이 있는 것으로 보아야 하지 않을까 싶다.

戊는 속이 텅 비어 있는 것으로 보인다. 이것을 허공(虛空)의 모습으로 이해를 하고자 한다. 그리고 戌土는 속에 뭔가 하나가 들어 있다. 辰은 뭔가 안으로 들어가서 웅크리고 있는 것처럼 보이기도 한다. 또 어떻게 보면 울타리 속에서 하나[一]를 떠받치고 있는 것처럼도 보인다. 戌의 하나[一]는 그냥 속에 들어 있는 것과 비교를 할 수도 있을 것 같다.

《淵海子平(연해자평)》에서 辰은 신(伸)으로 보는데, 이것은 '만물이 펴진다'는 의미와 함께 '기지개를 켠다'는 뜻도 포함이 되어 있다. 그러니까 지하(地下)에서 힘겹게 올라온 卯木이 힘을 얻은 다음에 辰土로 넘어온 단계에서는 기지개를 켜면서 힘차게 펴진다는 의미로 해석이 가능하겠다. 이제 辰월을 맞이하여 여유(餘裕)가 많이 생겼다는 의미로 보아도 되겠다. 원래 '춘삼월(春三月)의 호시절(好時節)'이라고 할 정도로 자연은 따뜻하고 활동(活動)하기에 좋고, 또 한가롭게 나른한 햇살을 즐길 수도 있으니 과연 좋은 시절(時節)임에 틀림이 없다.

이 글자는 옥편(玉篇)에서 별도(別途)의 부수(部首)가 되는데, 다른 뜻으로는 '별진'이라고 한다. 별의 이름이라는 뜻이다. 또 신이라고도 한다. 일월성신(日月星辰)이나, 생신(生辰)이라고 할 경우에는 소리가 신으로 난다는 것은 참고(參考)로 알아 두면 되겠다. 그러니까 이렇게 소리가 날 때에는 '하루'나 '날'의 뜻으로 쓰인다. 생신(生辰)은 태어난 날이 되는 것이다.

《한한대자전(漢韓大字典)》에 의하면, 신(蜃)의 원자(原字)라고도 한다. 신(蜃)은 무명조개를 말하는데, 껍데기에서 발을 내밀고 있는 것에서 만들어진 글자라고 한다. 또 다른 뜻으로는 '이무기'도 되는데, 이것은 용(龍)이 되려고 하다가 여의주(如意珠)를 얻지 못한 것을 말한다. 이 뜻을 생각하면서 乙木을 보게 되면 산골짜기의 웅덩이 속에서 잔뜩 웅크리고 있는 이무기가 생각날 수도 있겠다. 여하튼 한 가지를 얻으면 또 한 가지를 생각하면서 최대한으로 辰土에 대한 상식을 주워 모아야 한다. 그래야 나중에 이야기를 할 소스가 풍부해지고 또 그만큼 즐거운 궁리가 되기 때문이다.

3) 계절(季節)에서의 辰월

卯월의 끝과 巳월의 처음 사이에 붙어 있는 辰土는 그 역할로 봐서는 봄과 여름을 이어주는 통로(通路)가 되는 것으로 본다. 木의 왕성한 활동을 마무리 할 시기(時期)에 수습을 해주고 火가 새로운 활동을 시작하도록 자리를 깔아주는 역할을 해준다.

(1) 청명(淸明)과 곡우(穀雨)

辰월은 청명(淸明)에서부터 곡우(穀雨)에 해당하는 두 절기(節氣)를 포함하고 있다. 청명이라는 말에서 느낌이 매우 맑고 밝은 것으로 생각되는데, 그만큼 건조한 기운이 감돈다는 의미도 내포(內包)되어 있다고 하겠다. 그리고 곡우(穀雨)는 곡식을 심으면 비를 내려서 싹이 잘 나오게 한다는 것으로 이해를 해도 될 것이다.

흔히 '봄 불은 여우 불'이라는 말을 쓴다. 모든 것이 건조(乾燥)하기 때문에 불이 붙으면 순식간에 사방으로 번진다는 뜻이다. 이것도 辰월의 기후(氣候)와 연결해서 생각을 해보면 화기(火氣)가 제 기능을 발휘할 수 있도록 자리를 깔아놓았기 때문인 것으로 보아도 될 것이다.

(2) 辰월의 乙癸戊

청명이 시작되고서 처음의 9일간은 乙이 작용하게 되는데, 이것은 지난 달의 乙이 계속 이어지고 있음을 의미한다. 계속해서 떡잎이 자라면서 하늘로 솟아 올라가는 과정이라고 이해를 할 수 있다. 다음 3일은 癸의 담당이다. 그래서 땅 위로 올라온 식물에게 물을 공급하는 역할을 맡게 된다. 그 다음에는 18일간 戊에게 관리를 넘겨주게 된다. 이제부터는 이 식물이 자라고 결실을 맺기까지 하늘의 기후(氣候)에 달렸다는 말이 된다. 즉 戊土는 하늘의 기운을 조절하는 '정흡동벽(靜翕動闢)'의 권력자이기 때문이다.

(3) 진월괘(辰月卦)

'3월괘'라고 하게 되면 음력을 기준으로 말하는 것이다. 원래 주역에서는 辰월괘라는 말보다는 3월괘라는 말이 사용되는데, 명리학자의 관점에서 약간 변경했다고 보아도 될 것이다. 그러니까 절기가 청명에서 입하까지에 해당하는 것은 분명하므로 辰월이라고 하는 것이 타당하다고 생각된다.

이쯤되면 아마도 괘상이 어떻게 생겼을 것인지는 능히 미루어 짐작이 될 것이다. 그 정도의 센스는 필요하지 않겠느냐는 생각이 들어서 넌지시 '직접 생각해 보라.'는 무언의 압력이기도 하다. 지난 달의 괘가 4陽이었다면 이번 달의 괘는 5陽이 되어야 하지 않겠느냐는 정도는 초등학교 수준에서 해결이 날 문제이기 때문이다.

이렇게 5陽이 되면 택천쾌(澤天夬)라고 부르고, 괘상의 표시는 쾌괘(䷪)가 된다. 역시 생각했던 대로 나타났으니 열심히 노력한 공부의 진전이라고 해도 될 모양이다. 참고로 '택천(澤天)'이라는 말은, 위의 괘가 태괘(☱)이고 아래의 괘는 건괘(☰)가 되어서 이 둘을 합친 것이라고 이해하면 된다. 그리고 태괘의 물상(物象)은 못이 되어서 못택이고, 건괘의 물상은 하늘이 되어서 하늘천이 된 것이다.

4) 하루에서의 辰시

辰시는 자연시(自然時)로는 오전 7시부터 9시까지가 되고 표준시(標準時)로는 오전 7시 30분부터 9시 30분 사이에 해당한다. 이 시간은 직장에서의 어제와 오늘을 이어주는 시간이기도 하다. 왜냐하면 직장인(職場人)의 경우에는 아침에 출근(出勤)하여 어제의 일들을 점검하고 정리하는 과정과 새롭게 오늘 해야 할 일을 챙기는 과정이 이 시간이기 때문이다. 그래서 조회(朝會)를 하여 의견을 나누고 지시(指示)를 받게 된다.

사업(事業)을 하는 사람도 마찬가지이다. 어제의 판매(販賣)에 대한 결과(結果)를 챙겨서 살펴보고 오늘은 어떤 물건(物件)을 어떻게 판매할 것인지를 점검(點檢)하는 시간이 되는 것이다. 이러한 것이 없다면 어제와 오늘이 뒤범벅이 되어서 정리(整理)가 되지 않을 것이다.

만약에 巳시가 되어서야 하루를 시작할 준비를 하고 있다면 이미 오전(午前)은 그대로 날아가 버린 셈이다. 그렇게 되면 일의 능률(能率)이 제대로 발휘되기가 어렵다고 봐야 할 것이고, 동종(同種)의 업계(業界)에서 경쟁력(競爭力)을 잃게 될 수도 있으니 조금의 서두름이 큰 결과(結果)의 차이를 가져오는 것이다.

학생(學生)도 이 시간에는 하루의 공부를 시작하기 위해서

등교(登校)를 해야 하는 시간이고, 부지런한 학생은 이미 학교에 도착해서 어제 배운 것을 정리하고 오늘 배울 내용에 대해서 살피면서 필요한 것이 무엇인지를 챙기는 것이다. 이렇게 하는 것과 그렇지 못한 것의 차이는 성적표(成績表)에 그대로 반영(反映)이 될 것이다.

가정(家庭)에서의 풍경도 생각해 볼 수 있겠다. 가족(家族)들을 제각각 가야 할 곳으로 보낸 주부(主婦)도 이 시간에는 하루를 살아 갈 계획을 세워야 하는 것이다. 물론 차 한 잔을 마시면서 하루 동안 할 일에 대해서 구상을 할 수도 있으니 어쩌면 잠시 휴식(休息)의 시간이 되기도 한다. 그것은 목왕시(木旺時)인 寅시와 卯시에 일어나서 가족들의 하루를 준비시킨 다음의 辰土에서 乙木이 쉬는 것과 흡사하다고 보아도 될 것이다.

5) 辰土와 용띠

辰년에 태어나면 용(龍)띠라고 한다. 열두 종류의 동물 중에서는 유일하게 현존(現存)하지 않는 것으로 봐야 하겠는데, 혹시라도 예전에는 용이 있었는지도 모를 일이다. 그렇지 않고서야 그렇게 많은 용의 이야기들이 존재(存在)한다는 것이 오히려 이상(異常)하지 않은가 싶어서 말이다.

干支의 조합(組合)에서 地支에 辰이 들어가는 경우는 다섯 가지가 있으니, 甲辰은 청룡(靑龍), 戊辰은 황룡(黃龍), 庚辰은 백룡(白龍), 壬辰은 흑룡(黑龍), 丙辰은 적룡(赤龍)으로 오방(五方)의 색에 맞춘 용이 있다. 그 중에서도 대표가 되는 용은 동방(東方)을 수호(守護)하는 청룡이다. 이것은 서방(西方)을 대표하는 백호(白虎-庚寅)와 상대적(相對的)인 관계가 된다.

(1) 동굴 속의 잠룡(潛龍)

여하튼 용이 존재한다는 것을 전제로 억지해석(抑止解釋)을 해보면, 辰土는 동굴(洞窟) 속이 되고, 乙木은 용(龍)이며, 癸水는 웅덩이가 되어서 잠룡(潛龍)의 상태(狀態)로 이해를 해도 되지 않을까 싶은 상상(想像)도 해본다. 그러니까 辰土는 용이 그 속에서 웅크리고 있는 것을 표시(表示)한 것이라고 우겨도 되지 않겠느냐는 것이다.

(2) 용은 권위의 상징(象徵)

용은 조화(造化)가 무궁(無窮)한 신비(神秘)의 존재(存在)로 보는 경향(傾向)도 있다. 그래서 왕에 비유를 하여 용체(龍體)라고 하면 왕의 몸을 말하고, 용안(龍顔)이라고 하면 왕의 얼굴을 말한다. 또 종교적으로는 물의 신에 해당하는 신(神)을 용왕(龍王)이라고도 부르고 수호신(守護神)으로 비유를 하기도 한다.

(3) 용의 둔갑술(遁甲術)

그런데 왜 辰土가 변화를 부리느냐고 의문을 갖게 되었다면 슬슬 본론(本論)으로 접어들었다고 보아도 되겠다. 물론 미리 말하지만 다 믿지는 말라는 당부를 먼저 하고 시작한다. 즉 일리는 있을지 몰라도 크게 신경을 쓸 정도는 아니라는 이야기이다. 여하튼 이제부터는 辰과 용(龍)의 뗄레야 뗄 수가 없는 숙명(宿命)의 관계에 대해서 설명을 해야 할 순간이 되었다. 우선 표를 보면서 이해하면 도움이 될 것이다. 이러한 표를 이해하기 위해서는 우선 六甲을 외우고 있으면 편리할 것이다. 둔갑(遁甲)이라고 붙여 본 것은 가만히 숨어 있다가 辰巳월이나 辰巳시가 되면 그 본색(本色)을 드러내는 것이 둔갑을 한 것처럼 보일 수도 있어서이다.

辰의 둔갑술(遁甲術)						
甲己(土):年,日	甲子	乙丑	丙寅	丁卯	戊辰	己巳
乙庚(金):年,日	丙子	丁丑	戊寅	己卯	庚辰	辛巳
丙辛(水):年,日	戊子	己丑	庚寅	辛卯	壬辰	癸巳
丁壬(木):年,日	庚子	辛丑	壬寅	癸卯	甲辰	乙巳
戊癸(火):年,日	壬子	癸丑	甲寅	乙卯	丙辰	丁巳

甲년이나 己년에는 辰월의 干支가 戊辰이 된다. 혹은 甲일이나 己일의 시(時)의 干支도 辰시이면 戊辰으로 대입하면 된다. 그래서 甲己合土라는 말을 하게 되는데, 합에 대해서는 다음에 별도로 설명을 할 기회가 있을 것이므로 자세한 이야기는 생략하겠지만 기본적으로 여섯 번째의 天干과 서로 합이 되는 것으로만 알아 두면 되겠다.
  乙庚合金이기 때문에 乙년이나 庚년의 辰월이 되면 庚辰월이 되고, 丙辛合水이기 때문에 壬辰월이 되며, 丁壬合木이기

때문에 甲辰월이 되는 것과, 戊癸合火가 되어서 丙辰월이 된다는 것으로 일단 이해만 해놓도록 하자.

그런데 왜 하필이면 辰월이냐고 의문부호(疑問符號)를 날려볼 수도 있다. 그리고 그래야 좋은 학생이라는 생각을 하는 것은 선생의 몫이기도 하다. 의문이 없이 도달(到達)을 할 방법은 없다. 더구나 철학(哲學)의 세계는 당연히 의문(?)으로 시작해서 느낌(!)으로 마치게 되는 것이니 말이다.

그럼 시험 삼아서 寅월로 생각을 해보자. 甲己년에는 寅월이 되면 丙寅월이다. 乙庚년에는 戊寅월이 되고, 丙辛년에는 庚寅월이며, 丁壬년에는 壬寅월이고, 戊癸년에는 甲寅월이다. 음……, 무엇이 문제일까? 분명히 문제가 보이기는 하는데 그것을 찾아 낼 수 있을지?

그렇다. 甲己合土인데 丙寅월이면 붉은 호랑이가 되어버린다. 土의 색을 대입한다면 누런 호랑이가 되어야 하는데 말이다. 그래서 곰곰 생각을 하다가 보니까 辰월이 되면 모두 합하여 나타나는 五行의 색이 드러나게 된다는 것을 찾아내었던 것이다. 그리고는 '용(龍)의 조화(造化)'를 거론하면서 신비감(神秘感)까지 추가하여 그럴싸하게 만든 것이다.

이렇게 辰월에서 본색(本色)을 드러내는 것을 보고서 숨어 있던 것이 용을 만나서 그렇게 되었다고 이해를 할 수도 있을 것이다. 이것이 확대(擴大)되어서 辰년에 태어나면 용띠라고 이름을 붙이게 되었다고 보는 것이다. 辰월과는 연관이 있어도 辰년과는 관계가 없지만 그래도 그렇게 붙여본 것이다.

6. 巳火

 아무리 궁리를 해봐도 오랫동안 풀지 못했던 地支가 바로 巳火이다. 물론 낭월의 우둔함으로 인해서이다. 고심(苦心)과 궁리(窮理)를 오랫동안 하면서 왜 그러한지를 풀려고 했는데 어느 날 갑자기 해결(解決)이 되었다. 물론 저절로 된 것이 아니라 오랜 시간을 고심한 결과물이 주어졌을 뿐이라고 봐야 하겠지만 말이다.

1) 巳火의 본질(本質)

 이제 여기에서 그렇게도 풀리지 않았던 巳火의 문제들에 대한 내용(內容)을 소상(昭詳)하게 밝혀서 벗님의 연구(硏究)에 도움을 주고자 한다. 그리고 만약에 고민을 많이 했었다면 그 가치는 더욱 커지게 될 것이다. 힘들게 얻은 것과 쉽게 얻은 것의 차이 만큼이나 결과에 대한 느낌도 다른 까닭이다. 특히 巳中戊土의 존재(存在)가 많은 시간을 고민하게 만들었다.

(1) 음체양용(陰體陽用)

巳火는 火에 해당하므로 체용(體用)이 뒤바뀌게 되어 있다. 水火는 체용이 바뀐다고 한 것을 기억하고 있기를 바란다. 地支의 순서(順序)대로 본다면 陰에 해당하겠지만 구조(構造)를 보면 아무리 보아도 陰으로 대입을 해야 할 이유가 없다. 그러므로 음체(陰體)라고 하는 말도 오히려 어울리지 않을 것으로 생각이 된다. 주역(周易)에서는 巳火의 괘상(卦象)이 중천건(重天乾)이다. 이것은 양기(陽氣)가 극점(極點)에 달한 상황을 묘사(描寫)하고 있는 것이다. 이렇게 양기(陽氣)가 극(極)에 달했는데 어떻게 陰이라는 말이 나오겠는가를 생각해 보면 바로 답이 나오는 것이다.

(2) 金의 시발지(始發地)

寅木이 木의 시발지가 되듯이 巳火는 金의 시발지가 되는데, 처음 이 이야기를 듣고 보면 참 이상하다는 생각이 들기 마련이다. 巳火가 金의 生支라고 한다는 것이 火剋金의 오행론(五行論)과 겹치면서 혼란(混亂)을 불러오는 까닭이다. 그래서 온갖 궁리를 하다가 보면 별의별 생각을 다 해보게 된다. 물론 그 과정에서 새로운 아이디어가 발생(發生)하는 것이다.

이렇게 목구멍에 딱 붙어서 넘어가지도 않고, 그렇다고 뱉어버릴 수도 없는 이 존재를 그냥 무조건적(無條件的)으로

'巳火는 金生地'라고 외우고 대입하는 것이 도무지 수용(受容)이 되지 않는 것은 알량한 지식(知識)과 상식(常識)으로 인해서이다. 그냥 믿어버리면 세상 편할 것을 자꾸 물고 늘어져서 따지다가 보니까 머리만 허옇게 세어버린다.

(3) 巳火 속의 庚金

참 난해(難解)한 것이 지장간(支藏干)이다. 그 중에서도 巳中庚金에 대해서 해답(解答)을 얻기위해 참으로 많은 시간을 생각했지만 답을 얻지 못해서 도대체 무엇을 모르고 있는지 답답하였다. 그렇게 길이 없어 보이는 부분에서도 결국은 서광(瑞光)이 비치기 마련인가보다. 하건충(何建忠) 선생의 지혜(智慧)로운 글로 답답하던 문제가 한방에 말끔히 사라졌으니 말이다.

물론 쉽게 해결된 것은 아니다. 그로부터도 또 많은 시간을 궁리한 결과로 해결을 보게 되었으니까 하건충 선생을 통해서 힌트를 얻은 것이 해결의 실마리였다고 해야 할 것이다. 이렇게 아주 작은 반딧불이만한 힌트를 얻고자 천하(天下)를 주유(周遊)하고 밝은이를 찾아서 유람(遊覽)하는 것이다.

庚金을 火剋金의 金으로 놓고 대입을 하면 백년을 궁리해도 답이 보이지 않을 수밖에 없다. 그런데 일단 주체자(主體者)로 놓고서 관찰을 하게 되면 쉽게 해결책(解決策)이 보이는 것이다. 주체자란 이 몸을 끌고 다니는 자를 말한다.

앞의 《天干》편에서 주체자의 의미를 잘 헤아렸다면 이미 90%의 해결을 본 것이나 다름없다. 자아(自我)도 되고, 주재자(主宰者)도 되는 이 글자는 본성(本性)이라고 이해를 해도 된다. 비록 다양(多樣)한 이름을 붙일 수가 있지만 결론(結論)은 주체성(主體性)인 것이다.

이 주체성이 왜 巳火 속에서 생조(生助)를 받고 있는 것일까? 일단 火生金의 이치를 믿기로 하고서 의미를 생각해 보는 것이다. 그러다가 문득 '훈련소(訓練所)에서 단련(鍛鍊)을 받고 있는 신병(新兵)'에게로 생각이 옮겨가면서 목전(目前)에서 불꽃이 일어났던 것이다.

훈련소에 가기 전에는 어리바리하던 정신력(精神力)의 소유자(所有者)라도 일단 입소(入所)하여 호된 훈련(訓練)의 과정을 거치게 되면, 눈에서는 광채(光彩)가 돌고 정신은 빠릿빠릿해지는 것이다. 이것은 영락없는 火生金의 모습이라고 하겠으니 巳中에 들어서 생조(生助)를, 아니 훈련을 받고 있는 庚金의 모습에서 조금도 벗어나지 않았던 것이다.

그렇다면 검증(檢證)도 해봐야 한다. 그러니까 '庚金은 巳中丙火에게서 단련을 받아야만 생조(生助)가 된다고 하면, 土生金의 관계는 또 무엇을 하란 말인가?'라는 생각으로 그렇게 궁리를 한 결과, 정신적(精神的)인 金은 火生金이 맞고 육체적(肉體的)인 金은 土生金이 되는 것으로 합의점(合意點)을 찾게 되었다.

정신력(精神力)은 土生金이 되면 무력(無力)해지고 만다. 무엇을 하든지 '오냐오냐'하면서 품안에서 키우다가는 유약(柔弱)한 정신상태(精神狀態)에 빠지게 되는 것은 당연하다. 그러니까 정신은 겉으로는 火剋金으로 보이지만 실은 火生金으로 역경(逆境)을 통해서 단련시켜야만 초롱초롱해지는 것을 명료(明瞭)하게 알 수가 있는 것이다. 그래서 의문(疑問)

에 휩싸여 있다가도 생각의 꼬리를 잡고 따라가다가 보면 비로소 하나를 해결하게 된다.

(4) 사라진 戊土

월령(月令)에서의 지장간(支藏干)에 들어 있는 것은 戊庚丙이었지만 본질(本質)에서는 戊土를 거론(擧論)하지 않는다. 왜냐하면 그 戊土는 巳火의 본질과 아무런 연관(聯關)이 없기 때문이다. 여기에 대해서는 종합편의 십이운성과 연관된 풀이에서 살펴보았으므로 다시 거론하지 않는다. 혹 얼른 생각이 나지 않는다면 다시 앞을 뒤적여서 해당하는 항목을 찾아보면 될 것이다.

2) 巳火의 글자풀이

巳火는 유사(類似)한 글자가 있다. 마칠이(巳)와 몸기(己)를 두고 말하는 것이다. 그리고 어떤 책에서는 활자(活字)를 심는 과정에서 착오(錯誤)로 서로 섞여 있는 경우도 간혹 있으므로 참고로 알아 두는 것도 해롭지 않을 것이다.

《淵海子平(연해자평)》에서 巳火는 이(巳)라고 했다. 마친다는 의미가 되는데, 양기(陽氣)를 펼치는 것에 대해서 '이제 모든 양기(陽氣)를 다 펼치고서 마무리를 지었다.'는 의미로 풀이가 된다. 이 말은 子水로 부터 시작이 되었던 一陽이 巳火에서 六陽이 되어서 일을 마친다는 의미인 것이다.

《한한대자전》에는 신(神)에게 제사(祭祀)를 지내는 뱀의 형상이라는 의미도 있는데, 그것도 재미있다. 그렇다면 巳火와 뱀띠는 글자에서도 인연이 있다고 해야 할 모양이다. 또 태아의 모습이라고도 하는데, 그것은 속에 庚金이 들어 있음을 생각해 본다면 일리가 있는 이야기다.

3) 계절(季節)에서의 巳月

巳月은 4월과 통한다. 음력으로는 같은 시기에 해당하기 때문이다. 계절에서는 이미 극양(極陽)의 상태(狀態)로 이해를 한다. 기운(氣運)과 기온(氣溫)은 서로 다르다. 그러니까 기온으로 참작하여 본다면 아직도 더 상승(上昇)해야 하는 시기이다. 삼복(三伏)의 더위가 그대로 남아있기 때문이다. 그런데 기운으로 본다면 이미 陽의 剋에 도달했다는 이야기다.

물론 우리가 인식(認識)하기에는 기온(氣溫)을 느끼는 것이 쉽고 기운(氣運)은 느끼기가 어렵다. 그러므로 피부에 와 닿는 기온을 통해서 양기(陽氣)의 극점(極點)이 양력 8월에 해당한다고 이해하기가 쉬운 것이다. 기온이 계속해서 상승하다가 9월이 되면서 점차로 하강(下降)하기 때문이다. 이렇게 서로 다른 것으로 대입하여 착오를 일으키지 않도록 주의하는 것이 좋겠다.

(1) 입하(立夏)와 소만(小滿)

巳월의 절기(節氣)는 입하(立夏)에서 소만(小滿)의 시기에 해당하는데 망종(芒種)의 문턱까지이다. 陽이 극(極)에 달한 시기여서 겨울을 거쳐서 봄에 성숙(成熟)하는 곡식인 밀과 보리는 결실(結實)을 이루게 된다. 이렇게 생각해 보면 밀과 보리는 水木의 기운을 받고 자란 곡식(穀食)이라는 것도 알 수가 있겠다.

반면(反面)에 벼나 콩은 木火의 기운을 머금고 자란 것이라고 보아도 될 것이다. 물론 대부분(大部分)의 곡식(穀食)은 모두 木火의 기운을 머금고 자라나는 것이기도 하다. 보리가 냉기(冷氣)를 머금고 자랐기 때문에 성질(性質)이 서늘하고 그래서 보리밥을 먹으면 방귀가 풍풍 나오는 것도 이와 연관이 있다고 한다.

또 만찬(晚餐)을 즐긴 후에 후식(後食)으로 아이스크림을 먹는 것도 비슷한 효과(效果)가 아닐까 싶다. 적당한 냉기(冷氣)가 소화(消化)를 도와주는 것이 아닌가 싶어서 해본 생각이다. 이렇게 생활(生活)의 주변(周邊)에서도 서로 연관이 되어 있는 것을 찾아보는 것도 공부에 도움이 된다.

(2) 巳월의 戊庚丙

지난 달에서 넘어 온 戊는 7일간을 더 머물면서 기후를 고르게 한 다음에 庚에게 넘겨주면 庚은 다시 7일간 식물에게 정신(精神)을 주입하게 된다. 즉 콩은 콩답게 되고 팥은 팥답게 되어가는 과정이 여기에서 일어나게 되고 이 단계를 거치면서 처음에는 모두 비슷해 보이는 풀이 이었지만 이 단계를 거치면서 비로소 곡식과 잡초로 구분이 되기도 한다. 그리고 마지막으로 16일간은 丙이 담당하여 태양의 에너지를 뿌려 주면서 탄소동화작용을 촉진(促進)시켜서 만물이 성장하게 만든다.

(3) 사월괘(巳月卦)

巳월은 陽이 극(極)에 달한 시기가 된다. 64괘에서는 중천건(重天乾)이 되고 건괘(☰)가 되는 괘상을 가지고 있다. 이미 음기(陰氣)는 씨가 말랐다고 할 수 있을 정도로 여섯 개의 양효(陽爻)가 천지를 완전히 장악하고 있는 모습을 보여 주는 것이, 흡사 양중지양(陽中之陽)인 丙火의 기운을 담고 있는 巳의 모습과 비슷하다는 것이 서로 통한다. 무엇이나 다 그렇지만 천지의 기운도 이렇게 한 방향으로만 치우치게 되면 위험하다는 신호로 생각하게 된다. 어쩌면 지구가 생명체의 별이 될 수 있었던 것도 치우치면 다시 돌아오는 균형을 이루고 있는 별이었기 때문이 아닐까 싶다.

4) 하루에서의 巳시

표준시로 오전(午前) 9시 30분부터 11시 30분까지를 巳시라고 한다. 그야말로 오전의 일과(日課)를 통째로 포함하고 있는 시간이라고 해야 하겠다. 그리고 巳中丙火의 작용을 고려한다면 하루 중에서 가장 밝은 시간이기도 하다. 그래서 처리하는 일들도 신속하게 진행이 될 수 있는 것이다.

그러니까 오후에 하는 일보다 오전에 하는 일이 더 잘된다는 의미이다. 물론 밤에 하는 일은 더욱 문제가 생기게 되는데 산업재해(産業災害)도 밤에 많이 일어나는 것을 생각해 보면 아무리 환경에 적응(適應)을 한다고 하더라도 기본적인 본능(本能)을 고칠 수는 없지 않을까 싶다.

하루에 해야 할 일의 대부분은 오전에 처리하게 되는 것이므로 巳시가 가장 중요하다고 하겠는데, 辰시에 출근(出勤)하고 午시에 점심을 먹고 나서 未시가 되면 나른해지는 것을 감안한다면 陽의 기운이 극(極)에 달한 시간(時間)에 모든 일들을 처리(處理)하는 것이 타당(妥當)하겠다.

5) 巳火와 뱀띠

뱀의 생리적(生理的)인 특성(特性)을 생각해 보면, 냉혈동물(冷血動物)인 뱀에게 양극(陽極)은 그저 반가울 뿐이다. 그래서 이 자리에 뱀이 있는 것은 아닐까 싶은 생각이 든다. 뱀은 열기(熱氣)를 받아야 한다. 그래야 왕성(旺盛)하게 활동이 되기 때문이다. 그러므로 열대지방(熱帶地方)에서 살아가는 뱀이 더 행복하다고 해야 할 것이다.

추운 지역의 겨울에는 땅 속으로 들어가서 동면(冬眠)을 해야 생명을 부지(扶持)할 수 있다는 것은 최악(最惡)의 상황이라고 해도 될 장면이다. 그야말로 치열(熾烈)하게 생명을 유지(維持)해야만 하는 환경(環境)에서 살아남는 방법(方法)이다.

그러니까 巳월에 양기(陽氣)를 최대한(最大限)으로 흡수(吸收)하고 기운을 저장(貯藏)해야 또 추운 겨울을 살아가게 될 것이므로 뱀에게 巳월은 특별(特別)하다고 해도 되겠다. 우선 이렇게 뱀과 연결(連結)지어서 생각을 해본다.

 그리고 고래(古來)로 전해지는 이야기로는 辰土에서 설명했던 연장선(延長線)에서 이해가 되어야 할 부분도 있다. 즉 甲己년의 辰월에는 戊辰이고 巳월에는 己巳가 되는데, 戊辰은 戊土가 자리를 잡고 己巳는 己土가 자리를 잡고 있으므로 용을 따라간다는 설이 된다.

 뱀은 용이 하는 그대로 흉내를 내기 때문에 황룡(黃龍)인 戊辰이 되면 황사(黃蛇)인 己巳가 되고, 청룡(靑龍)인 甲辰이 되면 이번에는 청사(靑蛇)인 乙巳가 되는 것이다. 그래서 용과 비슷한 것으로 뱀이 채택(採擇)이 되었을 것이라는 설도 상당히 일리가 있어 보인다.

7. 午火

1) 午火의 본질(本質)

午火는 陰火이다. 본질(本質)이 丁火로 되어 있기 때문이다. 그러나 地支의 체(體)로 볼 적에는 陽火로 본다. 그래서 양체음용(陽體陰用)이라고 이름을 붙이게 된다.

(1) 양체음용(陽體陰用)

午火는 체용(體用)이 바뀌는 地支 중의 하나이다. 火에 해당하기 때문인데, 巳火는 음체양용(陰體陽用)이었다면 午火는 양체음용(陽體陰用)의 구조로 서로 바뀌어서 작용(作用)하고 있다.

방위학(方位學)에서 본다면 정남(正南)이 午火이다. 이렇게 남북(南北)을 대표하는 것이 子午가 되는데, 상대적으로 동서(東西)를 대표하는 것은 卯酉다. 그리고 사정방(四正方)의 地支는 모두 陰이다. 그러니까 陰으로 작용하는 地支가 사정(四正)의 방향(方向)을 차지하고 있는 것이다.

이 논리를 가정에 대입시켜보면 가정(家庭)을 장악하고 있는 것은 아내요 어머니여야 한다. 남편이 가정을 장악하면 소통(疏通)되기 어려운 가정이기 쉽고, 그로 인해서 분위기는 경직(硬直)된다. 그런데 어머니가 실권자가 되면 화목하고 즐거운 가정이 되기 쉽다. 그래서 아직도 지구상에 존재하는 모계사회(母系社會)에 대해서 관심이 간다.

午火도 陰火이다. 그래서 속이 뜨거운 불이 되는 것이고, 그 열기(熱氣)는 온 천하(天下)를 뜨겁게 달굴 수가 있는 에너지의 원천(源泉)이 되는 것이다. 빛은 이내 사그라지지만 열은 오래도록 여운(餘韻)을 남기는 것도 생각해 볼 수 있는 것이다. 아울러서 가정은 그렇게 따뜻한 기운으로 주축(主軸)이 되어서 이뤄져야 하는 것이라는 것을 생각해 보면 과연 가정에서의 여성이 갖는 위치와 역할은 중요한 것이다.

(2) 일음(一陰)이 생김

하나의 陰이 땅 속에서 형성되어서 서서히 꿈틀대고 있는 그림을 떠올리면 좋겠다. 이것은 대단한 사건(事件)이다. 火에서 陰이 존재(存在)한다는 것을 찾아낸다는 것이 어디 쉬운 일이겠는가? 이렇게 실감(實感)나는 관찰력(觀察力)으로 공부를 해줬으면 좋겠다. 그것이 낭월의 바람이다. 그냥 '그런가보다……'라고 생각하고 글만 좇아서는 아무것도 이뤄지지 않는다. 자칫하면 책값만 낭비(浪費)할 뿐이다.

단오(端午)는 午月에 포함되어 있다. 그리고 단오 무렵에 베어서 말린 약쑥이 가장 좋은 효력이 있다는 것을 웬만한 사람은 다 알고 있다. 그리고 익모초(益母草)도 이 무렵에 잘라서 약으로 쓴다. 이것이 고인(古人)들이 지혜롭게 자연을 이용하던 방법이었던 것이다. 그래서 잎을 먹는 상추나 깻잎은 여름에 먹어야 하고, 뿌리를 먹는 도라지나 더덕은 서리가 내린 다음에 먹어야 제대로 효과(效果)가 있는 것이다.

자연을 이해하는 사람은 뿌리음식은 늦가을 이후에서 이른 봄 사이에 채취가 된 것을 구입하고, 잎을 먹는 것은 초여름에 자란 것을 취하는데 상품(商品)으로 판매(販賣)가 되는 것은 그러한 것을 알 수가 없으므로 효과(效果)도 제각각인 것이다. 그러니까 여름에 더덕이나 도라지를 캐는 사람은 미련한 농부이고 그것을 구입하는 사람은 어리석은 사람이라는 것은 아는 사람만이 알고 있는 것이다. 이치는 간단하다. 단오(端午)무렵에는 초목(草木)의 기운이 절정에 달하기 때문이다.

(3) 火의 대왕(大王)

午火는 여름의 화왕(火旺)이고 子水는 겨울의 수왕(水旺)이다. 이 둘이 한 자리에서 만난다면 아마도 한바탕의 소란이 일어날 것이다. 그렇게 되면 결과적(結果的)으로는 水火의 전쟁(戰爭)이 불가피(不可避)해 지는데 그렇다고 해서 자연이 서로 다투지는 않는다. 평화롭게 한쪽이 왕권(王權)을 장악하면 한쪽으로 물러나서 때가 되기를 기다렸다가 상대가 기운이 쇠락(衰落)해지면 비로소 자신의 영역을 차지하고 천하를 다스리는 것이다.

만약에 정치권(政治權)에서도 이러한 자연의 이치를 배워서 여당(與黨)에서 한 번 통치를 하여 국민(國民)에게 인심(人心)을 후하게 얻고 물러난 후에 다시 야당(野黨)에서 정권(政權)을 일으켜서 멋지게 정책(政策)을 펼친다면 그 나라의 국민들은 모두 행복(幸福)에 겨워할 것이다.

어쩌면 싱가포르라고 하는 나라가 그런 경우가 아닐까 싶은 생각을 해본다. 세상에서 이민가고 싶은 나라 1위에 꼽힌 것을 보면 말이다. 한국도 아마 언젠가는 그렇게 되어서 이민을 가고 싶은 나라의 우선순위(優先順位)에 들어갈 때가 올 것이다. 우수한 민족이니 뜻만 모으면 안 될 것도 없으리라.

만사(萬事)는 열정(熱情)이 없이는 이루어지는 것이 하나도 없다. 이러한 기운이 빠져버리면 아무리 건강한 사람이라고 하더라도 우울증(憂鬱症)에 걸려서 기껏 궁리를 한다는 것이 제 죽을 궁리만 하게 되는 것이다. 그런 사람에게는 강력한 午火의 처방(處方)이 필요하겠다. 여하튼 午火는 그러한 힘으로 세상의 절반을 다스리고 있다.

(4) 午월에 내리는 서리

벗님은 午월에 서리가 내리는 이치를 들어 보았을 것이다. '오뉴월에 서리가 내린다.'고 했는데, 그 말이 같은 말이라고 보아도 될 것이다. 물론 이상기온을 말하는 것이 아니다. 여자가 한(恨)을 품었을 경우에 그렇다는 말이다. 왜 여자가 한을 품겠는가만 뭔가 여심(女心)에 극심(極甚)한 상처(傷處)를 입히게 되면 그럴 가능성이 있다고 보자.

서리가 내린다는 것은 하늘의 질서(秩序)를 뒤바꿀 수도 있다는 말이니 참으로 무시무시한 말이다. 남자가 그것을 바꾼다는 말은 못 들어봤다. 그렇다면 남자보다 힘이 강한 것이 여성(女性)이고, 그 여성이 작심(作心)을 한다면 자연의 조화(調和)도 뒤집을 수가 있다는 말이다.

(5) 午中己土의 존재(存在)

이미 앞에서 여러 차례 이 상황(狀況)에 대한 설명을 했다. 그래서 긴 설명을 하지 않아도 이해가 되었을 것으로 생각하고 그냥 형식적(形式的)으로 항목(項目)을 하나 추가하려는 것이다. 그것은 午火에 대해서 이해를 하는 과정에서 반드시 한 번 정도(程度)는 상기(想起)를 시켜야 할 필요가 있는 까닭이다.

午火의 지장간(支藏干)에는 丁火가 들어 있지만 월령(月令)에서는 丙己丁이 포함되어 있다. 그것은 丙火의 기운이 巳月에서 넘어온 여기(餘氣)이고 丁火는 본기(本氣)이다. 子, 卯, 酉와 다르게 午火에서만 특별히 己土가 끼어있는 이유를 설명하기 위해서 폭발(爆發)을 방지(防止)하기 위한 것이 목적(目的)이라고 《왕초보사주학》에서 설명을 했었다.

그런데 시간을 두고 또 연구를 거듭하면서 그 己土의 출생(出生)에 의심을 하던 차에 십이운성에서 묻어온 것이라는 점을 알고서는 이것을 제거해야 하겠다는 판단을 하게 되었고, 결과적으로 午中丙火도 인원용사(人元用事)에서는 논외(論外)로 하기 때문에 결론(結論)으로 丁火만 남게된 것이라는 점을 참고하면 되겠다.

2) 午火의 글자풀이

午

《淵海子平(연해자평)》에서 午는 짝오(忤)에서 나왔다고 하는데, 의미는 서로 대적(對敵)을 하는 의미로 싸운다는 느낌이 들어 있다. 陽에서 陰으로 교체(交替)되면서 서로 한바탕 싸움을 하게 되는 모양이다. 또 상악(相愕)이라는 말이 보이는데, 악(愕)은 경악(驚愕)과 같아서 예상치 못한 일로 갑자기 놀라게 되는 것을 의미하므로 '상악'은 陰陽이 서로 놀라게 된다는 뜻으로 해석이 가능하다.

왜 예상치 못했을까? 그것은 이렇게 더운 날에 갑자기 一陰이 생긴다는 것이 예상치 못할 정도로 놀라운 일이라고 보지 않았겠느냐는 해석(解釋)이 가능하다. 사실(事實) 지금 생각을 해봐도 놀라울 일이라고 할만하다.

午월이면 양력은 6월에 해당한다. 아직 초여름이라고 느낄 정도로 본격적(本格的)인 8월의 무더위는 멀었다고 생각하고 있는 마당에 하나의 陰이 생겨났다고 하면 그것이야말로 놀라고도 남을 일인데 그것을 발견한 도인(道人)이 있었다는 것이 더욱 놀라운 일이다.

3) 계절(季節)에서의 오월

 동지(冬至)에 一陽이 생겨서 즐거워하는 것처럼 하지(夏至)에 一陰이 생기는 것도 똑같은 대우를 받아야 할 것이다. 낭월같이 더위를 타는 사람에게는 더욱 더 일음시생(一陰始生)이 반가울 수밖에 없다. 물론 실제적인 환경에서는 아직도 먼 이야기가 되겠지만 기운(氣運)은 이렇게 시작이 되고 있으니까 머지않아서 찬바람이 불어올 것이라고 기대를 할 수 있는 일이다.

(1) 망종(芒種)과 하지(夏至)

 5월은 망종(芒種)에서 하지(夏至)의 절기를 포함하고 있으면서 소서(小暑)에서 교체(交替)가 된다. 망종은 '까끄라기가 있는 곡식(穀食)'을 말하는 것이니 그것은 밀과 보리를 의미한다. 타작(打作)을 할 경우에는 이 꺼럭이 옷 속으로 파고들어서 고통을 주기도 한다. 그러니까 그러한 곡식을 수확하게 된다는 것으로 이름의 뜻이 나타나는 것으로 봐서 과연 농경사회(農耕社會)에서 붙여진 절기의 명칭(名稱)이 분명한 것 같다.

 오월에는 태양(太陽)의 절정(絶頂)인 하지(夏至)가 들어 있기도 하다. 이것은 북반구(北半球)에서 하루의 길이가 가장 길다는 것을 의미하고, 또 태양(太陽)으로 본다면 북회귀선(北回歸線)에 도착(到着)한다는 것도 의미한다. 북회귀선이 우리나라에는 없지만 대만에서는 중부지방(中部地方)에 북회귀선이 통과하고 있어서 여행을 하다가 잠시 차에서 내려서 이런저런 생각들을 해본 기억이 난다.

하지(夏至)는 동지(冬至)와 대등(對等)한 위치(位置)에 있으면서 여름의 극(極)에 해당한다. 발산(發散)이 끝났다는 말도 되겠다. 그리고 巳中丙火의 극양(極陽)이 여기에서 부터 하강(下降)하기 시작한다고 보아도 될 것이다. 그러니까 午月의 상반기(上半期)에 해당하는 망종(芒種)은 아직도 丙火의 기운이 강력하게 작용하고 있는 것이다.

(2) 午月의 丙己丁

지난 달에서 넘어 온 丙이 10일간 더 햇볕을 발산하게 되면 己가 다시 10일간 그 기운을 받아서 에너지를 비축하게 된다. 그렇게 하고 나면 나머지 11일간 丁이 그 에너지를 열기로 만들어서 만물이 무성하게 자랄 수가 있도록 고르게 분배하는 역할을 하게 된다. 다만 여기에서 논하는 己는 일반적인 공식을 적용하는 것이므로 핵심적인 의미는 앞의 지장간(支藏干)에 대한 설명을 기준으로 이해하면 된다. 괜한 혼동을 하지 말라는 의미이다.

(3) 오월괘(午月卦)

巳月의 극양(極陽)에서 그대로 직진했으면 지구는 불바다가 되어서 모든 생명체는 멸망하고 말았을 것이지만, 신(神)의 자비심으로 인해서였던지 다시 一陰이 생기는 조화(造化)를 보여 주게 된다. 괘상은 천풍구(天風姤)로 구괘(☴)의 모습은 子月과 반대가 되는 형상을 나타낸다.

4) 하루에서의 午時

 계절에서 본 것과 유사(類似)하게 하루에서의 午時도 정점(頂點)에서 꺾어지는 시기를 포함하고 있다. 아직은 화창한 대낮인데도 이미 양기(陽氣)를 접고 음기(陰氣)로 방향을 바꾸는 시간(時間)이라는 점을 인식해야 하는 것이다. 그것은 표준시로 낮 12시 30분이 된다.

 그러니까 11시 30분은 망종(芒種)과 대응(對應)이 되고, 12시 30분은 하지(夏至)와 대응이 되는 것으로 보면 되겠다. 항상 비슷한 것과 상반(相反)되는 것을 볼 줄 알면 관찰력(觀察力)이 두 배에서 네 배로 커진다는 것을 생각하면서 살펴보기 바란다. 그리고 전후(前後)로 나뉘는 시간으로도 子시와 대응이 된다.

 午시의 정오(正午)를 기준(基準)으로 해서 앞은 오전(午前)이라고 하고 뒤는 오후(午後)가 되는데, 강의(講義)를 하면서 학생들의 흡수력(吸收力)을 시험(試驗)해 보면 오전에 공부하는 팀이 더 잘 수용(受容)이 되고, 오후에 공부하는 팀은 조금 무기력(無氣力)한 느낌이 들기도 한다. 이것도 아마 하루의 기운이 陰陽에 관계되는 까닭이 아닐까 싶은 생각을 해본다.

5) 午火와 말띠

 속설(俗說)에 '말띠 여자는 팔자(八字)가 세다.'고도 한다. 아마도 말이 왕성(旺盛)하게 활동(活動)하는 동물이어서 그렇게 부르는 것인지도 모를 일이다. 이러한 속설의 근원은 요조숙녀(窈窕淑女)가 되어서 집안에서 조용하게 일만 하고 가정을 돌보는 여성이 상등(上等)이라고 하던 시대의 흔적(痕迹)이 아닌가 싶다.

 지금은 달리 해석을 해야 하겠지만 어른들의 머릿 속에 들어 있는 고정관념(固定觀念)은 쉽사리 고쳐지지 않는다. 그래서 여자가 범띠면 남편을 잡아먹는다고 하여 꺼리고, 말띠면 드세다고 꺼리니 아들 결혼시키는 일이 여간 어렵지 않을 모양이다. 물론 젊은 세대에게는 먹히지 않을 이야기들이다.

 그리고 낭월에게도 먹히지 않을 말이다. '무슨 띠라서 어떻다.'고 하는 공식(公式)은 일단 年支를 위주(爲主)로 하여 대입하는 것이다. 그리고 그 방법은 당대(唐代)에 이미 의미가 없는 것으로 결론(結論)이 난 부분이기도 하다.

 午火는 불덩어리라고 한다면 말도 그와 유사한 면이 있다. 무엇보다도 말은 매우 활동적(活動的)인 성향(性向)이 있다. 그래서 이동(移動)의 수단(手段)으로 오래 전부터 활용(活用)이 된 동물이다. 교통(交通)의 도구(道具)로 이보다 오래 사용이 된 것도 없을 것이다. 말이 불꽃처럼 뛰어다니는 것을 보고서 午火에 자리를 부여했을 것으로 짐작을 해본다.

8. 未土

1) 未土의 본질(本質)

地支에 土가 넷이 있는데 그 중에서 본부(本部)의 역할을 겸하고 있는 것이 未土이다. 그것은 火의 계절인 巳午월을 보내면서 생기(生氣)를 가득 머금고 있는 未월이기 때문이다. 그래서 힘으로 논하더라도 가장 강력(强力)하다. 이러한 기운을 저장(貯藏)하고서 가을과 겨울을 버티게 되는 것이 자연의 뜻이다.

(1) 음체음용(陰體陰用)

未土는 陰土이고 작용도 陰으로 하므로 체용(體用)이 모두 음이니 丑土와 비슷한 구성(構成)이다. 물론 작용은 서로 상반되는 위치에 있으면서 未土는 열기(熱氣)를 저장(貯藏)하는 역할이 되고 丑土는 냉기(冷氣)를 저장하는 역할을 하고 있는 것이 다를 뿐이다.

(2) 용광로(鎔鑛爐)의 역할

未中己土와 丑中己土는 본질적으로 같다. 늦여름에는 未土가 그 역할을 수행하고, 늦겨울에는 丑土가 그 일을 수행하지만 기본적인 본질은 같은 것이다. 그래서 己土가 아니겠는가? 이렇게 간단한 것을 놓고 다른 것으로 본다는 것은 생각이 부족하다고 할 수 있을 것이다.

그럼 둘 사이에 서로 다른 것은 무엇인가? 그것은 속에 들어 있는 내용물이다. 즉 그릇은 같은데, 담는 물건이 다르기 때문에 이름이 다르게 붙여진 것이다. 요즘에 유통(流通)되는 사물(事物)의 구조(構造)에서 모델을 찾는다면 냉장고(冷藏庫)와 용광로(鎔鑛爐)나 온장고(溫藏庫)를 생각하면 될 것이다.

냉장고에 넣어 둔 얼음을 꺼내어 녹이면 마시는 음료수가 되고, 용광로에 녹여 놓은 쇳물은 틀을 만나면 다른 그릇으로 만들어지는 것이다. 그러므로 여기에서 말하는 고(庫)는 생왕고(生旺庫)의 고(庫)와는 글자만 같고 뜻하는 바는 다르다고 이해하면 되겠다.

(3) 乙木의 의미

未월과 목고(木庫)의 관계(關係)를 생각해 보면, 마치 밀과 보리를 말하는 것처럼 느껴지기도 한다. 그러니까 午월의 결실(結實)을 얻은 맥류(麥類)를 未월에 저장하게 되면 아귀가 딱딱 맞아떨어지기 때문이다.

참고로 맥류는 보리[대맥(大麥)], 참밀[소맥(小麥)], 귀리[이맥(耳麥)], 호밀[호맥(胡麥)]을 모두 포함하고 있는 말이다. 그래서 봄의 기운을 고스란히 받은 밀과 보리는 그만큼 목기(木氣)가 강력한 것이다.

 未월이 되면 木의 추진력(推進力)도 휴식에 들어간다. 이제 앞으로 나가는 역사(役事)는 멈춰야 하는 단계가 未월이다. 그리고 하루에서는 未시가 되면 앞을 생각하지 말고 정리(整理)를 해야 하는 것이다. 인생으로 본다면 아마도 중년(中年)이 될 것이다.

 인생이 40대 중반을 가게 된다면 이제는 새로운 일을 찾을 것이 아니라 하던 일을 어떻게 마무리해야 할 것인지를 생각하는 단계가 합당(合當)할 것이다. 그렇게 되어야 앞으로 남은 또 절반의 시간들을 지혜롭게 활용(活用)할 수가 있을 것이다. 통상(通常) 60세까지를 활동(活動)시기로 잡는다면 15년여의 시간이 남아 있는 것이고, 지금부터 그에 대비를 해야 할 단계이다.

 아마도 회사원(會社員)과 같은 직장인(職場人)이라면 대략 앞으로 어떻게 자신의 지위(地位)를 가늠할 것인지 판단이 나올 것이다. 중역(重役)으로 가야 할 것인지, 또 그럴 수는 있을 것인지, 아니면 평사원에서 만년과장(萬年課長)으로 정년(停年)을 맞이하게 될 것인지 이 무렵이면 판단이 나와야 할 것이다.

 목고(木庫)의 역할은 생기보관소(生氣保管所)가 된다. 활동하는 성분의 木이 지쳐서 기운이 다 빠졌을 적에 휴양소(休養所)에서 다시 재충전을 하도록 배려가 된 곳이다. 그리고 그 충전기한은 100일이다. 물론 말이 그렇다는 이야기이다. 대략 3개월 정도의 기간이 되는 까닭이다. 그 다음에 亥水를 만나게 되면 다시 활동(活動)을 시작(始作)하게 된다는 의미이다.

(4) 丁火의 의미

未中丁火는 火의 역사(役事)에 대한 휴식(休息)을 의미한다. 여름 한 철의 일을 끝내는데는 3개월이면 충분하다. 그리고 잠시 쉬게 되는 달콤한 휴식이다. 다만 다시 金의 계절에서 나머지 활동을 하고 나서야 비로소 戌월이 되어 최종적(最終的)으로 끝이 난다. 그러니까 火生支인 寅월에 시작해서 화고지(火庫支)인 戌월까지 9개월의 역사를 마치고서야 휴식을 취할 수가 있는 셈이다.

未中丁火는 火의 역사로 본다면 중년(中年)에 해당하는 셈이기도 하다. 그리고 인생(人生)의 흐름도 寅월에 시작이 되는 것을 보면 거의 비슷하게 진행이 되는 것으로 보아도 무리가 없을 것이다. 산천초목(山川草木)과 삼라만상(森羅萬象)의 대부분이 火의 흐름을 따르는 셈이다. 그것은 아마도 지구 생명체의 대부분은 태양의 영향을 받아서 태어났기 때문일 것이다.

未中丁火의 역할이 용광로(鎔鑛爐)가 되는 것은 아직도 왕성하게 활동을 해야 한다는 이유에서이다. 잠시 쉬는 동안에 쇳물이 다시 끓어서 6000도가 되는 것이다. 그래서 未土는 뜨겁다. 戊土는 열기(熱氣)를 만나면 감당을 못하고 갈라터지기 때문에 찰흙과 같은 己土가 용광로의 쇳물을 가두고 있는 것이다.

그리고 그것은 가을에 만물(萬物)의 결실(結實)을 도와야 할 에너지이기도 하다. 용광로는 아직도 작동중이라는 의미이다. 이것은 창고에 보관하고 있는 것과는 다르다는 것으로 이해를 하면 되겠다. 잠시 담아 놓았다가 이내 사용하게 되는 재료인 것이다.

(5) 乙木과 丁火의 관계

未中乙木은 木의 역사(役事)를 마무리하는 것이 목적이고, 그 기운을 저장하여 두었다가 亥월이 오면 다시 사용하는데 문제가 없도록 하는 것이라면, 未中丁火는 여름 한 철의 역사를 마무리하고 잠깐 휴식에 들어가는 것이다. 이렇게 한 집에 있는 두 陰干은 서로 자신의 목적(目的)이 있어서 함께 있는 것일 뿐 제각기 맡은 역할은 다르다.

둘의 관계는 서로 생조(生助)하는 관계가 되어서 좋은 사이를 유지하게 된다. 乙木은 丁火를 유지시켜 주는 역할로 木生火를 하고, 丁火는 乙木이 따뜻하게 쉴 수가 있도록 보온을 해주는 셈이다. 원래 木은 따뜻한 것을 좋아한다.

(6) 己土의 역할

己土는 그릇이다. 乙木이 모든 것을 마무리하고 휴식(休息)에 들 수가 있도록 배려(配慮)하는 것이고, 丁火도 한 철의 공사(公事)를 마치고 정리를 하는데 도움을 주고자 하는 것이다. 그러자니 조용해야 한다. 시끄럽게 굴면 수습이 잘 되지 않을 것이기 때문이다.

조용하다는 것은 陰土의 모성(母性)을 의미한다. 그 자리에 戊土가 아닌 己土의 존재를 생각해 보면 참으로 적절(適

切)하였다는 판단을 하게 된다. 화기(火氣)를 흡수해 주고, 乙木을 편안하게 덮어 주는 것은 어머니의 이불과 같은 모성이 해야 할 일이기 때문이다. 그러고 보니까 木과 金은 陰土인 己土에 저장을 하고, 水와 火는 陽土인 戊에 저장을 하고 있는 것이 보인다.

乙木과 丁火는 모두 따뜻한 木火의 정(精)이다. 陰木과 陰火라는 말이다. 에너지를 함축(含蓄)하고 있다는 의미이기도 하다. 여기에서 만약에 未土가 아니라 丑土였다고 생각을 해 보자. 그 결과가 얼마나 끔찍하겠는가를 짐작하고도 남을 일이다. 왜냐하면, 丑土는 한랭(寒冷)한 성분이기 때문이다. 한랭한 성분을 만난 온기(溫氣)는 이내 식고 말 것이다.

그러니까 丑土는 辛金과 癸水의 정(精)을 쉬도록 해주는 성분인데 그러한 글자가 여기에 위치(位置)하게 된다면 木火는 불편하여 잠을 이루지 못하고 고통을 받을 것이 뻔하다. 그래서 이러한 근심을 하지 말라고 未土가 이 자리에서 따뜻한 기운(氣運)인 木火끼리 서로 등을 긁어 주면서 편안하게 쉬도록 하는 것이다.

2) 未土의 글자풀이

사전적(辭典的)인 의미로 보면, 未는 '아직~이다.'로 해석하게 된다. 未가 들어가면 아직은 뭔가 덜된 상태이다. 미성년자(未成年者), 미완성(未完成), 미숙(未熟), 미안(未安) 등을 생각해 보면 바로 느낌이 오게 된다. 이해를 돕기 위해서 조금만 부연(敷衍) 설명을 해보자.

 미성년자는 아직 성인이 아니지만 머지않아 성인이 될 것이라는 의미가 포함되어 있다. 어린아이를 미성년자라고 하지는 않는다. 적어도 16세나 17세 정도에 사용할 말이기 때문이다.

 또 미완성(未完成)은 아직 완성되지 않았다는 말임과 동시에 머지않아서 완성을 이루게 될 것임을 내포(內包)하고 있는 것이다. 도자기의 미완성은 거의 마무리가 되어가는 것이지 흙을 반죽하면서 미완성이라고 말하지는 않는다.

 또 곡식에서의 미숙(未熟)은 이삭이 나와야 할 수 있는 말이다. 어린싹을 보고서 미숙하다고 한다면 그것은 뭔가 잘못 알고 있거나 정상이 아닌 사람의 말이라고 해야 할 것이다. 이제 막 싹이 나오고 있는데 미숙이라고 하면 우습다. 그냥 어리다고 하면 될 일을 말이다. 적어도 70%는 익은 상태가 되어야 미숙(未熟)이라는 말이 어울리는 까닭이다.

 미안(未安)도 그렇다. 아직은 편안하지 않다는 말이므로 조금 있으면 편안해 질 수도 있다는 것을 말한다. 다만 지금은 편안하지 않으니 그 원인을 찾아서 편안하게 해야 할 모양이다. 이 말은 남에게 실수(失手)를 하였을 적에 사용하는 말이 아닌가? 그렇다면 사과를 하는 것은 바로 편안해지고자 하는 것이 목적이라고 할 수가 있을 것이다. 그러니까 未월은 결실을 눈 앞에 두고 있지만 아직은 완숙(完熟)되지 않은 상태라는 의미로 쓰인 것이다.

《淵海子平(연해자평)》에서 설명하기로는, 未는 매(昧)에서 왔다고 한다. 한 낮의 해가 기울어서 양기(陽氣)가 점점 어두운 곳으로 향하고 있다는 의미가 된다. 이렇게 본래의 뜻을 보면 계절에서도 취(取)하고, 하루에서도 취하는 것을 볼 수가 있다. 계절로 보면 한 여름의 기운이 점차로 약해지면서 추위가 기다리고 있는 음기(陰氣)의 세계로 한발 더 다가가는 것으로 해석이 된다.

글자의 모양을 보면 나무[木] 위에 뭔가 끼워져 있는 것으로 보인다. 일(一)이 그것이다. 이것이 짧은 것은 아직 계속해서 자라야 한다는 의미인 未가 된다. 그리고 길게 되면 이제 다 자랐으니까 종말(終末)이 된다는 뜻으로 만든 말(末)자가 아닌가 싶다.

3) 계절(季節)에서의 未월

앞에서도 이미 여러 차례 계절과 연계(聯系)해서 설명을 했으므로 어느 정도는 파악이 되었을 것이다. 이렇게 地支는 독립적(獨立的)으로만 이해를 하기 보다는 여러 가지의 경우를 고려하면서 살피는 것이 효과적(效果的)이라는 것도 참고로 알아 두기 바란다.

(1) 소서(小暑)와 대서(大暑)

계절에서는 소서(小暑)와 대서(大暑)가 未월에 해당하는 절기(節氣)이다. 그리고 입추(立秋)이전까지 30일간을 작용(作用)하는 것으로 이해하게 된다. 소서와 대서는 丑월의 소한과 대한에 대응하는 절기가 되기도 한다. 1년 중에서 가장 더운 계절이어서 이와 같은 이름이 부여되었다.

(2) 未월의 丁乙己

 월률분야(月律分野)로 대입한다면 소서(小暑)부터 9일간은 지난달의 午中丁火가 작용을 하다가 乙木에게 3일간 넘겨주게 된다. 그런데 과연 이 3일 사이에 乙木은 무슨 일을 할 수가 있는지에 대해서는 아직도 난해(難解)하다. 짐작을 하기에는 아마도 木의 정(精)을 3일간의 공사(工事)를 통해서 압축(壓縮)하여 저장(貯藏)하는 과정을 하고 있지 않겠느냐는 생각이다. 丁火의 기운을 가득히 담은 상태로 저장을 해야 乙木이 추위에도 얼어 죽지 않고 잘 견딜 것이기 때문이다.

 그런데 재미있는 것은 다른 辰, 戌, 丑, 未가 모두 자신의 역할인 압축(壓縮)에 해당하는 五行을 저장하는데 필요한 시간도 모두 3일이다. 그러니까 丑土는 금고(金庫)이므로 辛金을 저장하는데 3일이 걸리고, 辰土는 수고(水庫)이므로 癸水를 저장하는데 3일이 걸린다.

 이로 미루어서 짐작을 하건대 아직 戌土는 나오지 않았지만 화고(火庫)의 역할을 하면서 丁火를 3일 동안 압축하여 저장하게 될 것이라는 점을 알 수 있는 것이다. 이렇게 자신의 역할인 압축을 하는 시간이 모두 공통적으로 3일이 주어진다.

 겨우 3일이면 조금 부족한 시간이 아닐까 싶기도 한데 시간적(時間的)으로 72시간이다. 그 정도의 시간으로 압축을 끝내야만 나머지 19일간 己土가 알뜰하게 저장을 하게 된다.

그냥 생각하기에는 5일 정도는 줘야 적당하지 않을까 싶다. 5일이면 시간의 60간지가 한 바퀴 돌아가는 시간이다. 이 정도는 되어야 뭔가 여유롭게 할 수 있을 것 같은데, 무슨 이유인지 이틀을 더 타내지 못하고 3일 이내에 모든 일을 마무리해야 한다는 것이 분주(奔走)하게 느껴진다.

(3) 未월과 삼복(三伏)

未월에는 삼복(三伏)이 걸쳐있다. 초복(初伏)은 하지(夏至)가 지난 후로부터 세 번째의 庚일이 되고, 중복(中伏)은 초복으로부터 10일 후에 들어오며, 말복(末伏)은 입추(立秋)가 지나고서 처음 들어오는 庚일이 된다. 그래서 양력(陽曆)이나 음력(陰曆)으로는 일정하지 않은 것이다.

여기에서 복(伏)이라는 말은 엎드린다는 말이고, 그날의 일진(日辰)이 庚金인 것을 감안(勘案)한다면 누가 엎드리는지는 물론이거니와 왜 엎드리는지도 알아낼 수가 있을 것이다. 그러니까 불을 가장 무서워하는 것이 金인데 그것도 陽金으로 기준을 하였던 것은 왜 그랬을까? 陰金이 더 불을 무서워 할텐데 말이다.

이것은 《天干》편을 잘 정리했다면 어렵지 않게 이해를 할 수 있을 것이다. 陰金인 辛金은 불을 흡수하는 능력이 뛰어나 두려워하지 않는다는 이야기가 되는데 물론 더위는 땡볕을 말하는 것이므로 작렬(炸裂)하는 태양(太陽)이고 그것을 丙火로 생각하였던 고인(古人)들이 辛金보다는 庚金으로 모델을 삼아서 생각했던 것이다.

그리고 재미있는 것은 庚金이 땅에 가만히 엎드려 있는 것이지 죽을 지경으로 고통을 받는 것은 아니라는 것이다. 엎드려서 가만히 기다리고 있으면 더위는 어느 사이에 물러가게 되는데 입추(立秋)가 지나고 며칠만 더 참으면 된다는 것까지 고려하였던 것이다. 앞에서 삼복이 未월에 걸쳐 있다고 한 것은 입추가 지나야 말복이 되기 때문이다.

하지(夏至)는 午월이지만 하지 후에 세 번째의 庚金이라면 적어도 20일은 경과해야 하는 것이고, 하지 다음에 15일이면 소서(小暑)이므로 초복은 항상 未월에 들어오게 되어 있는 것이다. 여하튼 더위는 싫다. 그렇지만 피할 방법이 없으므로 조용하게 엎드려서 책이라도 보면서 피서(避暑)를 하라는 이야기가 그 속에 포함되어 있는 것일 수도 있겠다.

(4) 아직은 여물지 않은 곡식

未월에는 결실(結實)을 바라 볼 수가 있는 계절로는 다소 성급(性急)하다. 申월을 거쳐서 酉월이 되어야 들판의 벼들이 누렇게 익어가게 될 것이니 아무래도 아직은 낫을 들고 수확을 하러 나가면 미친놈이라는 소리를 들을 수도 있을 것이다.

과실(果實)도 그렇다. 사과와 배도 아직은 먹을 정도가 아니며, 감도 덜 익었다. 그래서 未월에는 수박이나 참외와 같은 과채(瓜菜)를 먹으면서 더위를 이겨야하는 수밖에 없다. 그래서 모든 작물(作物)이 '아직은 덜 익은' 상태(狀態)라는 것을 알 수가 있으니 未월의 未는 그러한 의미가 가득 들어 있었던 모양이다.

 그러니까 五行에서의 未土는 木이 결실하여 저장하는 상태가 되고, 자연적(自然的)인 상태(狀態)에서는 농사가 아직 미숙(未熟)한 상태라는 두 가지의 의미를 모두 포함하고 있는 것이다. 한 글자가 서로 상반된 두 가지의 뜻을 가지고 있는 것도 쉬운 일은 아닌데 이러한 것을 보면서 고인(古人)의 지혜(智慧)가 칼 같음을 느끼게 된다.

(5) 미월괘(未月卦)

 未월이 되면 괘상에서도 어느 사이에 二陰이 생기게 된다. 그래서 천산둔(天山遯)의 둔괘(☰)로 변한다. 괘의 모양을 보게 되면 丑월의 림괘(☷)와는 상반되는 구조를 하고 있는 것은 계절로 봐서도 서로 반대가 되는 것과 통한다고 하겠다.

4) 하루에서의 未시

 시간에서의 구분(區分)은 표준시로 오후 1시 30분부터 3시 30분 사이를 말한다. 오전의 일을 열심히 하고 점심을 먹은 다음에는 나른한 시간이 되는데 이때가 未시이다. 未土는 휴식(休息)을 의미하는데 하필 하루에서도 그 시간은 쉬어야 하는 시간이 되는 것이다.

 우리나라에서도 농촌(農村)에서는 점심을 먹고나서 제각기 나무 그늘을 찾아서 한숨 늘어지게 자야 한다. 그런데 다른 나라에서도 이와 유사한 시간을 보내는 모양이다. 가게는 문을 닫고, 농부는 일손을 놓고 휴식에 들어가는 습관(習慣)은 더운 곳으로 갈수록 더 많이 나타난다고 한다.

다만 직장인(職場人)은 그렇게 마음대로 쉴 시간적(時間的)인 여유가 없다. 점심을 먹고는 또 이내 일에 쫓겨서 허둥지둥 오후(午後)의 일을 계속해야만 하는 것이다. 이것은 자연의 뜻에서는 다소 벗어나는 일이라고 해야 하겠다. 그래서 현대인(現代人)은 시간에 쫓기면서 피로(疲勞)에 지쳐서 하루하루를 살아가는 셈이다.

그러다가 도(度)를 넘게 되면 돌연사(突然死)로 이어지기도 하는데 그것도 '40대의 돌연사'라는 끔찍한 결과(結果)를 보게 되는 것이 그리 드문 일은 아니다. 젊은 사람일수록 잘 쉬어야 한다. 왕성하게 일을 하느라고 에너지의 소모도 그만큼 컸기 때문이다. 그런데 쌓인 일이 그렇게 쉬도록 놔두지를 않으니 그것이 문제가 아닌가 싶다. 이러한 것은 고칠 방법이 없는지 모르겠다.

돌연사라는 것은 결국 과로(過勞)의 누적(漏籍)에 의한 한계점(限界點)에 도달한 것이 겉으로 드러난 현상에 불과한 것이다. 그러므로 지금 이 시간에도 잠재적(潛在的)인 돌연사의 후보들은 무수히 많은 것으로 보아도 될 것이다. 그러니까 그 나이가 되면 명(命)이 짧은 사람은 일하다가 죽고, 명이 긴 사람은 하던 일을 그만두고 다른 일자리를 찾게 되는 것이다.

未時는 그런 의미에서 참으로 중요한 시간이다. 일해야 하는 시간보다도 쉬어야 하는 시간이 더욱 중요한 것이다. 잘 쉬지 못하면 일을 잘 할 수도 없다는 이야기가 있는데 공감

(共感)이 가는 내용이다. 이것은 陰陽의 이치에서 조금도 벗어나지 않기 때문이다.

휴식은 陰이고 일은 陽이다. 휴식을 하게 되면 음기(陰氣)가 충전(充電)이 되고 그렇게 되면 양기(陽氣)로 발산(發散)이 잘되어서 일의 능률(能率)이 팍팍 오르게 되어 있는 것이다. 그러니까 밤에 잠을 자는 것은 긴 충전이고, 낮에 잠시 쉬는 것은 짧은 충전이라는 점만 다를 뿐이다.

未時의 의미를 다시 생각해 보면서 未土의 역할에 대해서 이해를 하면 되겠다. 그러니까 아무리 급한 일이 있더라도 낮잠에서 깨어나도록 조용히 기다려 주는 것이 필요하다. 만약에 벗님이 대표자(代表者)라면 내일 당장 시도해 보라고 권한다. 잠시 쉬는 것이 활력을 불러오게 된다면 결코 시간적으로 낭비를 본게 아닐 것이다.

5) 未土와 양띠

未년에 태어나면 양띠라고 한다. 사람에 따라서는 염소 띠라고도 한다. 말 다음에 양이 나온 것을 보면서 문득 용 다음에 뱀이 나온 辰巳의 관계(關係)를 떠올려 본다. 말과 양은 모두 활발(活發)하게 뛰어다니는 것을 좋아하는 동물로 닮아 있다고 하겠는데 그래서 혹 나란히 세워 놓은 것은 아닌가 싶기도 하다.

또 양의 성질(性質)을 감안(勘案)하여 未土에 붙였을 가능성을 생각해 본다. 열기를 머금고 온순하여 키우기 쉬운 것을 보면 양과 연결이 될 부분이 적지 않다. 소도 온순하지만 소는 폴짝거리면서 뛰어다니지 않으니 아무래도 소는 음적(陰的)인 성분이 강하다고 봐야 할 것이기 때문이다. 그래서 말처럼 왕성한 뜀박질을 잘하는 것으로 양이 두 번째가 되었을 가능성도 있었을 것이다.

열기(熱氣)를 생각하다 보니까 떠오르는 것이 있다. 염소 똥 말이다. 동글동글한 모양의 구슬 똥은 대장(大腸)에 열기가 가득하다는 의미이다. 우리나라에서는 양보다도 염소가 더 많아서 명칭이 자연스럽게 서로 섞이게 되는데 양이든 염소이든 별 문제는 없다.

'염소가 설사(泄瀉)를 하면 죽게 된다.'는 말이 있는데, 그렇게 되면 치료가 불가능한 상태의 병에 걸린 것으로 보았던 것이다. 그만큼 열기로 뭉쳐진 동물인 모양이다. 더구나 그 속에 열기를 품고 있으니 겨울에도 왕성하게 활동을 할 수가 있는 것이다. 그래서 양기(陽氣)가 허한 사람은 염소로 약을 해먹는 것인지도 모르겠다.

그런데 양도 털을 구하기 위해서 키우는 종류는 양기(陽氣)가 부족할 것이다. 그러니까 서늘한 고원지대에서 살아가고 있는 양은 추위를 이기기 위해서 긴 털을 뒤집어쓰고 있는 것이므로 地支에서 말하는 양과는 다르게 봐야 할 것은 당연하다. 그래서 양이라고 하더라도 종류에 따라서 다 같지는 않다는 것을 이해하고 관찰하면 될 것이다.

9. 申金

1) 申金의 본질(本質)

　天干의 庚金이 地支로 이동을 하여 작용하게 되면 申金이라고 부르게 된다. 地支에서 庚金의 성분을 가장 많이 가지고 있는 글자인 까닭이다. 그리고 申金으로부터 水의 역사(役事)가 시작되는 것은 水生支에 해당하기 때문이다. 그리고 결실(結實)의 역사도 시작된다. 이것은 金의 본분(本分)이기도 하다.

　寅의 설명에서도 언급을 하였지만 天干에서의 庚은 주체가 되는데 地支의 申은 주체(主體)가 아니라 객체(客體)라는 점이 가장 큰 차이점이다. 그러니까 庚과 申이 겉으로는 같아 보이지만 작용하는 것은 많이 다르다는 점을 알아야 이해에 도움이 될 것이다. 물론 이것은 다른 地支도 마찬가지라는 것도 겸해서 통용되는 것이다.

(1) 양체양용(陽體陽用)

申金은 陽金으로 庚金에 대응(對應)하게 된다. 또 속에 품고 있는 것은 壬水이다. 모두가 陽에 해당하니 작용(作用)도 陽으로 하는 것이다. 여기에 대해서는 간단하게 이해만 하고 넘어가도 되겠다.

(2) 水의 시작(始作)

申金은 水生支가 되니 여기에서부터 시작된 水의 일생은 辰土를 만나서 마무리하여 입고(入庫)가 되는 흐름을 타게 되는 것이다. 그러니까 申酉戌로 성장하여, 亥子丑으로 활동(活動)하고, 다시 寅卯辰으로 마무리하는 과정을 거치게 되는 것이다.

수운(水運)의 일생을 요약(要約)하여 申子辰으로 표시(表示)할 수가 있는 것이고 그것이 현재 남아있는 三合이라고 하는 수국(水局)의 모습이 될 것이다. 그러니까 三合이라고 하는 말을 사용하게 되는 순간, 앞의 긴 여정(旅程)은 그 이름의 뒤로 사라져버리고 말게 된다. 그래서 본질(本質)을 잘 이해하지 않으면 엉뚱한 방향에서 길을 잃을 수도 있는 것이다.

(3) 申中壬水의 실체(實體)

申金은 壬水가 30%, 庚金이 70%로 구성이 되어 있다. 압도적(壓倒的)으로 庚金이 많은 것은 사실이다. 그럼에도 불구하고 이 庚金의 목적(目的)은 스스로 일을 벌이는 것에 있지 않고 壬水를 보호하는 것이 본연(本然)의 역할(役割)이 되는 것이다.

壬水는 궁리(窮理)를 하는 성분(性分)이다. 그리고 그 궁리는 주체자(主體者)에게서 발생(發生)하게 된다. 고로 庚金은 바로 궁리(窮理)가 탄생(誕生)하는 본향(本鄕)이 되는 것이다. 이러한 이유로 해서 다른 어느 곳에서도 불가능(不可能)한 성분(性分)을 만들어 낼 수가 있으므로 水生支라고 하는 것이다.

사실 水의 오상(五常)에는 지혜(智慧)가 포함되어 있다. 참고로 오상(五常)은 木의 인(仁), 火의 예(禮), 土의 신(信), 金의 의(義), 그리고 水의 지(智)를 말하는 것이다.

이것을 묶어서 인의예지신(仁義禮智信)이라고 하거니와, 인간(人間)이 사람답게 살아가기 위해서는 반드시 갖추어야 할 덕목(德目)이 되는 것인데 水가 지혜로울 수 있는 것은 바로 壬水의 연구(硏究)와 궁리(窮理)에 의한 연마(鍊磨)로써 가능해지는 것이다. 이렇게 申金 속의 壬水를 정리(整理)할 수 있다.

(4) 인원(人元)과 월률(月律)의 戊土

申金에 대한 인원용사(人元用事)는 壬庚으로 되어 있는데, 월률분야(月律分野)에서는 己戊壬庚이거나 혹은 戊壬庚으로 되어 있다. 월률의 戊壬庚은 원래 己戊壬庚이 옳을 것이다. 그것은 지난달의 未中己土에서 넘어온 己土가 일부 작용을 한 다음에 戊土로 넘어가는 것이 자연스럽기 때문이다.

그렇지만 언제부터 己에서 戊로 바뀔 것인지에 대해서는 누가 명료(明瞭)하게 답(答)을 알려줄 수가 있겠는가 싶다.

아마도 제대로된 답을 얻기에는 불가능(不可能)할 것이라는 말씀이다. 그보다는 괜한 戊土를 끌고 올 필요가 있었는지를 생각해 보는 것이 더 도움이 될 수 있을 것도 같다.

만약에 申金은 陽支이기 때문에 戊土가 있어야 된다고 했다면 그것은 자연의 뜻이 아니고 인위적(人爲的)인 발상(發想)에 불과(不過)할 수도 있는 것이기 때문이다. 이것은 寅木에서도 같은 문제를 안고 있다.

중요한 것은 인원(人元)에서는 申中戊土에 대해서는 논의(論議)를 하지 않을 것이며 대입(代入)도 할 필요가 없다고 알고 있으면 된다. 다만 월령(月令)에서 기운(氣運)의 순환(循環)을 고려할 적에만 未月의 다음에 申月이 들어오게 되고 월률(月律)에서 지장간(支藏干)을 논할 경우에 戊土든 己土든 참고를 하여 생각을 해보는 것은 무방(無妨)하다는 정도이다.

2) 申金의 글자풀이

이 글자를 보통 성씨로 말할 적에 '납신'자라고도 한다. 그렇지만 그 의미가 무슨 뜻인지 얼른 감이 잡히지 않아서 사전을 뒤적여 보니까 '원숭이 띠'를 의미한다는 말은 있는데 납신은 찾기가 쉽지 않았다. 그렇다면 사전에도 없는 뜻을 사용했다는 말일까 싶었는데, 고생을 해서 찾아 낸 결과, '납'이 '원숭이'의 우리말이었다는 것이다. 원래 우리말에는 원숭이라는 이름이 없었다고 한다. 그야 당연히 원숭이가 없으니까 그랬을 것이다. 그렇다면 원숭이는 우리말이 아니었던가? 원숭이는 '원성(猿猩)'에서 왔을 것이다. 그러다가 '성'이 '숭'으로 변하게 되어서 '원숭'인데 '호랑'에서 이가 붙어서 '호랑이'가 되었듯이 여기에서도 이가 붙어서 '원숭이'가 되었다고 추론(推論)을 할 수가 있겠다.

그래서 어떤 어원이 변해서 납이 되었는지는 모르겠지만 여하튼 '납신'이라는 말 속에는 '원숭이신'의 뜻이 들어 있다는 것을 알았다는 것이 중요하다. 그렇게 되면 원숭이띠와 잔나비띠의 상관관계도 풀릴 수가 있을 것 같다.

원숭이는 '잰납'이었다. 원(猿)의 뜻은 원래 납이었는데, 이 녀석이 하도 빠르다 보니까 '빠르다'는 뜻의 '재다'를 첨부하게 되었다고 한다. 이것은 바삐 걷는 걸음을 '잰걸음'이라고 하는 것과 같은 구조이다.

원래 이름이 '납'인데 아무래도 한 글자의 이름은 부르기에 리듬감이 없는 것은 사실이다. 그러던 차에 앞에 '빠른'을 붙여서 '잰납'이라고 하고 보니까 훨씬 부르기가 나아진 것과 같은 의미이다. '잰납'이라고 해서 안될 이유는 없겠다는 생각도 든다. 예를 들어서 호랑이를 우리말로 '범'이라고도 부르는데 범도 '범이'라고 할 수 있는 것이다.

호랑이는 한자(漢字)에 우리말이 첨부된 이름이니 '호랑(虎狼)'이 한자에서 온 것이고, 여기에 '이'가 추가되어서 '호랑이'로 이름이 고정되어 버린 것이다. '호랑에게 물려가도'라고 하면 뭔가 어색하게 느껴지는 것이 그것을 의미하는 것이다.

 한자(漢字)말에다가 반드시 한 글자라도 우리말을 넣어야만 했던 민족성(民族性)과 같은 것이니 예를 들면, '역전(驛前)앞'과 같이 말이다. 역전(驛前)에 이미 '역 앞'이라는 뜻이 들어 있음에도 구태여 '역전앞'이라고 해야 했으니 참 질긴 생명력을 가진 한국인이라고 이어령 선생이 하신 말에 공감이 된다.

 《淵海子平(연해자평)》에서 설명하기로는 申이 펴진 것을 묶어서 완성(完成)을 이루는 작용이라고 했다. 그러면서 고서(古書)에 '만물(萬物)의 형체(形體)가 여기에서 완성(完成)이 된다.'고 했다는 것을 인용(引用)하고 있다.

 이 의미를 생각해 보면, 봄의 寅월에서 전개(展開)되었던 것이 여름에 확장(擴張)하고 팽창(膨脹)하였다가 가을이 시작되는 申월에 그것을 수습(收拾)하여 마무리를 하기 위한 준비작업(準備作業)을 하는 것으로 정리(整理)가 된다. '묶고 정리하였으므로 만물의 형체가 완성이 되었다'고 보면 타당하다.

 '형체(形體)가 완성(完成)이 되었다.'는 말을 결실이 다 된 것으로 오해하면 안된다. 그냥 형체만 갖춰진 것일 뿐이고, 결실은 다음 단계에서 진행을 해야 할 일이므로 申金의 소관(所關)이 아니라는 점을 잘 알고 있어야 다음 달의 酉金을 이해하면서 혼란을 일으키지 않게 된다.

3) 계절(季節)에서의 申월

申월이 되면 겉으로는 아직도 한 여름과 다를 바가 없다. 폭염(暴炎)의 여열(餘熱)로 대지(大地)는 이글거린다. 그럼에도 조석(朝夕)으로는 조금씩 시원한 기온(氣溫)을 느낄 수 있을 것이다.

이제 초목(草木)의 성장(成長)은 중단(中斷)되고, 열매(熱媒)를 익히는 것에 온 정신(精神)을 모으게 된다. 그래서 논에서는 벼가 이삭을 내밀고, 밭에서는 콩이 꼬투리 속의 열매를 키워간다. 감나무와 밤나무에서도 열매를 키우느라고 나무의 기운은 온통 한 곳으로 집중(集中)이 되어 있는 것이 申金의 속뜻이다.

申金의 본질은 庚金이다. 그래서 모든 식물(植物)은 자신의 본질을 확고(確固)하게 자리 잡고 숙성(熟成)을 시키기 위해서 집중하고 있는 것이다. 구태여 식물의 상황을 놓고 申월을 이해하고자 하는 것은 월에 따라서 변화를 가장 쉽게 보여 주는 것이 식물이기 때문이다.

그러니까 자신의 복제품(複製品)을 키우느라고 여름 내내 준비를 했던 힘을 여기에서 모두 쏟아붓게 되는 것이다. 그리고 壬水는 그렇게 압축(壓縮)하는데 기운을 불어넣어서 협력(協力)하고 있는 것으로 이해를 할 수가 있겠다. 수습(收拾)하는데 水가 없으면 마음대로 되지 않을 것이기 때문이다.

(1) 입추(立秋)와 처서(處暑)

기온은 아직도 여름이지만 절기는 이미 가을이 시작되었

다. 전반부에서는 미처 느끼지 못하더라도 후반부의 처서부터는 아침과 저녁으로 공기의 느낌이 다르다는 것을 민감한 사람은 느낄 수 있는 계절이기도 하다.

(2) 申월의 戊壬庚

처음 7일은 戊가 작용하여 未월의 己가 다하지 못한 결실을 서두르게 된다. 그리고 다음 7일은 壬의 역할로 공기를 식히는 과정이 필요하고 마지막으로 16일은 庚의 작용으로 만물의 결실을 부추기게 된다.

부연설명을 한다면, 본질(本質)에서의 壬水가 해야 할 일은 가만히 성장(成長)만 하면 되는 것이었는데 申월에서의 壬水가 해야 할 역할은 어머니의 결실(結實)을 준비하는 역사(役事)에 힘을 보태고 있는 것이다. 그야말로 타작(打作)하는데 아기가 부지깽이를 들고 나와서 거드는 것이라고 할 수도 있겠다.

어린 아기가 타작하는데 무슨 도움이 되겠는가? 그것을 물리적(物理的)으로 본다면 참으로 아무것도 아니다. 그러나 정신적(精神的)으로 보게 되면 전혀 다른 그림이 나온다. 어린 것이 부모(父母)를 돕겠다고 하는 것을 보면서 부모는 힘이 저절로 나게 되는 것이다. 이것은 부지깽이의 힘을 생각할 차원(次元)이 아닌 것이다. 이렇게 해서 결실(結實)을 돕는 것이다.

왜 申中庚金이 壬水의 어머니인가? 그것은 金生水를 하여 庚金이 壬水를 낳았기 때문이다. 나를 낳은 것은 어머니가 되므로 庚金이나 辛金은 水에게 어머니가 되는 것이다. 다만 아버지라고는 하지 않는다. 그 이유를 설명하려면 또 복잡(複雜)한 관계(關係)에 대한 상황(狀況)을 덧붙여야 할 것이기 때문에 뒤로 미룬다.

속담(俗談)에 '어정칠월 동동팔월'이라고 한다. 즉 음력 7월인 申월은 특별하게 할 일이 없어서 어정어정하다가 보면 지나간다는 뜻이고, 만물이 자신의 역사(役事)에 몰두하느라고 사람이 별로 손을 댈 것이 없다는 의미도 될 것이다.

(3) 신월괘(申月卦)

申월의 괘상은 상괘(上卦)가 천(☰)이고 하괘(下卦)는 지(☷)가 되어서 천지비(天地否)이고, 비괘(䷋)의 구조가 된다. 이때에는 寅월의 경우와 반대가 된다는 것을 확인할 수가 있겠는데 그만큼 음기(陰氣)가 天地에 퍼져가고 있음을 의미한다. 비(否)는 보통 아닐부로 읽고 사용하지만 괘의 명칭으로 쓸 경우에는 비로 읽는다.

4) 하루에서의 申시

한 낮이 이미 서서히 저물고 있다. 여름철에는 아직도 많은 해가 남아 있겠지만 그래봐야 별로 다를 것이 없다. 사람에게는 힘이 거의 다빠져나가고 하루를 마무리 하고 싶은 마음만 가득한 시간이기 때문이다. 그래서 이 시간에는 일을 하던 농부(農夫)도 새참을 먹으면서 기운을 돋운다.

사실 새참은 약간 남은 힘까지도 다 쥐어짜기 위한 연료의 보충 과정이 될 수도 있는 것이다. 그러기 위해서 막걸리 한 사발에 김치 한 조각이다. 이것을 무슨 영양분(營養分)으로 논할 것은 아니다. 잠시 힘을 내서 마지막 일의 마무리를 잘하도록 유도(誘導)하는 것이 목적이다. 그야말로 일을 조금이라도 더하려는 방법을 모색한 결과이다.

그리고 원숭이는 꾀가 많다. 내 일이거나 남의 일이거나 모두 이렇게 꾀를 써서 일을 하지 않으면 힘들게 된다. 그래서 간단한 음식이나 술 한 잔으로 입맛을 다시면서 몸을 위로하고 다시 약간의 힘을 더 내도록 하는 것이 申時인 것이다.

申時에는 새로운 일을 추진(推進)하기에는 시간이 얼마 없다. 그래서 진행하던 일을 마무리하는 방향으로 처리하도록 해야 하는 것이다. 이것은 1년에서의 申月과도 서로 비슷한 흐름이라고 할 수 있다. 원래 1년과 1일은 서로 같은 사이클을 가지고 있다. 가만히 생각을 해보면 서로 비슷한 것이 많아서 재미있다.

직장인(職場人)의 경우에도 申時가 끝날 때쯤이면 집으로 돌아갈 준비를 한다. 표준시로 오후 3시 30분부터 5시 30분까지가 申時에 해당하는데, 웬만한 직장은 오후(午後) 5시~6시에는 퇴근(退勤)을 하므로 마무리를 하는 시간으로 아무런 문제가 없다.

여직원(女職員)은 이 시간이 다가오면 하던 일을 정리하고서 화장(化粧)을 하느라고 분주(奔走)할 것도 같다. 퇴근 후에는 열심히 일을 한 직장을 떠나 즐거운 자신만의 시간을 갖기 위해서 회사의 문을 나서기 전에 만반(萬般)의 준비(準備)를 해야 할 것이기 때문이다.

그러니까 일단 申시가 시작되는 오후 3시 반이 지나가면 마음은 서서히 집으로 향하고 있는 것이다. 어쩌면 대포집이나 데이트 장소로 향할 수도 있을 것이다. 적어도 직장에서는 마음이 떠나가고 있을 시간임은 분명하다. 물론 대표(代表)의 경우에는 좀 다르겠지만 말이다. 회사의 대표는 이미 직장인의 영역에서 벗어나 있는 사람이므로 직장인(職場人)이라고 하기에는 어색하다.

5) 申金과 원숭이띠

앞에서 '납신'에 대한 설명을 하면서 원숭이와 잔나비에 대해서는 충분(充分)히 이해가 되었을 것으로 보고 생략(省略)하도록 한다. 그 대신에 원숭이와 申金의 관계를 살펴보고자 한다. 물론 사실적(事實的)인 문제를 떠나서 이치적(理致的)으로 그럴싸한 이야기를 해야 할 것이기 때문이다.

申은 '널리 퍼진 것을 수습하여 모은다.'는 의미가 있다고 《淵海子平(연해자평)》에서 언급을 했는데, 이것을 참고하여 정리하면 원숭이는 긁어모으는 모습으로 비쳤을 수도 있겠다. 중국의 사천성(四川省)에 있는 아미산(峨眉山)에는 원숭이가 많아서 여행객(旅行客)들은 모자나 가방을 잘 챙기지 않으면 원숭이의 표적이 된다고 한다. 긁어모으는 원숭이의 특성을 여기에서 살필 수도 있지 않겠느냐는 생각을 해볼 수도 있을 것 같다.

열두 동물에서 가장 인간을 닮은 것이기도 하다. 그래서 申

中庚金을 놓고서 사람을 떠올렸을 수도 있지 않겠느냐는 생각을 해본다. 원숭이[庚金]가 생각에 잠긴 모습[壬水]을 떠올려보면 일리가 있어 보이기도 한다. 그러니까 원숭이를 보면서 생각하고 궁리하는 것을 읽었다면 가능했을 것이다.

 지혜(智慧)로 논한다면 우두머리라고 할 만한 원숭이다. '그렇다면 壬水가 70%나 되는 亥水의 돼지는 어떨까?'라고 묻는다면 어떻게 답을 할 수가 있을까? 물론 이러한 반문(反問)을 독자가 해주기만 바라고 있는 낭월이다. 아쉽게도 마주 바라보고 이야기를 나눌 수가 없으니 혹 '눈치가 원숭이보다 더 빠른 분'이 이러한 질문을 할 수도 있지 않겠느냐는 지레짐작을 해보는 것이다.

 여기에서 생각을 해볼 기준은 본체(本體)와 작용(作用)이다. 모양만 봐서는 亥中壬水가 申中壬水보다 훨씬 규모가 크다. 그럼에도 하나는 본체(本體)이고 또 다른 하나는 작용(作用)이다. 그리고 더욱 중요한 것은 작용에 있다는 것에 비중(比重)을 두고 관찰(觀察)해 보면 답이 바로 나온다.

 申中壬水는 비록 30%에 불과하지만 그 작용력(作用力)은 대단해서 지혜의 씨앗이 되고 있는 것이니 단순히 양적(量的)으로 보지 말고 질적(質的)으로 봐야 한다는 의미이다. 지혜는 계속 자라나야 의미가 있는 것이고 물체(物體)로 고정(固定)되어 있는 것은 의미가 없는 것이다. 그래서 亥中壬水에 비해서 훨씬 큰 것이다.

 어느 선생이 강의하는 방송(放送)을 보았다. 그 중에서도 인상적(印象的)인 말이 있었는데, '논문(論文)은 죽은 것이다.'라는 말이었다. 교수가 논문에 갇혀서 그것이나 우려먹고 있으면 그 학자의 생명력은 끝났다는 말이다. 예리한 통찰(洞察)의 결과라고 생각이 되었다.

 이것은 발전성(發展性)과 정체성(停滯性)의 차이(差異)라고 보아도 될 것이다. 물론 巳中庚金과 申中庚金의 차이도 같은 관점(觀點)에서 이해를 하면 된다. 그 가치는 생성(生成)되는 庚金인 巳中庚金이 가치가 큰 것이고, 이미 완성(完成)이 되어버린 申中庚金은 그 역할이 달라져버린다는 것에 주목(注目)을 해야 할 필요가 있다. 그러니까 원숭이를 계속 진화하고 발전하는 것으로 모델을 삼았을 것이고, 또 그렇게 변화하고 발전하는 것이 신체적(身體的)인 부분이 아니라 지능적(知能的)인 부분이라는 것을 보고서 판단했을 것으로 이해를 해보는 것이다.

 만약에 원숭이와 호랑이가 싸운다면 누가 이길까? 호랑이와 사자의 싸움에서는 호랑이가 이기는 것으로 결정이 났다는 말이 있는데 원숭이와 싸우는 것은 어떨까? 결론은 물론 '싸워봐야 안다.'로 내리는 것이 옳을 것이다. 그렇지만 우리는 지금 난센스 퀴즈를 풀어보려고 하는 것이므로 너무 심각하게 생각하지 않아도 되겠다.

 만약에 힘으로 싸운다면 호랑이가 이길 것이고, 머리로 싸운다면 당연히 원숭이가 승리를 거둘 것이다. 호랑이는 폭발력으로 단판승부를 시도하고자 하겠지만 원숭이는 급할 것이 없으므로 지구전으로 방향을 잡을 것이다. 가을의 申은 원래 그러한 성분인 까닭이다. 그리고 반대로 봄의 寅은 무지하게 급하기 때문에 둘이 붙어서 싸움을 한다면 당연히 원숭이가 이기게 되는 것이다.

그런데 실제로 申金과 寅木의 사이를 놓고 보아도 역시 지혜에 해당하는 壬水를 머금고 있는 원숭이가 당연히 우세하다는 것을 알 수가 있다. 비록 큰 의미가 없어 보이는 동물의 띠라고 하더라도 이렇게 말이 되는 부분을 찾아서 대입하여 이해한다면 자잘한 재미가 생기는 것이다.

 자연에서는 겉으로 무럭무럭 자라던 산천초목(山川草木)의 생물들이 申월이 되면 알차게 속으로 여물어가고 있다. 이것은 인간에게 대입을 한다면, 지혜(智慧)를 키우고 있는 것으로 해석(解釋)을 할 수도 있는 것이다.

10. 酉金

1) 酉金의 본질(本質)

天干의 辛金이 地支로 내려와서 작용(作用)하면 이것을 酉金이라고 한다. 즉 본질(本質)은 서로 같지만 작용법(作用法)이 달라서 다른 것으로 보게 되기도 한다. 그렇지만 본질을 알고 나면 서로 다르게 작용하는 것에 대해서도 쉽게 이해를 할 수가 있으므로 언제나 본질을 먼저 이해하고 나서 작용에 대해서도 살피는 것이 중요(重要)하다.

(1) 음체음용(陰體陰用)

酉金은 겉으로 보나 속으로 보나 모두 陰이다. 陰의 기운은 수렴(收斂)하는 작용으로 나타나게 되는데 酉金은 天干의 辛金으로부터 흡수(吸收)하는 능력(能力)을 그대로 가지고 地支로 이동(移動)을 한 글자이다. 그러니까 자신의 본성(本性)인 흡수하는 능력도 그대로 살아 있는 것이라고 보면 틀림

없다.

 곡식(穀食)을 생각해 보자. 열매가 숙성(熟成)되도록 도와주는 역할을 맡은 것이 酉金이다. 열매가 아무리 결실을 이루고 싶더라도 주변에서 그렇게 되도록 작업(作業)을 해주지 않는다면 스스로 할 수가 있는 것은 아무것도 없다. 그러므로 酉金에게 의지하여 에너지를 흡수하는 역할(役割)을 해주면 비로소 결실이 되는 것이라고 이해를 하면 되는 것이다.

 이러한 일을 申金은 할 수 없다. 왜냐하면 陽金의 기능은 기(氣)의 차원(次元)에서 이해를 하게 되므로 물질적(物質的)인 흡수력(吸收力)은 많이 떨어지기 때문이다. 그래서 申金은 양떼들을 우리 부근으로 몰아올 수는 있지만 막상 우리 속에 가두는 역할은 酉金에게 맡기게 되는 것과 같은 이치로 이해를 하게 된다. 그래서 앞에서 대략 정리하고 수습(修習)하는 준비의 단계로 작용은 할 수가 있겠지만 구체적으로 단단하게 결실(結實)을 유도(誘導)하는 기능은 하기 어렵다고 보면 된다.

 그러니까 순서로 보면 申金의 다음에 酉金이 자리를 잡고 음기(陰氣)를 가득 머금고서 준비완료(準備完了)의 태세(太歲)로 자신이 일을 할 기회(機會)를 보고 있는 것이다. 그래서 음체(陰體)의 본질(本質)을 가지고 흡수하는 능력으로 모든 기운을 결실에 쏟아붓게 만드는 목적을 달성(達成)시키려고 총력(總力)을 기울이는 것이다.

 天干의 辛金이 가지고 있는 능력을 그대로 진공청소기(眞空淸掃機)에 옮겨다 놓았다고 보면 틀림이 없다. 일단 酉金에게 기회가 주어지면 인정사정(人情事情)도 봐주지 않고 주변의 모든 것을 빨아들여서 고스란히 열매에 응결(凝結)되는 것이다. 이것이 결실(結實)이다.

(2) 결실(結實)의 적임자(適任者)

申金은 대략 긁어모은 기운으로 형체(形體)를 잡아주고는 물러난다. 그러면 酉金이 달려들어서 꽉꽉 조여서 뭉치게 만든다. 陽金 다음에 陰金이 있는 이유는 바로 용의주도(用意周到)한 조물주(造物主)의 각본이 있었던 것이다. 이러한 설명을 하게 되면, 寅卯의 과정(過程)과 巳午의 과정도 함께 이해를 하는 것은 독자의 능력이다. 물론 亥子의 관계도 마찬가지로 앞의 양(陽)은 기(氣)가 되어서 대략적인 분위기를 잡아주고 물러나면 뒤의 음(陰)은 질(質)이 되어서 마무리를 하게 된다.

辛金이 빛을 빨아들이는 흑체(黑體)라고 했으니, 酉金도 당연히 그 능력을 부여받았다. 그래서 가을의 빛을 받아들여서 열기(熱氣)로 바꾼 다음에 만물(萬物)의 결실(結實)을 돕는 일을 맡아서 처리하게 된다. 빛만이 아니라 모든 에너지를 흡수하고 심지어는 식물(植物)의 결실을 위해서 식물의 잎이나 뿌리나 줄기에 남아 있는 에너지 조차도 깔끔하게 흡수해 버린다.

이렇게 하지 않으면 완전한 결실(結實)이 될 수가 없는 까닭이다. 그래서 酉金의 힘으로 결실을 이룬 벼나 콩의 모체(母體)는 모두 말라서 죽어버리게 된다. 이것은 연어(鰱魚)가 알을 낳고는 탈진(脫盡)하여 죽음을 기다리는 것처럼 모든 에너지는 후손(後孫)을 생산(生產)하는데 소모(消耗)하였기 때문이다.

 그래서 더 이상 버틸 힘이 없는 식물들은 세상을 하직하게 된다. 그러면서도 즐겁게 그 길을 택하는 것은 자손에게 유전인자(遺傳因子)를 전달(傳達)했다는 만족감과 대를 이었다는 사명감(使命感)을 이루었기 때문이다. 내년 봄이면 다시 싹을 틔우고 2세가 세상에서 새로운 삶을 이어갈 것이다.

 다년생(多年生)의 식물(植物)은 휴면(休眠)에 들어간다. 열매를 키운 나무들도 기운이 빠지고 탈진(脫塵)하여 휴식이 필요한 까닭이다. 사람도 굶고 허기지면 잠이 오게 되어 있듯이 식물도 마찬가지이다. 모든 에너지를 열매를 가꾸는데 소모하고 난 다음에는 움직일 힘이 남아있지 않다. 이것은 죽음을 불사하고 진행하는 자연의 공사(工事)인 것이다.

 이러한 일을 돕는 것이 酉金이다. 그러니 맡은 역할이 얼마나 중요한 것인지를 알 수가 있는 것이다. 酉金이 없어서 결실을 이루지 못하면 인간을 포함한 동물(動物)은 먹고 살 식량(食量)을 얻을 방법이 없는 것이다. 그래서 酉金은 만물을 죽이면서 또 만물을 살리는 중요한 일을 수행(隨行)하게 되는 것이다.

(3) 金의 전성기(全盛期)

 卯월이 木의 전성기로 만물을 성장시키는 것이 목적이었다면, 酉월은 金의 전성기로 만물을 숙살(肅殺)하는 것이 본래(本來)의 목적(目的)이다. 그래서 卯酉는 서로 뜻을 달리 하는 성향(性向)을 띠게 되므로 직접 만나게 된다면 충돌(衝突)을 하게 될 것이다. 그러나 하나는 봄에 있고 또 하나는 가을에 있으니 만날 일이 없는 고로 이러한 걱정은 하지 않아도 된다.

미다스(Midas)의 손은 무엇이든 만지기만 하면 황금(黃金)으로 변했다고 하는데, 유그므다스[酉]는 무엇이든지 입김만 불면 다 죽어버리는 잿빛으로 변한다. 또 묘모그다스[卯]는 무엇이든지 바라만 보면 초록빛의 생생한 생명력(生命力)을 불어넣어 준다. 만약에 申월에 정리를 하지 못한 식물이라면 결실도 이루지 못하고 그대로 말라죽어버리고 말 것이다.

酉金은 왕금(旺金)이다. 이것을 금왕(金王)이라고 해도 크게 다르지는 않다. 다만 금왕(金王)이 독재적(獨裁的)인 느낌을 가지고 있다면 왕금(旺金)은 세력(勢力)이 왕성(旺盛)하여 힘이 넘치는 느낌이다.

酉金이 결실(結實)을 부추기는 역할이 있다고만 생각을 했었는데 다시 생각을 해보니까 그 결실을 부추기는 내공(內功)은 辛金에서 온 것이라는 것을 알겠다. 결국은 辛과 酉는 같은 성질(性質)의 다른 모습이었던 것이다. 다른 干支의 관계(關係)에 대해서도 이와 같은 관점(觀點)으로 이해를 하고 살펴보면 또 많은 것이 보이게 될 것이다.

(4) 60대의 초로(初老)

초로(初老)를 '젊은 노인'이라고 해야 할지는 모르겠지만 연령으로 놓고 대입을 해보면 대략 그 무렵에 해당할 것이라는 생각을 해보게 된다. 50대만 되어도 아직 결실을 생각하기에는 이른 나이라고 하겠는데, 60대로 접어들면 이제는 '어제 다르고 오늘 다르다.'는 말이 나올 나이이다.

 만약에 이 나이에 젊은 부인을 얻어서 아이를 얻게 되더라도 심각하게 고민을 해봐야 할 나이이다. 잉태를 시켜서 낳아 놓을 수는 있겠지만 키울 방법을 생각하면 앞길이 캄캄한 까닭이다. 물론 돈만 있으면 키울 수도 있을 것이다. 그러나 돈은 있다가도 없는 것이니 믿을 수 있는 조건(條件)이 아니다.

 그래서 자연(自然)의 조화(造化)는 고맙게도 손자(孫子)와 손녀(孫女)를 안겨주도록 배려(配慮)를 한 것이다. 그래서인지 노인(老人)이 손자(孫子)를 보면 그렇게 좋아하고 기뻐할 수가 없다. 그래서 노인에게 물었더니 자신의 자녀(子女)보다도 더 예쁘다고 한다. 참 묘(妙)한 일이다.

 왜 그럴까? 자신의 자녀보다 손자 손녀가 더 예쁜데에는 무슨 비밀(秘密)이 있는 것이 아닐까? 이런 생각을 해보면서 비로소 酉金의 의미를 떠올리게 된다. 그것은 결실을 생각하게 되는 것이기 때문에 어린 자손(子孫)들에게 거의 무조건적(無條件的)인 사랑을 쏟게 되는 것이다. 그래서 내리사랑이라고 하는 모양이다.

(5) 발효(醱酵)된 음식(飮食)

 酉와 연관(聯關)이 있는 글자들을 찾다가 발효(醱酵)에 시선(視線)이 꽂혔다. 발효(醱酵)는 술이괼발(醱)에다가 술밑효(酵)인데, 술이 익으려면 반드시 발효가 되어야 하는 것이다. 발효가 되기 위해서는 효모(酵母)가 있어야 하는 것도 당연하다. 그리고 우리 주변에서 이와 같은 영향을 받은 식품이 얼마나 많은지 생각을 해보자.

막걸리, 포도주, 빵, 간장, 된장, 고추장, 청국장, 요구르트, 치즈, 버터, 보이차, 누룩, 젓갈, 김치 등이 있겠는데 이들이 우리 식탁(食卓)에서 미치는 영향(影響)은 실로 지대(至大)하다고 하겠다. 물론 서양보다도 동양, 특히 우리나라의 발효음식(醱酵飮食)은 타의 추종(追從)을 불허(不許)한다.

그 중에서도 대표적(代表的)인 것이 김치와 된장이다. 이것이 얼마나 건강식품(健康食品)인지에 대해서는 더 말을 할 필요도 없겠지만, 발효는 날이 갈수록 연구(研究)하는 학자들의 관심을 끌고 있다고 하니까 앞으로는 또 무슨 효능(效能)을 알게 될지 모를 일이다.

그러니까 酉金에는 이와 같은 주정(酒精)이 되는 에너지가 깃들어 있다고 보면 되겠다. 어린 시절에 농사를 지은 밀을 방앗간에서 가루로 만들어 오면, 어머니께서는 그 가루에 누룩으로 빚어 놓은 막걸리를 넣어서 반죽을 해놓고 부풀기를 기다렸다가 부푼 반죽을 큰 가마솥에 쪄서 칼로 잘라서 주시면 그렇게 맛이 있을 수가 없었던 기억이 새록새록 떠오른다. 그때의 빵에서 나는 시큼한 막걸리 냄새가 그렇게 향기로울 수가 없었다. 지금 생각해 보면 그것도 酉金의 효모(酵母)가 작용을 해서 만들어낸 작품이었던 것이다.

결실(結實)은 반드시 논과 밭에서만 이뤄지는 것은 아니다. 발효가 되는 것도 결실이기는 마찬가지이다. 그 과정에서도 반드시 적당한 선(線)이 있는 것이다. 그 적당한 선을 넘어서 시어버리게 되면 먹을 수가 없는 것이 되니 그것은 변질(變質)이다. 그런데 막걸리가 남아서 시어지면 버리지 않고, 병에 담아서 놔뒀다가 식초(食醋)로 사용하는데, 그것이야말로 '쌀 식초'라고 하는 양조(釀造) 식초가 되는 것이다. 그리고 물러진 감의 경우에도 마찬가지로 감식초를 만들어 먹기도 한다. 그러니까 식초는 단위가 높은 발효인 것이다. 그리고 그 '초(醋)'라는 글자에도 酉가 있다는 것을 간과(看過)하지 않도록~!

2) 酉金의 글자풀이

酉의 생긴 모양을 보고 있으면 항아리에 무엇인가를 담아 놓고 뚜껑을 넣어 놓은 것으로 보인다. 속에 들어 있는 일(一)이 아마도 그 무엇이 될 것이다. 이것은 酉金이 가지고 있는 결실(結實)에 대한 힌트를 의미하는 것이 아닐까 싶다. 그러니까 결실의 열매를 항아리에 담아 놓은 것이다.

이 항아리는 무엇이든 모두 빨아들이는 항아리이다. 옛날이야기를 보면 귀신을 잡아 가두는 항아리가 등장을 하는데, 개념(概念)으로만 생각한다면 서로 비슷한 역할이라고 보아도 되겠다. 그리고 요즘에도 악귀(惡鬼)를 가두는 귀신단지가 있다. 말을 듣지 않으면 굿을 해서 해당 귀신(鬼神)을 불러다가 항아리에 가두고 봉하여 땅에 묻게 된다.

그리고 그 귀신은 항아리에서 꼼짝 못하고 갇혀 있다가 나중에 누군가 항아리를 깨트리면 비로소 밖으로 나오게 되는데 처음에 만나는 사람, 즉 항아리를 깬 사람에게 달라붙어서 고통을 가하게 되는 것이다. 이것이 말이 되느냐고? 글쎄다. 낭월이 어렸을 적에 안면도(安眠島)에서 그러한 경우를 본적이 있다.

그 사람은 도라지를 캐러 다니는 이웃 마을 사람이었다. 우연히 산기슭의 도라지를 캐다가 뭘 건드렸는데, 그것이 빈 항아리였다는 것이다. 그 후로 온갖 약이 쓸데없고 날이 갈수록 극심(極甚)한 고통을 받다가, 무녀(巫女)에게 물어보니 항아리 귀신이 몸에 붙어서 그렇다고 하여 굿을 하고 나았으니 이러한 것을 놓고서 뭐라고 해야 할 것인지는 각자 보기에 따라서 다를 것이다.

그냥 단순하게 귀신 항아리를 깼으므로 마음의 병이 생겼다고 할 수도 있고, 진실(眞實)로 주술(呪術)에 걸린 귀신이 꼼짝 못하고 있다가 행패(行悖)를 부렸다고 해도 말이 되기는 한다. 여하튼 뭔가 가두어 두는 酉金을 생각해 보다가 잠시 엇길로 들어가 보았다.

《淵海子平(연해자평)》에서는 '酉는 취(就)이다.'라고 했는데, 이것은 이룬다는 의미가 있다. 만물이 성숙(成熟)하게 되었다는 설명이다. 申金에서 성숙을 준비하고 酉金에서 성숙이 되었다는 이야기는 흐름이 맞는 내용이다. 그러니까 酉는 성숙의 의미가 있다는 이야기가 된다. 갑골문(甲骨文)을 보면 酉는 원래 술병을 본뜬 글자라고 한다. 그래서 물이 익으면 술이 되는 것으로 해석을 하여 주(酒)의 원자(原字)로 酉가 사용되기도 한다. 병고칠의(醫), 된장장(醬)과 같은 글자도 있다. 발효음식 중에서도 대장(大將)은 장(醬)이다. 글자를 보면 酉의 위에 장(將)이 붙어 있으니까 틀림없을 것이다. 그리고 글자를 이해하기 위해서 사전을 찾아보다가 酉와 연관된 글자들을 모아서 시를 한 수 만들어봤다.

앙시배작수(醠醯配酌酬)요, 정추모후성(酊醜酕酗醒)이라.
막걸리를 걸러서 벗과 함께 술을 따라 잔을 돌리고
술 취해 추하게 곤드레만드레 주정하다가 깨어나네.

3) 계절(季節)에서의 酉월

酉월의 본질(本質)은 辛金이 되는데, 다른 뜻으로는 결실(結實)을 이루고 떨어져 나가는 것을 의미한다. 그러니까 곡식(穀食)이 모체(母體)로부터 분리(分離)가 되어서 알곡식으로 변화(變化)하는 것도 떨어져 나가는 것이다. 그리고 동물(動物)도 모체(母體)에서 떨어져 나가는 출산(出産)의 의미와 함께 다 커서 독립(獨立)을 하는 의미도 함께 생각할 수 있다.

우리가 가장 눈여겨봐야 할 계절에서의 酉월은 모든 만물이 성장(成長)을 중단(中斷)하고 결실(結實)을 하고 있다는 것이며, 아직까지 결실이 준비되지 않은 작물(作物)은 이제 결실을 포기해야 하는 것이다. 혹 여름에 수박이나 참외를 먹고서 버린 씨에서 싹이 나서 酉월에 꽃이 피어난다면 그것도 역시 결실을 포기해야 하는 것이다.

이 달에는 추석(秋夕)이 포함(包含)되어 있다. 추석은 서양에서 말하는 추수감사절(秋收感謝節)과 같은 의미가 되겠는데, 우리는 다른 말로 중추절(仲秋節)이라고도 한다. 그 말은 가을의 한복판이라는 뜻이고, 여기에서 나오는 중(仲)은 申酉戌의 3개월(個月)에서 가운데에 해당하는 의미로 해석을 하면 된다.

申월은 초가을이기 때문에 한자(漢字)로는 맹추(孟秋)라고 하고, 戌월은 끝의 가을이니 계추(季秋)라고 부르기도 한다. 그래서 시간적(時間的)으로 구분을 할 적에는 맹중계(孟仲季)로 나누어 대입한다는 것도 참고로 알아 두기 바란다.

(1) 백로(白露)와 추분(秋分)

절기(節氣)로 酉월은 백로(白露)를 시작으로 하여 추분(秋分)을 거쳐서 한로(寒露)까지 가면 끝난다. 한로부터는 戌월이기 때문이다. 백로는 해석하면 '하얀 이슬'이 되는데, 투명한 이슬방울을 그렇게 말했다. 그러니까 날씨가 맑고 차가워지면서 이슬이 맺히게 된다는 의미로 해석하면 되겠다.

중국에서는 투명(透明)한 색을 백색(白色)이라고 했던 모양이다. 우리는 맑은색이라고 할 수가 있겠는데, 글자는 달라도 느낌으로 이해를 하면 되겠다. 이슬을 거쳐서 서리로 옮겼다가 눈이 되는 과정의 변화가 절기의 명칭에서도 나타난다.

또 백로(白露)의 절기에 해당하는 15일을 셋으로 나누어서 5일을 일후(一候)라고 한다. 초후(初候)에는 기러기가 날아오고, 중후(中候)에는 제비가 강남으로 돌아가며, 말후(末候)에는 새들이 먹이를 저장한다는 말도 있는데 모두 겨울을 준비하고 있는 분주(奔走)한 모습을 나타내고 있다.

참고로 일후(一候)는 비단(非但) 백로 뿐만이 아니라 모든 절기의 15일을 셋으로 나누어서 부르는 용어(用語)라고 알고 있으면 되겠다. 아울러서 시골장의 5일은 1후(候)의 순환(循環)이라고 할 수도 있겠다. 또 1후(候)는 干支의 시간(時間)으로 60시진(時辰)이다.

 가을과 金과 백색(白色)은 서로 밀접하게 연결되어 있다. 즉 백로(白露)라는 말은 가을이 되어서 이슬이 내리기 때문에 백로라고 했을 수도 있는 것이므로 이때의 해석은 '가을이슬'이 된다. 가을이 되어서 내리는 이슬이므로 백로인 것이다.

 그리고 백색(白色)에는 맑은색이라는 의미도 포함이 되어 있는데, 그것이 결백(潔白)으로 쓰이게 되면 바로 드러난다. 참고로 백주(白酒)는 투명하고 맑은 술을 말하는데, 백주라고해서 눈과 같이 하얀 색을 떠올릴 필요없이 그냥 맑은색으로 이해를 하자.

 추분(秋分)은 낮이 점점 짧아지는 과정에서 밤낮의 길이가 똑같은 날이다. 그래서 춘분(春分)과 더불어서 이분(二分)으로 존재하는 것이다. 천문학(天文學)으로 본다면 태양(太陽)이 황경(黃經) 180도를 지나고 있는 시점이기도 한데 물론 우리가 이것까지 알 필요는 없겠지만 그냥 지나는 길에 툭! 던져 놓는 것이다.

(2) 酉월의 庚辛

 월률분야(月律分野)의 지장간(支藏干)이 庚辛으로 되어 있는 것은 庚이 申월에서 넘어온 여기(餘氣)로 10일 동안 계속해서 자신의 일을 마무리하고 있다가, 다시 본기(本氣)에 해당하는 辛이 20일을 담당하여 구체적으로 모든 에너지를 흡입하여 저장하게 되는데 이것이 결실이다.

(3) 유월괘(酉月卦)

음력으로는 8월에 대응(對應)하는 괘상은 풍지관(風地觀)이 되고 관괘(䷓)로 표시한다. 陰의 기운이 벌써 네 단계까지 치밀고 올라오는 의미를 담고 있다.

4) 하루에서의 酉시

酉시가 되면 긴 하루의 해가 서산(西山)에 걸리고, 집집마다 굴뚝에는 밥 짓는 연기가 피어오른다. 아마도 30년 전의 시골 풍경이라면 그랬을 것이다. 요즘은 웬만한 농촌(農村)에서도 연기(煙氣)보다는 전등(電燈)이 밝게 빛나는 저녁 시간이 될 것이다.

하루 종일 제각기 자신의 일을 하러 집을 떠났던 가족들이 한 자리로 다시 모인다. 가족들이 모이는 것을 생각하면서 酉金의 의미를 떠올려 보면 또 뭔가 연결되는 생각의 고리를 만나게 될 것이다. 가정이 酉의 흡입력으로 가족을 빨아들이고 있는 것이니 그것이 바로 결실(結實)인 것이다. 그러니까 酉월의 결실과 저녁의 결실이 서로 같다는 말이다.

酉시는 표준시로 오후 5시 30분에서 7시 30분까지이다. 대부분 이 시간이면 귀가(歸家)하여 주린 배를 채우고 주린

정(情)을 나누게 되는 시간이다. 그렇게 채우는 것이 또한 酉金의 특성이다. 아울러서 술이 빠질 수가 없다고 한다면 더욱 제격이다.

저녁 식사(食事)를 하면서 반주(飯酒)를 가볍게 나누는 것은 소화(消化)에도 도움이 될 것이고, 분위기(雰圍氣)를 좋게 만드는 효과(效果)도 있을 것이다. 물론 이것이 戌시로 넘어가면서 길어진다면 좋은 음식을 흥하게 사용한 것이니 그 벌이 적지 않을 것이다. 그래서 '지나침은 부족함만 못하다.'고 했거니와 당연히 삼가해야 할 부분은 있는 것이다.

만약에 하루 종일 일을 하지 못하고 빈둥거렸다고 한다면 가족을 만나는 자리에서도 기세(氣勢)는 꺾여서 고개를 들기 어려울 수도 있겠다. 그러한 경우를 놓고서 '쭉정이를 수확하는 농부'라고 비유(譬喩)를 할 수가 있지 않을까 싶다. 낮에 땀을 흘리지 않으면 저녁에 기쁨을 누릴 것이 없으니까 말이다.

아침의 卯시에 시작을 한 하루의 여정(旅程)이 여기에서 마무리를 하게 된다. 해는 기울고 몸은 지쳤으니 이제 따뜻한 가정(家庭)에서 하루의 피로(疲勞)를 풀고 휴식(休息)을 취하며 내일을 준비하는 지혜로운 마무리가 되는 것이다.

5) 酉金과 닭띠

酉로 인해서 주(酒)를 생각하다가 문득 닭과 술이 무슨 연관이 있을까를 생각해 보게 된다. 그런데 뭔가 또 느껴진다.

그것은 바로 호프와 치킨이 연결되니 요즘의 시대(時代)에서는 여하튼 말이 된다고 우겨도 될 것 같다는 생각이 든다.

특히 밤이 깊어서 10시 경이 되면 드라마에서는 어김없이 치킨과 맥주 한 잔이 등장을 한다. 그것은 아마도 협찬(協贊)을 하는 곳에서 요청(要請)을 한 것이 아닐까 싶기도 하다. 물론 심증(心證)은 가는데 물증(物證)이 따라 줄지는 모르겠다. 그것을 보고 있노라면 도시(都市)의 생활(生活)에서는 아직도 잠자리에 들 시간이 멀었다고 봐서 전화번호(電話番號)를 찾아서 주문(注文)을 할 충동(衝動)을 받게 되는 것은 당연할 수도 있는 일이다.

酉와 닭의 연관성(聯關性)을 생각해 보면, 역시 결실(結實)의 의미를 빼놓고는 생각하기 어려울 것이다. 왜냐하면 酉의 결실과 닭의 결실이 서로 통용(通用)되는 의미로 나타나기 때문이다. 매일매일 결실의 기쁨을 안겨주는 동물이 무엇이겠는지를 생각해 보면 바로 알 수가 있을 것이기 때문이다. 재미있는 것은 봄에 병아리를 키우기 시작하면 8월에는 알을 낳기 시작한다는 것이다.

그러니까 여름의 삼복(三伏)에 삼계탕(蔘鷄湯)의 재료(材料)가 되지 않고 살아남은 닭은 가을에 찬바람이 불기 시작하는 酉월부터 계란(鷄卵)을 선물하게 되는 것이다. 대략 부화(孵化)가 되고 나서 6개월 정도 키우게 되면 산란(産卵)을 시작한다고 하니까 딱 그 정도의 시간이 되는 것이다. 그래서 酉와 닭띠와 닭과 계란의 관계가 서로 잘 연결되어 있음을 알 수가 있을 것이다.

11. 戌土

 이제 戌土까지 설명을 하게 되면 辰, 戌, 丑, 未에 대한 공부를 다하는 셈이다. 그래서 이미 배운 地支에서 나온 이야기들도 종합적(綜合的)으로 정리(整理)를 할 것이다. 각 항목마다 설명을 하면서 따로 떼어놓고 생각을 해보았으니 이제 묶어서 이해를 해도 될 정도의 기초가 잡혔다고 봐서이다. 戌土를 이해하는 자리에서 地支의 네 土에 대해서도 미흡한 부분이 있었다면 정리를 하기 바란다. 특히 土에 대해서 이렇게 해야 할 필요가 있는 것은 土의 지장간(支藏干)이 가장 복잡하기 때문에 여기에서 정리를 하지 않으면 상당히 어렵다는 기억을 오랫동안 하게 될 것이기 때문이다.

1) 戌土의 본질(本質)

 辰土와 함께 陽土의 본질을 가지고 있는 戌土이다. 地支가

열둘이 있는 것은 陽土가 둘로 나누어졌기 때문이다. 그러나 辰中戊土와 戌中戊土가 서로 같은 본질이면서도 전혀 다른 역할(役割)을 하고 있다. 이것은 丑中己土와 未中己土가 서로 같은 본질(本質)이면서도 맡은 역할은 달라서 하나는 냉장고(冷藏庫)로 작용하고 또 하나는 열장고(熱藏庫)로 작용하는 것과 같다. 겸해서 辰中戊土는 제방(堤防)이 되어서 물을 저장(貯藏)하고, 戌中戊土는 불씨를 담고 있는 화약고(火藥庫)가 되는 셈이다. 土를 정리한다는 의미로 표를 만들어 본다.

	辰	戌	丑	未
五行	陽土	陽土	陰土	陰土
四庫	水庫	火庫	金庫	木庫
倉庫	種苗保管	熱情保管	精神保管	動力保管
使用	木根培養	臨時休養	冷氣貯藏	熱氣貯藏
時間	晚春	晚秋	晚冬	晚夏
空間	濕土	燥土	凍土	溫度

辰, 戌, 丑, 未의 종합적 이해(理解)

辰土의 본질(本質)은 수고(水庫)이므로 개념으로는 종자(種子)를 보관하고 있는 것으로 이해하고, 사용이 될 경우에는 나무의 뿌리를 배양하고 있는 것으로 이해하면 되는 것이다. 즉, 辰土는 수고(水庫)이면서도 木의 휴식(休息)을 포함하고 있기 때문에 두 가지의 일을 동시(同時)에 수행(遂行)한다.

또, 戌土는 화고(火庫)이므로 불의 씨앗에 해당하는 화약(火藥)을 보관(保管)하고 있는 것으로 보게 되는데, 이것을 정신적인 의미로 대입을 하게 되면 정열(情熱)로 설명이 가능하다. 그래서 戌土에는 정열이 저장되어 있다고 이해할 수가 있는 것이다.

丑土는 금고(金庫)이므로 정신(精神)을 보관(保管)하기도 하면서 또 한편으로는 냉기(冷氣)를 저장하고 있는 것으로 보면 된다. 그리고 未土는 목고(木庫)이니 木의 본질인 활동력(活動力)을 보관하고 있으면서 또 巳午火의 열기(熱氣)를 잠시 저장하는 역할도 겸하게 된다.

이것은 辰, 戌, 丑, 未의 기능(機能)이 복잡하기 때문에 자칫 이해에 혼란을 일으킬 수도 있으므로 많은 생각을 해야 하겠지만 그 방법에서 범위를 잘 정리해 놓으면 훨씬 대입하기에 수월한 느낌이 들 수 있을 것으로 생각된다.

(1) 양체양용(陽體陽用)

戌土는 陽土이다. 그래서 체(體)와 용(用)이 같이 작용하게 되므로 그대로 이해를 하면 된다. 다만 戌中戌土만 여기에 해당한다는 것을 알아둬야 한다. 즉 지장간(支藏干)의 丁火와 辛金은 모두 陰에 해당하기 때문에 寅申巳亥와는 다르게 겉으로는 陽이면서 속으로는 陰이 되는 특성도 참고하게 된다. 다만 辰과 다른 점이 있다면 丁火는 五行으로 작용을 할 경우에는 맹렬한 불기운이 된다. 그래서 상대적으로 辰土보다는 陽의 기운이 많은 것으로 본다.

(2) 화약고(火藥庫)

戌土의 가장 큰 역할은 불씨를 보관하는 것이다. 그래서 화약고라고 이름을 붙였다. '불씨'를 한자로 표기해 보니까 '火子'가 된다. 불씨를 보관하기 위해서 존재하는 것이 戌中戌土이며, 戌土는 陽土이므로 건조하기 때문에 그 역할이 제격이다. 만약에 축축한 곳에다가 화약을 보관한다면 정작 필요한 경우에 습기(濕氣)를 먹어서 폭발(爆發)이 되지 않을 것을 걱정해야 할 것이다.

天干에서 작용하는 戌土라고 한다면 중력(重力)으로 무형(無形)이 되어서 화약(火藥)을 보관을 하는 용도로 사용하기는 불가능하다. 그런데 地支에서는 물형화(物形化)가 되었기 때문에 비로소 보관을 할 수가 있는 것이다.

火의 역사(役事)는 寅木에서 시작된다. 그래서 火生支이다. 그리고 寅卯辰은 火가 성장(成長)을 하는 단계(段階)이고, 巳午未는 활동(活動)하는 단계가 된다면, 申酉戌은 마무리를 하는 단계가 되는데 戌土는 그 중에서도 가장 마지막에 있으니 저장(貯藏)을 하게 되는 것이다.

그 다음에는 亥子丑이 되므로 조용히 휴식(休息)을 취하는 것이 된다. 이렇게 휴식을 취하는 것은 언제라도 기회(機會)가 오면 다시 자신의 일을 하기 위한 준비가 되기도 한다.

시간적(時間的)인 계절(季節)에서는 고정적(固定的)으로 寅월이 되어야 불의 역사(歷史)가 시작이 되겠지만, 공간(空間)에서는 寅木이 있으면 그대로 시작이고, 午火가 있으면 왕성한 불이 되는 것이다. 이것은 여름이든 겨울이든 나무와 불씨가 있으면 언제라도 불을 이용할 수가 있는 것과 같은 이치이니 이는 공간적(空間的)으로 대입한 경우이다.

(3) 辛金의 작용(作用)

 戌土 속에는 辛金이 들어 있고, 그것의 의미는 申酉戌의 금왕절(金旺節)에서 마무리 단계에 해당한다는 것을 알 수가 있다. 가을이 깊어간다는 말도 된다. 이제부터는 추워질 것에 대한 대비를 해야 하는 계절이기도 하다. 그런데 戌土가 月支에 있을 경우에만 이러한 의미는 살아나는 것이다. 이것은 시간개념이다.

 月支 이외(以外)에 있는 戌土는 金의 휴식과 무관하게 조토(燥土)로 작용하는 것으로 이해를 하면 된다. 말하자면 土生金의 이치(理致)는 그대로 존재(存在)하겠지만 辰土와 戌土의 공간적(空間的)인 역할을 살펴보게 되면 戌土는 조토(燥土)의 메마른 역할이 되고, 辰土는 습토(濕土)의 축축한 역할이 되는 것이다.

 다시, 여기에서 더 파고들어 가서 干支로 조합하여 살펴보게 되면, 庚戌의 경우에도 土生金이 되기는 하지만 庚辰의 土生金과는 뭔가 다르다고 할 수 있는 것이니, 예를 든다면 庚戌의 입장에서는 늙은 어머니가 자식에게 젖을 물리는 것과 같다고 하겠다. 젖이 조금 나오기는 하겠지만 충분(充分)한 분량(分量)이 나와서 배부르게 먹기는 쉽지 않을 것이다.

 그래서 庚辰의 토실토실한 庚金과, 庚戌의 겨우 연명(延命)하고 있는 庚金의 입장이 서로 다른 경우를 대비(對比)해서 살피는 방법을 알게 되면 참고가 될 것이다. 그리고 干支를 함께 참고하는 방법은 《干支》편이나 《六甲》편에서 익히게 될 것이지만 이렇게 서로 비교하면서 비슷한 가운데 뭔가 차이가 나는 것을 살펴서 이해하게 되면 훨씬 더 깊은 변화의 세계로 들어갈 수가 있는 것이다.

(4) 丁火의 형태(形態)

寅中에는 丙火만 있고 丁火는 없는 이유(理由)와 戌土 속에는 丙火가 없고 丁火가 있는 이유를 생각해 보는 것도 의미가 있을 것이다. 寅中丙火는 생기(生氣)이기 때문에 陽火로 시작되었고, 戌中丁火는 고기(庫氣)가 되므로 씨앗의 형태로 변형(變形)되어 저장(貯藏)하지 않으면 차세대(次世代)로 이어질 수가 없기 때문이다.

戌中丁火는 그냥 깊은 잠에 빠져있는 상태이기 때문에 아무것도 하는 일이 없다고 보는 것이 시간적(時間的)인 개념이 된다. 이것이 월률분야(月律分野)에 비중을 둬야 하는 地支의 가장 큰 역할이 되는 것이다. 그리고 공간적(空間的)으로 대입을 하게 될 경우에는 매우 건조(乾燥)한 토양으로 대입이 되는데, 물이 한 방울도 포함되지 않은 상태이므로 식물(植物)에게는 최악의 조건이라고 할 수 있는 구조이다.

戌中丁火는 모든 에너지를 다 소진(消盡)하고 더 이상 움직일 기운이 없는 상태에서 깊은 잠 속으로 빠져 들어간 모습으로 기억(記憶)하자. 그렇다면 이러한 상황의 丁火가 실제로 어떤 조건이 생긴다고 해서 잠에서 깨어나서 활동을 할 수가 있을 것으로 본다는 것은 어려운 장면이다.

이렇게 하나를 미루어 다른 辰, 丑, 未의 상황도 이해를 하면 정리에 도움이 될 것이다. 丑中辛金, 辰中癸水, 未中乙木

그리고 戌中丁火는 완전(完全)히 동격(同格)이 되는 까닭이다. 즉 고지(庫支)에 들어 있는 기운은 모두 깊은 휴식에 들어가 있는 상태이기 때문에 활동력(活動力)은 거의 0%에 가까운 상태이다.

(5) 辛金과 丁火의 관계(關係)

 지장간(支藏干)에 대해서 공부를 하고 나면 가장 큰 걱정 중에 하나가 戌中辛金과 戌中丁火의 상극(相剋) 관계이다. 열두 개의 地支를 살펴보면 내용물(內容物)끼리 갈등을 하는 것은 유일(唯一)하게 戌土뿐이다. 다만 본기(本氣)는 제외하고 논하는 것이다. 본기를 논한다면 巳火나 辰土도 포함이 되겠지만 내용물을 논할 적에는 그릇에 대한 고려(考慮)는 하지 않으니까 착각(錯覺)하지 말라는 말씀이다.

 이 관계를 공간적(空間的)으로 관찰을 해보면, 예전에 어려서 본적이 있는 시장골목의 풍경을 생각해 볼 수 있겠다. 찐빵가게에서 하루 종일 장사를 잘하고 문을 닫을 적에 빵을 찌던 솥은 안으로 들여가지만 밖에 있는 연탄화덕은 그대로 둔다. 그리고 그 속에는 불이 붙은 채로 연탄이 들어 있다. 이때의 연탄을 丁火로 대입한다.

 그리고 그 위에는 뭔가 덮여있다. 나이가 좀 드신 독자라면 그것이 무엇인지 바로 알아맞힐 수 있을 것이지만 젊은 독자는 아마도 어려울 수도 있겠다. 그것은 바로 주먹보다 조금 작은 조약돌이다. 조약돌을 위에 가득 덮어놓고 주인이 집으로 돌아가고 나면 그 위는 걸인(乞人)의 숙소(宿所)로 변한다. 추운 겨울날에 돌아다니다가 그 화덕을 발견하게 되면 그날 밤은 따뜻하고 행복한 잠자리를 얻은 것이다. 이때의 조약돌은 바로 辛金으로 대입이 가능할 것이다.

혹 돌발퀴즈로 질문을 해도 답이 바로 튀어나오나 시험을 해보자. '이때의 화덕은 뭘까요?'라고 묻는다면 어떤 답을 할 수가 있을까 싶은 생각이 들어서 툭! 던져 본다. 힌트는 없다. 그냥 질문이 떨어지기가 무섭게 '戌土~!'라고 답변이 바로 튀어나오지 않으면 이미 실격(失格)이기 때문이다.

여기에서 주의를 해야 할 것은, 이때의 辛金에 해당하는 조약돌은 상처(傷處)를 받지 않을 것이라는 점이다. 火剋金으로 공격(攻擊)을 받는다고 생각하여 바로 죽을상을 하고 있는 장면을 떠올릴 필요가 없는 것이다. 제각기 자신에게 주어진 일만 묵묵히 받아들이고 있을 뿐이다. 왜냐하면 같은 집안에서 생활하는 가족과 같은 개념이기 때문이다. 아버지가 자녀들에게 일을 시킨다고 해서 반발하지 않는 것과 같은 것으로 이해하면 되겠다.

(6) 火의 휴식기(休息期)

자연적인 환경에 따라서 살아가는 농부(農夫)의 사이클은 寅월에 시작해서 戌월에 끝이 나므로 대부분 火行과 같은 흐름을 탄다고 보아도 되겠다. 그러므로 겨울에는 휴식(休息)이 필요하다. 나머지 木, 金, 水도 이와 같은 형식(形式)으로 이해를 할 수가 있을 것이다. 즉 목운(木運)의 휴식기(休息期)는 申酉戌이고, 금운(金運)의 휴식기는 寅卯辰이며, 수운(水運)의 휴식기는 巳午未가 되는 것이다. 土는 자신의 무대(舞臺)가 따로 있는 것이 아니라, 나머지 네 기운이 활동(活

動)을 잘하도록 보필(輔弼)하면서 보조(補助)하는 역할을 타고 났기 때문이다.

2) 戌土의 글자풀이

戌

 戌과 닮은 글자로는 지킬수(戍)가 있다. 무기(武器)를 들고 변방(邊方)을 지킨다는 의미가 된다. '수루(戍樓)에 올라서 깊은 시름에 잠겼다.'는 이순신 장군의 수루가 바로 이 수루이다. 적이 넘어 오는지를 감시하는 망루(望樓)를 말하는 것이다. 그러니까 戌는 지구를 지키고 수(戍)는 나라를 지킨다. 어쩌면 戌는 지키기 위해서 태어난 것이 맞을 것이다.

 戌를 자세히 살펴보면 별(丿)과 과(戈)로 이루어져 있는데 별(丿)은 칼로 보고, 과(戈)는 창이므로 창과 칼을 마주 세워 놓았다는 것은 공격용(攻擊用)이 아니라 수비용(守備用)이다. 그런데 辰은 창[戈]이 없다. 그래서 辰은 수비하는 것이라고 보기 어렵겠다.

 戌은 화고(火庫)이므로 戌이 지키는 것도 불씨가 될 것이고 그것을 寅木이 들어올 때까지 지켜내야 하는 것이 태어날 때부터 부여받은 임무(任務)이다. 그래서 寅木을 만나면 불씨를 내어주고 조용히 다음 책임이 주어질 때까지 기다리고 있는 것이다. 그러면 寅木은 그 불씨를 이용해서 화운(火運)

을 시작하게 되는 것이다.

《淵海子平(연해자평)》에서는 戌을 멸(滅)로 보았다. 만물은 모두 성숙(成熟)하여 결실(結實)을 이룬 다음에 없어진다는 생장숙장(生長熟藏)의 뜻이다. 이것은 태어나서 성장(成長)을 한 다음에 익어서 저장(貯藏)을 한다는 농사(農事)의 한 과정을 의미하게 된다. 또한 저장이 되지 않는 것은 소멸(消滅)하게 된다는 의미일 것이니 알맹이는 저장(貯藏)이 되고, 쭉정이는 소멸하게 되는 것으로 이해를 하면 거의 틀림이 없겠다. 즉 벼와 콩은 창고(倉庫)에 저장이 되었다가 내년 봄에 다시 파종(播種)이 되겠지만 짚과 콩깍지는 모두 썩어서 거름이 된다는 것으로 이해를 하면 되겠다.

그러니까 결실(結實)이 酉金에서 이뤄지고 난 다음에 남은 찌꺼기들은 戌土에서 땔감이 되어 불태워져서 소멸(消滅)하게 된다는 의미가 그 안에 포함되어 있는 것으로 보인다. 이렇게 해서 식물(植物)의 정(精)은 고스란히 결실을 이루고 다음의 생을 위해서 저장이 되는 것이지만 찌꺼기는 땅에 파묻히게 되는 것으로 썩은 다음에 후대(後代)의 거름이 되는 것이다. 이렇게 글자를 찾다가 보면 망외(望外)의 소득(所得)이 짭짤하다.

3) 계절(季節)에서의 戌월

자연적인 모습을 생각해 보면 온 산천은 단풍이 들어서 아름다운 풍경을 만들어 낸다. 이러한 풍경은 온대 지역에서 느낄 수 있는 자연의 모습이기도 하다. 적도에서는 아무래도 가을철의 아름다운 단풍을 보긴 어려울 것이기 때문이다. 그렇지만 이것은 사람의 관점일 뿐이다. 나무들의 겨울을 나기 위한 처절(凄切)한 몸부림이라는 것을 일반인은 느끼지 못하더라도 철학자는 생각하고 넘어가야 할 것이다.

(1) 한로(寒露)와 상강(霜降)

戌月의 절기는 한로(寒露)로 시작해서 상강(霜降)을 거쳐 입동(立冬)에서 마무리가 된다. 한로(寒露)는 '찬이슬'이고 상강(霜降)은 '서리가 내린다.'는 의미이니 그야말로 가을이 깊어가는 계절임을 이름에서 풍기는 느낌으로도 알 수가 있겠다. 이러한 장면에서 戌土와 난로(煖爐)가 연결이 되면 이제 추워지는 날이 코앞으로 다가왔으니 난로(煖爐)를 준비하라는 뜻이 그 안에 있다는 것을 알 수 있다. 하필이면 추위를 앞두고서 丁火를 품은 戌土가 있다. 그러니까 戌中丁火는 추위를 피하고 체온을 유지하라는 의미로 해석이 될 수도 있는 것이다.

(2) 戌月의 辛丁戊

처음 9일은 지난 달의 일을 마무리 하고 있는 辛이 마지막으로 결실을 매듭짓는다. 그리고 3일간 오랜 저장을 위해서 건조를 시키는 역할을 丁이 수행하고 나면 마지막으로 戊는 저장고가 되어서 보관을 하게 된다.

(3) 술월괘(戌月卦)

戌월은 辰월과 대응이 되는 것이므로 괘상도 상반된 모습으로 나타나는 것은 당연하다. 최소한 괘의 이름은 모르더라도 모양은 ䷖의 형태가 될 것이라고 짐작을 할 수가 있을 것이고 이것은 틀림이 없다. 그러니까 기왕 공부하는 김에 이 괘의 이름은 산지박(山地剝)이고 박괘(䷖)라는 것까지 알고 있으면 뭔가 좀 있어 보이지 않겠느냐는 정도이다.

4) 하루에서의 戌시

戌시라고 하면 '戌시니까 술 마시는 시간'이라고도 하는데, 앞에서 글자를 풀어보았지만 실상(實相)은 酉시에 술을 마시는 것이고 戌시에는 집안으로 들어가는 시간이라고 해야 그나마 말이 된다는 것을 알 수가 있겠다. 시곗바늘로 봐서는 저녁 7시 30분부터 9시 30분까지인데, 이 시간에는 모두 집에 들어가서 씻고 하루를 마감할 준비를 하는 것이 가장 옳은 것이다.

사실 戌시에 술을 마시면 다음날의 일에 지장(支障)을 줄 수도 있을 것이니 술은 역시 반주(飯酒)가 올바른 주도(酒道)라고 해야 할 모양이다. 과음(過飮)은 독(毒)이요, 적량(適量)은 약(藥)이 되는 것이 술이니, 식욕(食慾)을 부추기는 정도의 약주(藥酒)를 마시는 자는 현명(賢明)하고, 밤새워 마시고서 하루종일 취해서 정신(精神)이 몽롱(朦朧)해진다면 우둔(愚鈍)하다.

여기에서 다시 火의 역사를 떠올리게 된다. 寅시에 일어나서 하루를 열심히 살고 戌시에 휴식(休息)에 드는 것과, 寅월에 시작해서 戌월에 마무리를 하는 것이 완전히 일치한다는 것을 이해하는데 별로 어려울 것이 없기 때문이다. 다만 현대인에게는 寅시에 일어나는 것이 좀 버거울 뿐이다. 그래서 대부분 卯시에 일어나서 하루를 열심히 살고는 亥시에 휴식(休息)을 취하는 것이 일상사(日常事)가 되었다.

 그런데 문제(問題)는 亥시를 넘어서 子시에 자고, 寅시에 일어나서 출근(出勤)하게 되는 삶을 살아야 하는 경우에 발생한다. 자연의 삶에서는 亥子丑의 6시간은 휴식(休息)을 취해야 하는 것인데 이것도 최소한(最小限)의 수면(睡眠)에 필요한 시간이라는 것이 현대(現代) 의학(醫學)이 내린 결론(結論)이다.

 亥子丑의 시간에 수면을 취하지 못하면 子丑寅이라도 삼을 자야 한다는 말이다. 하루 6시간을 못 자게 되면 고혈압(高血壓)의 질환(疾患)에 걸리게 될 가능성(可能性)이 월등(越等)히 높아진다는 보고(報告)를 보았는데 그 순간에 드는 생각이 바로 9:3의 비율(比率)이었던 것이다. 그러니까 12에서 9는 활동(活動)하고 3은 쉬는 것이다.

 그리고 이것을 바탕으로 알 수가 있는 것은 '인간(人間)은 火行을 따라서 살고 있는 존재(存在)'라는 것이다. 그렇다면 호랑이는 야행성(夜行性)이므로 申시에 움직임을 발휘해서 辰시에 잠자리에 들어갈 수도 있겠다.

 사람도 야행성의 기질(氣質)이 많은 경우에는 해거름이 되면 몽롱하던 눈에 생기(生氣)가 돌면서 반짝이다가 아침이 되면 다시 동태눈이 되는 경우도 있을 것이라고 짐작을 해본다. 그리고 야간작업(夜間作業)을 하는 경우에도 水行의 흐름을 타고 있는 것으로 보아도 되겠는데 물론 신체(身體)에는 많은 무리가 따를 것이다.

야근(夜勤)을 하면 피로(疲勞)가 훨씬 많이 쌓일 수밖에 없는 것도, 火行으로 타고난 사람이 水行으로 생활(生活)을 하게 되어 질서를 어겼으니까 당연한 결과라고 하겠다. 그러니까 가능하면 낮에 일하고 밤에 쉬는 흐름을 지키는 것이 현명(賢明)하다는 것을 이렇게 地支의 공부를 하면서 깨닫게 되는 것이다.

5) 戌土와 개띠

개가 하는 일이 바로 밤에 집을 지키는 역할이니 집에는 이러한 동물이 반드시 필요했을 것이다. 특히 들짐승이나 밤손님들이 출몰(出沒)하게 되는 지역에서는 더욱 그 가치가 높아진다고 하겠다. 戌시가 되면 어둠이 찾아온다. 그렇게 되면 비로소 개의 할 일이 시작(始作)되는 것이다. 그래서 혹 그 자리를 차지하고 있는 것인가 싶기도 하다.

개도 호랑이와 마찬가지로 야행성이라고 하니까 申시에 시작해서 辰시에 끝내는 水行의 작용(作用)을 하게 되는 것이다. 해가 서산에 기울기 시작하면서 기운이 나서 팔팔하게 살아났다가는 아침에 해가 뜨고 나면 흐물흐물해져서 졸고 있는 것을 볼 수 있다.

그 속을 모르는 사람들이야 '낮잠이나 자고 있는 개 팔자가 상팔자(上八字)'라는 말도 하겠지만 각자(各者) 생체(生體)의 리듬이 달라서 일어나는 하나의 현상에 불과한 것을 알고 나면 그러한 생각은 하지 않아도 될 것이다.

 다시 글자를 생각해 보자. '戌은 안에 있는 불씨를 지키고 있는 모양'이라고 했다. 그렇게 생각을 하다 보니까 개가 주인을 지키는 것도 서로 통하지 않는가? 그렇다면 멸(滅)은 불씨를 지키고 있는데 물을 들이부은 꼴일까? 그래서 불이 꺼져서 불꺼질멸(滅)이 되어버린 것인가 싶기도 하다.

 戌이 불씨를 지키고 있는 것이라면 개는 주인(主人)을 지키는 것이다. 그러니까 개의 입장에서 戌의 글자 형태에서 일(一)은 세상에서 유일한 자신의 주인님이 되는 것이다.

 하필(何必)이면 '지킨다'는 글자를 개로 붙여 놓으니까 묘하게도 '집을 지키는 것'과 서로 연결(連結)이 된다. 이것은 우연이 아닌 것으로 보아도 되지 싶다. 다시 정리하자. 지구(地球)를 지키는 것은 戌이고, 나라를 지키는 것은 수(戍)이고, 개가 집을 지키는 것은 戌이 된다. 모두 지킨다는 공통점(共通點)을 가지고 있으니까 이렇게 이해를 하면 사유(思惟)의 방법(方法)에 도움이 될 것이다.

12. 亥水

1) 亥水의 본질(本質)

亥水는 열두 개의 地支에서 언제나 맨 마지막에 자리하고 있으니 끝에 나오는 것은 어쩔 수가 없는 운명(運命)이다. 그러다보니 독자의 입장에서는 공부를 쌓아가면서 여기까지 온 터여서 이제 상당한 상식(常識)을 가지고 亥水를 바라 볼 수가 있기도 하다. 맨 앞에 나오는 子水를 들여다보면서 이해하려고 노력하던 것에 비해서 장족(長足)의 발전(發展)이 있을 것은 당연하다.

(1) 음체양용(陰體陽用)

亥水는 子水부터 홀짝으로 시작하여 따져나가게 되면 맨 마지막에 해당하는 짝수이므로 陰이 되는 것이다. 단지 그러한 이유로 해서 陰水가 된 것일 뿐이다. 여하튼 그로 인해서 亥水는 음체(陰體)가 된 것이다. 天干의 경우에는 홀짝으로

陰陽을 대입하는 것에 아무런 문제가 없지만 地支에서는 그렇게 하면 곤란(困難)한 부분이 발생하게 된다.

그 까닭은 자평명리학(子平命理學)에서 논하는 것은 干支의 체(體)가 아니라 용(用)이기 때문이다. 그래서 亥水의 본질이 壬水라는 것을 알면 陽水로 대입을 하는 것이 당연하다.

장차 명리학의 공부가 잘되어서 십성(十星)을 이해하게 되는 중급자(中級者)의 수준(水準)에 도달하게 되었을 적에 이 문제는 극명(克明)하게 드러날 수 있다. 십성(十星)에서는 亥水를 陽水로 대입을 하게 되는데, 이것을 모르고 있다가 갑자기 혼란을 겪게 되는 것이다.

그러니까 지금 이렇게 분명(分明)하게 정리(整理)를 한 벗님은 그야말로 중급자가 되어도 아무런 고민이 없을 것이므로 '남의 집에 불구경'이나 하면 된다. 참고로 명리학의 초급(初級)은 干支를 이해하는 정도(程度)로 보고, 중급(中級)은 십성(十星)을 볼 줄 아는 것으로 기준(基準)을 삼고, 고급(高級)은 용신(用神)을 찾아서 풀이하게 되는 것으로 나눌 수가 있다.

그래서 地支를 이해하는 수준은 초급의 단계에서 단련(鍛煉)을 받고 있는 것으로 보면 되겠다. 그렇지만 결론(結論)에 가서 생각을 해보면, 초급과 고급이 둘이 아니라는 것을 알게 되는 단계가 오게 될 것이고, 그때에는 이러한 단계는 그냥 내용을 놓고 구분하는 것에 불과하다는 것을 알게 된다.

(2) 木의 시작점(始作點)

五行에서 木行은 亥水에서 시작되어 未土에서 마무리를 하게 된다. 그래서 木의 시작점(始作點)이 되는 것이다. 木을 이해하는 도구(道具)로 보통은 나무를 대용(代用)하는데 그렇게 본다고 해도 크게 틀리지 않으므로 참고해도 좋다고 본다. '나무를 언제 심느냐?'고 물어보면 보통은 봄철의 식목일(植木日)에 심는 것으로 답을 하는 것이 일반적(一般的)이다.

그런데 나무의 전문가(專門家)에게 물어보면 종류에 따라서 시기가 다르다는 것을 알려준다. 그래서 모르면 간단하지만 많이 알면 알수록 복잡해지는 것이다. 만약에 벗님이 생각하는 地支가 처음에 시작할 때 보다 훨씬 복잡(複雜)하게 느껴진다면 이미 공부가 많이 된 것으로 보아도 될 것이다. 그만큼 보이는 것과 생각해야 할 것들이 많아졌다는 것을 의미하기 때문이다.

亥水를 이해하기 전에 우리는 壬水에 대해서 공부했고 壬水를 이해하기 위해서는 癸水도 알아야 했고, 壬水와 癸水를 알기 위해서는 水에 대해서 먼저 알아야 했다. 이렇게 하나를 이해한 것에 계속해서 가지를 뻗어가면서 넓혀가는 것이다. 이것이 학습(學習)의 즐거움이기에 참으로 포기(抛棄)할 수 없는 매력(魅力)이다.

이제 겨우 亥水를 이해하고 났더니, 선생(先生)은 다시 木의 生支를 알아야 한다는 것을 강조(强調)한다. 그리고 木을 알고 나면 甲木과 乙木을 알아야 할 것이다. 그리고 木의 一生인 亥子丑의 생성기(生成期)와 寅卯辰의 왕성기(旺盛期)와 巳午未의 정리기(整理期)로 이어지는 전 과정을 알아야 한다.

이렇게 확장(擴張)되어가는 것이 공부법이다. 그냥 간단하게 하나를 알고서 고개를 끄덕끄덕하고 나면 끝나는 것이 아니다. 이러한 과정에서 엉킨 실타래를 풀어가듯이 조심조심 전진을 하는 것이다. 물론 중간에 포기하고 싶은 마음이 생길 수도 있다.

스스로 '나는 안 될 모양이다. 아무래도 머리가 나쁜 모양이야.'라는 생각이 드는 순간 책을 팽개쳐 버리고 싶을 것이다. 낭월도 그러한 과정을 여러 차례 반복(反復)하면서 이 자리에 와 있는 것이다. 그럼에도 며칠만 지나면 다시 궁금해진다. 아마도 그것이 인연(因緣)이 아닐까 싶다.

혹시라도 독자가, '책을 한 권 다 읽어가는 데에도 도무지 뭐가 뭔지 모르겠다.'는 생각이 들것 같아서 슬그머니 걱정이 되는 낭월이다. 힘내자. 공부는 반복적으로 하는 것이다. 학습(學習)의 의미를 다시 생각해 보자. '배워서 익히는 것'이다. 지금은 배우고 있지만 이것을 익혀야만 내 것이 되는 것이다.

地支를 알기 위해서는 책을 몇 번 읽어야 될까? 당연히 아흔 아홉 번을 읽어야 한다. 그렇게 하면 뜻이 저절로 몸의 세포(細胞) 속에 녹아드는 것이다. 문장(文章)도 있다. '독서백편의자현(讀書百篇義自見)'이라는 말이 떠올랐다면 나름대로 상식이 상당한 벗님이다. 풀이를 하면, '어려운 글이라도 백번만 읽으면 내용의 뜻이 저절로 알아진다.'는 정도로 풀이를 하면 되겠다. 그러니까 한 번 주루룩~ 읽어 보고는 아무것도 모르겠다는 말을 하면 실격(失格)이다.

(3) 亥中甲木의 의미

亥水에서는 木行이 시작된다. 그러니까 여기에서 또 한 생명의 삶이 시작되는 것이다. 그것은 寅, 巳, 申, 亥가 모두 같은 입장이다. 水行의 시작은 申金에 있고, 火行의 시작은 寅木에 있으며 金行의 시작은 巳火에서 일어나는 까닭이다.

亥水의 생명력(生命力)은 甲木에 있다. 지장간(支藏干)을 보면 70%의 壬水는 30%의 甲木을 기르기 위해서 존재하는 것이기도 하다. 그 형태를 이해하기 위해서 생각을 해보면, '물속에 들어 있는 씨앗'이라고 할 수도 있겠고, '아직은 뭐라고 단정(斷定)을 할 수가 없는 어떤 에너지가 물속을 유영(遊泳)하고 있는 것'으로 이해를 해도 될 것이다.

언뜻 생각이 나는 풍경(風景)은, 어린 태아(胎兒)가 어머니의 양수(羊水) 속에서 자유롭게 뒹굴고 있는 장면이다. 여기에서 壬水는 반드시 기체라고만 할 것이 아니라 이해를 위해서 액체(液體)라고 해도 된다. 그러한 덩어리 속에서 생명(生命)의 용트림이 시작되고 있는 것이다.

원래 天干을 설명하면서 논할 적에는 기체(氣體)라고 했으니 그대로 보아도 된다. 다만 이것이 地支로 자리를 바꾸게 됨으로 해서 반드시 壬水와 동일(同一)한 기체(氣體)라고만 할 수는 없다는 것을 생각하면 되는 것이다. 그러니까 '물질화(物質化)로 변한 기체(氣體)'라고 보면 될 것이다.

寅中丙火는 움직이는 에너지 속에 존재하는 빛의 씨앗이라고 한다면, 巳中庚金은 정신력(精神力)을 담금질하고 있는 훈련장(訓鍊場)이라고 하겠고, 申中壬水는 주체(主體)가 아이디어를 창출(創出)하고 있는 창조(創造)의 공간(空間)이 되는 것도 함께 생각해 볼 수 있다.

그래서 亥中甲木은 생성(生成)의 에너지로 가득한 공간(空

間)에서 생명체(生命體)의 씨앗이 발아(發芽)하려고 꿈틀대고 있는 장면(場面)을 떠올릴 수가 있는 것이다. 天干의 경우에는 제각기 따로 설명이 될 수도 있었지만 地支를 이해하기 위해서는 상호간(相互間)의 관계(關係)를 이해하면 그만큼 효과(效果)는 극대화(極大化) 되는 것이다.

(4) 월령(月令)의 戊土

亥中戊土는 월률분야(月律分野)에서만 논하는 것이니 지난달의 戌월에서 戊土가 넘어와서 계속 자신의 일을 보면서 후계자(後繼者)를 물색(物色)하고 있는 모습이다. 날짜로는 약 7일간 머물러 있다가 甲木에게 넘겨주고는 손을 떼는 것으로 설명이 된다.

그렇지만 과연 실제로 그러한 변화(變化)가 일어나고 있는 것인지에 대해서는 확인을 할 방법이 쉽지 않아서 그냥 믿고 넘어가는 의미가 더 크다고 해야 할 것이다. 또 납득(納得)하기 어려운 것은 어린 甲木이 그 일을 맡아서 7일 동안 임무(任務)를 수행(隨行)하기에 과연 벅차지 않을까 싶은 생각도 들어서 아무래도 고민을 해봐야 할 부분이라고 본다.

만약에 최고의 성능(性能)을 가진 기(氣)의 측정기(測程器)가 만들어져서 입동(立冬)이 들어온 다음에 7일째 되는 날의 계기(計器) 바늘이 파르르~ 떨면서 戊에서 甲으로 옮겨가는 것을 보여준다면 믿을 수도 있겠는데 말이다.

물론 이러한 생각들이 지금으로서는 쉽지 않은 상상이지만 앞으로 그러한 것이 나올 가능성조차 없는 것은 아니므로 일단 기다려 본다. 인공지능(人工知能)을 가진 기계가 천지자연(天地自然)의 기운(氣運)이 움직이는 것을 측정(測定)해 줄 날이 올 수도 있는 것이다. 희망적(希望的)이고 긍정적(肯定的)으로 생각해서 나쁠 이유는 전혀 없다.

월령의 戊土는 그렇다고 하더라도 亥水의 본질(本質)에서는 거론(擧論)하지 않는 戊土이다. 그냥 甲木과 壬水만 논하면 되는 것이다. 그리고 壬水는 甲木을 담는 그릇이고 甲木은 그릇의 주인이라고 하는 것까지 생각해 놓으면 충분하다.

(5) 亥中甲木의 生火

만약에 '亥水 속에 들어 있는 甲木이 木生火를 할 수가 있느냐?'는 생각이 들었다면 눈이 번쩍 뜨일 제목(題目)이겠다. 특히 丁亥의 干支로 구성(構成)된 조합(組合)에서 丁火는 과연 亥中甲木에게서 생조(生助)를 받고 있느냐는 것을 생각해 보았다면 학자(學者)의 기질(氣質)이 보인다.

이것은 巳中庚金도 같은 의미로 살펴볼 수가 있는 내용(內容)이다. 그러니까 癸巳의 경우에 癸水는 巳火 속에 들어 있는 庚金으로부터 金生水의 공식(公式)을 주장(主張)하면서 생조(生助)를 받을 수가 있느냐는 이야기도 되는 까닭이다.

그렇다면 戊寅은 火生土의 기능(技能)이 작용(作用)하는 것일까? 이러한 것에 대해서도 생각이 미치게 되면 어느 사이에 초급(初級)의 수준을 훌쩍 뛰어넘어서 중급(中級)의 안목(眼目)을 얻게 되는 것이다. 그래서 자꾸 생각하는 자만이 전진(前進)을 할 수가 있는 것이다. 퍼담아 주는 밥만 받아먹고 있어서는 전혀 발전이 없다.

자, 해답(解答)을 보자. 戊寅은 火生土가 된다. 그러나 癸巳

는 金生水가 불가능(不可能)하고, 丁亥도 또한 木生火는 어렵다. 그렇다면 왜 그렇게 되는 것이며 무슨 이유로 그러한 판단을 한 것인지에 대해서는 생각을 해보는 것이 좋겠다. 현명(賢明)한 부모(父母)는 아이가 밥을 달라고 하면 볍씨를 주고, 고기를 달라고 하면 낚싯대를 준다고 하지 않던가?

그렇지만 힌트도 주지 않으면 너무 야박(野薄)하다고 할까봐 약간의 힌트만 제공(提供)한다면, 기질론(氣質論)으로 보면 답이 나온다는 것으로 언질(言質)을 주고는 슬그머니 도망(逃亡)을 가는 낭월이다. 그 이상은 말을 하면 정(情)이 넘쳐서 헤프다고 할까봐서이다. 기(氣)는 기(氣)와 통하고 질(質)은 질(質)과 통한다는 관점으로 살펴보기 바란다.

2) 亥水의 글자풀이

亥는 상형(象形)으로 멧돼지를 본떠서 만든 글자이다. 이것을 보면 돼지띠의 의미와 상통(相通)한다고 볼 수 있겠다. 글자에 포함(包含)된 뜻도 12번째의 地支라는 것뿐이다. 다른 의미는 없는 것이다. 이것은 사전적(辭典的)인 의미이다.

보통 돼지를 말할 적에는 돈(豚)으로 쓴다. 이것은 앞에 붙은 육(月=肉)을 봐서 식용(食用)으로 키운 돼지를 말하는 모양이다. 뒤의 글자는 돼지시(豕)이다. 글자의 모양에서 새끼가 주렁주렁 딸린 어미돼지의 느낌도 난다. 그러니까 亥는 이러한 글자와 연관(聯關)이 있다.

亥와 비슷한 것으로 코끼리상(象)도 있다. 긴 코와 큰 귀가 느껴지는 상형문자(象形文字)이다. 몸의 생김새가 돼지와 비슷하였던 모양이다. 덩치만 빼고 말이다. 또 전혀 다른 뜻인 판단할단(彖)도 원형(原型)의 의미는 돼지이다. 머리가 큰 돼지를 말한다는 것이 부연설명(敷衍說明)되어 있다. 돼지로 판단을 하는 것은 아마도 하늘에 제물로 바치고서 어떤 계시(啓示)를 받아서 판단하였던 것이 아닐까 싶다.

《淵海子平(연해자평)》에서 설명하는 것을 보면 亥는 핵(核)이라고 했다. 만물(萬物)을 거두어들여서 저장을 하게 되니까 단단한 핵(核)이 된다는 이야기이다. 그렇다면 처음에 저장을 할 적에는 酉金의 모습이었는데, 戌土를 거쳐서 亥水가 되자 비로소 핵(核)이 되었다.

亥中壬水가 공기(空氣)이니까 공기가 단단하게 만들어 줘서 씨앗으로 작용을 할 수가 있도록 만들었다는 의미도 가능하다. 그러니까 공기 중에서 숙성(熟成)이 되는 셈이다. 핵심(核心)이 생기기 위해서는 酉金에서 저장을 해둔 것이 점차(漸次)로 자리를 잡는 과정이 필요하다고 보면 되겠다.

3) 계절(季節)에서의 亥월

酉월에 얻은 결실이 戌월에서 저장(貯藏)이 되면, 亥월에는 점점 압축을 시작하게 된다. 그래야 다음 달인 子월에 완전(完全)한 씨앗으로 제 기능을 발휘하게 되는 것이다. 그래서 겨울의 냉기를 받은 곡식(穀食)이 다음 해에 파종(播種)을 하면 힘찬 성장(成長)을 하게 되고, 또 알찬 결실을 이루게 되는 것이다.

 크게 부푼 풍선(風船)이 터질 적에도 소리가 크게 나듯이 많이 압축이 된 종자는 발아하면 더욱 힘차게 솟구치게 되는 이치이다. 그리고 亥월에는 그 시작에 해당하는 겨울의 준비작업(準備作業)에 돌입(突入)하게 되는 것이다.

 또 亥월에는 조상(祖上)을 찾아뵙는 달이기도 하다. 이것은 음력(陰曆)으로 10월에 해당하는 것인데 대부분 보름 전에 가문(家門)에서는 저마다의 전통(傳統)을 살려서 묘사(墓祀)를 지내는데 亥월의 亥水는 천문(天門)이 열리는 글자이기 때문에 특히 이때를 선택(選擇)한 것으로 짐작이 된다.

 그래서 亥월에 하늘에 고사(告祀)를 지내게 되는 것을 이해하는 방법(方法)으로는 이 정도라도 충분할 것이다. 그런데 戌亥가 같이 천문이라면서 戌월에는 왜 고사(告祀)를 지내지 않느냐고 하는 의문(疑問)이 생겼을 수도 있겠는데, 戌土는 해궁(亥宮)에 기생(寄生)하고 있다는 것을 생각했다면 더욱 좋겠다. 만약 무슨 뜻인지 모르겠다면 326쪽의 후천팔괘도를 살펴보기 바란다. 戌土는 땅이다. 그러니 亥월이 되기를 기다려야 했다는 것은 대략 미루어서 짐작을 해도 감지(感知)가 될 것으로 생각된다. 이렇게 亥월에 제사를 지내는 의미를 참고하기 바란다.

(1) 입동(立冬)과 소설(小雪)

입동(立冬)으로 시작되어서 소설(小雪)을 거쳐 대설(大雪)에 도달(到達)하면 끝나게 되는 것이 亥월이다. 겨울철이 시작되었으니 이제부터는 동절기(冬節期)로 들어가는 것이다. 다만 체감(體感)으로는 아직 겨울이라는 느낌이 들지 않는 시기이기도 하다.

중기(中氣)에 해당하는 소설에서는 눈이 조금 내린다는 의미로 이것은 다음 절기인 대설과 비교해서 붙여진 이름인 것이다. 서리도 내리고 가끔은 눈발도 날리게 되면 스산한 겨울의 냉풍(冷風)이 옷깃을 파고들게 된다.

이때부터 겨울의 본질(本質)인 수기(水氣)가 발동(發動)을 걸게 된다. 申월에 수렴(收斂)을 시작하였듯이 亥월에는 압축(壓縮)을 시작하게 되는 것이 자연의 흐름이다. 亥월에 압축이 시작되면서 종자(種子)들은 핵(核)으로 단단하게 에너지가 응축(凝縮)이 되는 것이다.

소설(小雪)의 절기(節氣)를 맞이하게 되면 대부분(大部分)의 가정(家庭)에서는 김장을 담근다. 배추와 무를 구입해서 각 가정마다의 전통적(傳統的)인 방법(方法)에 따라서 김치를 담가서 땅에 묻거나 전용(專用) 냉장고(冷藏庫)에 저장(貯藏)을 하여 익히게 된다.

어려서는 '왜 하필이면 추운 계절에 눈을 맞아가면서 김치를 담그는지 모르겠다.'고 생각했는데, 이제 五行의 이치를 쪼매~ 알고 나니까 추울 적에 잔뜩 압축이 된 기운을 배추와 무에 모아서 항아리에 저장을 하면 생기(生氣)를 가득 담아서 시어지지 않고 시들지도 않은 상태의 김장 김치를 이듬해의 봄까지 보관(保管)을 할 수가 있는 것이 이해가 된다.

이 특별(特別)한 행사(行事)를 소설의 절기(節氣) 무렵에 하게 되었던 것이 戌月에 하지 않은 이치와 더불어서 절묘(絶妙)한 타이밍으로 계절의 조건(條件)이 이용(利用)된 것으로 판단을 해도 되겠다. 어른들 말씀에 '김장은 1년 농사'라고 하였는데 그 농사를 亥月에 하게 되었던 것을 생각해 보면 압축의 초기단계를 이용했다고 볼 수 있는 것이다.

물론 子月에는 너무 압축이 심하게 되어서 연약(軟弱)한 김장거리가 얼어버리게 될 수도 있었다고 보자. 뭐든지 적당한 압력(壓力)이 필요한 것이다. 공부하는 아이에게도 적당히 압력을 줘야 진도(進度)가 나가는 것이지, 너무 심한 압력을 주면 오히려 가출(家出)을 해버릴 수도 있다는 것을 우리는 잘 알고 있는 것이다. 김장도 마찬가지로 보면 된다.

(2) 亥月의 戊甲壬

처음의 7일은 지난 달에 미처 저장하지 못한 만물을 계속해서 마무리 한 다음에, 甲이 7일간 에너지를 안으로 움직여 들어간다. 그러니까 寅月의 甲은 밖으로 향하고 있다면 그와는 반대로 움직인다고 이해를 할 수 있다. 그리고 마지막으로 16일간 저온으로 저장을 할 준비를 하게 된다. 그리고 다시 子月로 넘어가게 되는 순환(循環)의 과정을 되풀이하게 되는 것이다.

(3) 해월괘(亥月卦)

亥月은 巳月과 대응이 되므로 중지곤(重地坤)이 되어서 곤괘(䷁)로 묘사하게 된다. 그리고 이러한 형상은 순음(純陰)이라고 할 수가 있겠는데, 천지간(天地間)의 기운은 이미 음기(陰氣)로 가득 채워져 있으므로 생명이 있는 것은 땅굴을 파고 들어가서 동면을 하거나 겨우내 얼어 죽지 않기 위해서 지방질을 저장해 두지 않았다면 생명을 보존할 가능성이 그만큼 떨어진다고 해석할 수 있다.

 이렇게 살펴본 매월의 괘상을 한 자리에 모아 놓으면 그 변화를 이해하는데 도움이 될 것이다. 주역도 처음에는 정감이 가지 않을 수도 있겠지만 자꾸 살펴보다가 보면 문득 어느 순간에는 상당히 재미있다는 생각이 들기도 한다. 왜냐하면 처음에 막대기의 길고 짧음을 보면서는 생명력이 없어 보이는데, 그것이 자꾸 보게 되면 묘한 매력이 있어서 나중에는 살아서 역동하는 것 같은 느낌이 들게 되는 까닭이다. 아마도 독자의 干支에 대한 느낌도 그렇지 않을까 싶은 생각이 든다.

月卦 조견표												
月	11月	12月	1月	2月	3月	4月	5月	6月	7月	8月	9月	10月
卦	䷗	䷒	䷊	䷡	䷪	䷀	䷫	䷠	䷋	䷓	䷖	䷁
支	子	丑	寅	卯	辰	巳	午	未	申	酉	戌	亥

4) 하루에서의 亥시

 亥시는 표준시로 저녁 9시 30분부터 11시 30분까지에 해당한다. 이 시간(時間)에 육신(肉身)은 잠자리에서 가사(假

死)의 상태(狀態)에 빠지게 되고, 영혼(靈魂)은 자유(自由)를 얻어서 창공(蒼空)으로 날아다니게 되는 꿈을 꾸게 된다. 이러한 시간을 통해서 영혼(靈魂)은 하루 동안의 스트레스를 말끔히 씻어버리고 다시 새로운 날의 준비(準備)를 하게 되는 것이다.

 이렇게 亥시는 육신(肉身)과 영혼(靈魂)의 역할(役割)이 뒤바뀌는 시간이니 하루중에서 천문(天門)이 열려서 영혼(靈魂)이 자유롭게 육체를 벗어나서 활동(活動)을 하는 시간이 되는 것을 그냥 웃어넘길 수만은 없는 나름대로의 질서(秩序)가 있었던 것이다.

 그렇다면 일진(日辰)으로는 亥시에 천문이 열리고, 월건(月建)으로는 亥월에 천문이 열리면, 혹 태세(太歲)로는 亥년에 천문이 열린다고 가정(假定)을 해도 좋을지 모를 일이다. 만약에 1년 내내 천문이 열린다면 그러한 기회에 바짝 달려들어서 기도라도 하면 신(神)의 감응(感應)이 빠르지 않을까 싶은 망상(妄想)을 해본다.

 보통 두뇌(頭腦)를 사용하는 사람들은 밤에 작업(作業)을 하는 경우가 많은 모양이다. 정신집중(精神集中)이 잘되어서 효율(效率)이 좋다고 하는데, 이것도 천문에 해당하는 영감(靈感)이 발달(發達)하게 된다면 이치적(理致的)으로 분명(分明)히 일리(一理)가 있는 것이다.

 특히 창작(創作)을 하는 작가(作家)의 경우에는 이러한 경향이 더욱 두드러지는데, 낭월의 경험으로는 별로 그 차이를 모르겠다. 아마도 영감(靈感)쪽으로는 인연(因緣)이 둔해서인지 구태여 밤을 지세우면서 글을 써야 한다는 생각을 해본적은 없다.

오히려 밤에 잠을 제대로 못자면 낮에 멍~하게 되어서 아무런 집중이 되지 않는 것을 보면 사람마다 특징(特徵)이 있는 것으로 보는 것이 옳지 않을까 싶다. 만약에 밤에 능률(能率)이 몇 배 잘 오른다면 약간의 리듬을 깨더라도 해볼 만할 것으로 생각이 된다.

실제적(實際的)으로 천문(天門)이 열리고 말고는 확인(確認)할 방법이 없지만 집중이 잘된다면 그것을 활용하는 것은 나쁘지 않을 것으로 본다. 특히 굿당에서 굿을 할 적에는 대부분 밤이 깊은 시각에 진행하는 것도 연관(聯關)이 있지 않을까 싶다. 아마도 영혼(靈魂)들이 왕성(旺盛)하게 활동(活動)을 하다가 새벽에 닭이 울면 떠나가는 모양이다.

영혼 뿐만이 아니라 인간(人間)의 세상(世上)에서도 밤의 역사(役事)는 亥시부터 시작이 된다. 그리고 밤에 진행되는 일들이 낮에 벌어지는 일보다 사소(些少)하다고 보는 사람은 아무도 없을 것이다. 특히 자녀(子女)를 만드는 시각(時刻)이 중요하다면 낮에 음기(陰氣)가 흩어진 때에 만들기 보다는 밤에 수기(水氣)가 가득한 상태가 훨씬 총명(聰明)한 아이를 얻을 가능성이 높지 않을까?

5) 亥水와 돼지띠

돼지가 亥水에 연결(連結)이 되어 있는 것은 글자부터 멧돼지를 의미하는 亥이므로 다른 어떤 地支보다도 밀접(密接)

하다고 할 수 있겠다. 그러나 단지 그 말만 있지 어째서 그렇다는 사연(事緣)이 없으니 그것이 또 아쉬움으로 남을 뿐이다. 그래서 이유를 만들어야 하는 낭월이다.

 우선 계절에서 亥월과 돼지의 연관성(聯關性)을 찾아보면 하늘에 고사(告祀)를 지내는 것과 연결(連結)이 가능해 보인다. 그것은 돼지머리를 생각한 까닭이다. 물론 가난한 사람의 고사에서는 머리만 등장을 하지만 조금 살만한 사람은 통돼지를 사용한다.

 언제부터인지는 모르지만 제물(祭物)로 돼지가 쓰이고 있다. 돼지를 사용하게 된 것에 특별한 이유가 있었는지는 모를 일이다. 아마도 돼지의 크기가 고사를 지내고 난 다음에 공동체(共同體)에서 나누어 먹기에 적당(的當)해서 그랬을 것이라는 생각을 해본다. 소는 너무 클 뿐더러 또 농사(農事)를 짓던 시대에는 인력(人力)을 대체(代替)하니까 소중(所重)하게 다뤄야 한다. 그래서 아무나 못 잡아먹도록 법으로 금지령(禁止令)을 내린 적도 있었다.

 양(羊)은 젖이나 털을 제공한다. 그러니까 살아있는 그 자체로도 쓸모가 많은 동물(動物)인 것이다. 그래서 또 특별한 경우가 아니면 죽이지 않고 싶은 것이다. 개는 집을 지킨다. 그래서 또 놔둘 필요가 있는 것이다. 말도 짐을 실어 나르거나 사람을 운반하고, 닭은 알을 낳으니 놔둬도 된다. 그런데 유독(惟獨) 돼지만은 당차게 먹고 뒤룩뒤룩 살이 찌는 것 외에는 하는 일이 없다.

 그러므로 돼지를 키우는 목적(目的)은 한 가지 뿐이다. 그것은 고기를 얻기 위해서라는 결론(結論)이 간단하게 나오는 것이다. 아! '애완용 돼지는 제외한다.'는 말을 하지 않으면 항의를 받을지도 모르겠다. 그리고 유일(唯一)하게 하는 일이 있다면 하늘에 제사를 지내는 제수품(祭需品)이 되는 것이다. 이것도 사용하다가 보니까 그렇게 이름이 붙여진 것이겠지만 말이다.

돼지머리를 신명(神明)께 올리고 가정이 부유(富裕)하기를 기원(祈願)하는 것도, 알고보면 돼지는 재물(財物)을 가져오는 상징(象徵)인 까닭이다. 돼지를 보면 뭔가 있어 보인다. 오동통한 모습이 돈이 많은 부자(富者)의 풍모(風貌)를 연상(聯想)시켰을 수도 있다. 그래서 고사도 지내고, 기원도 하고, 포식(飽食)도 하는 목적에 이보다 더 잘 어울리는 동물이 없었을 것이다.

이것이 亥월을 일명 상달이라고 하면서 하늘에 고사를 지내고 조상(祖上)의 묘소(墓所)를 돌보는 것과 연결시켜서 돼지의 의미를 생각해 볼만한 부분이다. 그렇다면 하루의 亥시에서도 이러한 논리는 그대로 사용할 수가 있지 않을까 싶은 생각을 해본다. 그리고 당연히 그래도 될 것으로 본다.

하늘의 신(神)이 하강(下降)하는 亥시에 돼지를 놓고 정성(精誠)을 올리는 것은 자연스러운 발상(發想)이 될 것이다. 그리고 낮에 고사를 지내기보다는 밤에 지내야 분위기도 뭔가 될 것 같은 느낌이 든다. 물론 영적(靈的)인 행사(行事)는 밤에 진행되는 것이 제격이다.

13. 地支의 生剋

 이제 地支에 대해서 종합적(綜合的)으로 정리를 해야 할 때가 되었다. 그동안의 설명을 통해서 개별적(個別的)으로 地支가 갖고 있는 각각의 구조에 대해서 이해가 어느 정도 되었을 것으로 보겠는데 기본형과 상호작용(相互作用)에 대해서 어느 정도는 이해가 되어 있으면 干支를 보는 안목(眼目)도 평면적(平面的)인 관점에서 입체적(立體的)인 관점으로 변화를 하게 된다. 그 다양한 변화에 대해서는 다음에 이어질 《干支》편에서 다루기로 하고 여기에서는 최소한의 기본적인 관계에 대해서만 살펴보도록 한다.

1) 子, 午, 卯, 酉의 관계

 生剋은 五行의 생극을 말한다. 그러므로 五行에 대한 生剋을 알고 있다면 별도의 설명을 기다릴 필요도 없이 바로 대입하여 확인을 할 수가 있고 적용이 가능할 것이다. 그렇게 대입을 하면 되는 것임에도 불구하고 한 페이지 분량의 설명이 필요하다고 생각하는 것은 바로 '심증(心證)은 가지만 물증(物證)이 필요(必要)'한 독자를 위해서이다.

(1) 생조(生助)

子, 午, 卯, 酉를 놓고서 生剋을 살펴보면 모두가 음대음(陰對陰)이라는 것을 주목(注目)한다. 이미 地支는 물질(物質)이라고 했지만 그 중에서도 陽支는 기(氣)에 가깝다고 이해를 할 수가 있고, 陰支는 물질적(物質的)으로 대입을 하게 되는데, 이러한 관점에서 본다면 子, 午, 卯, 酉의 왕지(旺支)에 해당하는 그룹은 모두가 강력한 힘을 가지고 있는 이른바 '대빵'들의 그룹이다. 그래서 생조(生助)를 하는 것에서도 강력한 힘이 되는 것이다.

酉金은 子水를 생조하고, 子水는 卯木을 생조하고, 卯木은 午火를 생조하는데 午火는 생조를 할 土가 없으니 기운이 여기에 뭉쳐있다고 할 수가 있는 것이다. 이러한 생조의 형태는 기름 탱크와 같은 막강(莫强)한 에너지가 거래되는 것으로 이해를 할 수 있다.

(2) 극제(剋制)

이번에는 剋하는 관계(關係)에 대해서 살펴본다. 우선 子水는 午火를 극제하고, 午火는 酉金을 극제하고, 酉金은 卯木을 극제하는데 이번에도 卯木은 극제를 할 土가 없으니 가장

기를 펴지 못하는 위치라고 할 수가 있겠다. 그렇지만 이것은 위치에 따라서 달라지고 四柱 내의 구조에 따라서 달라지므로 실제로 이러한 관계가 생길 이치는 쉽지 않을 것이다.

 이 글자들이 극제를 하게 되면 일방적(一方的)으로 인정사정 볼 것 없이 공격하기 때문에 맞는 입장에서는 피해(被害)가 극심(極甚)하다. 그래서 무조건 항복(降伏)을 하고 시키는 대로 따라야 하는 것이 이 세계의 법칙(法則)이라고 할 수 있을 것이다. 여하튼 양대 세력의 보스들은 서로 만날 일이 없어야 피차 편안한 것이다.

 일대일(一對一)로 酉金과 卯木이 만나게 된다면 무조건 卯木은 손을 들고 酉金의 뜻에 따라야 하는 것이 원칙(原則)이다. 그리고 이것은 기본형(基本形)이라고 할 수가 있을 것이다. 그런데 만약에 卯木이 둘이고 酉金이 하나라면 이때에는 문제가 조금 복잡해진다. 이렇게 되면 조직 간의 연합(聯合)이 이뤄지는 셈인 까닭이다. 이러한 변화의 조짐을 읽을 수가 있는 궁리를 해보는 것도 도움이 된다.

2) 寅, 申, 巳, 亥의 관계

 寅, 申, 巳, 亥의 그룹은 지장간(支藏干)에 감추고 있는 글자가 하나씩 있다. 그래서 혈혈단신(孑孑單身)인 子, 午, 卯, 酉의 그룹과는 사뭇 다른 분위기(雰圍氣)가 되는 것이다. 그래서 生剋의 관계도 훨씬 복잡(複雜)한 구조(構造)를 하고 있는 것이다.

(1) 생조(生助)

申金은 亥水를 생조하고, 亥水는 寅木을 생조하고, 寅木은 巳火를 생조하지만 巳火는 생조를 할 土가 없어서 머뭇거리고 있는 모양이다. 이것은 겉으로 보이는 모습이다. 막상 그 속을 들여다보게 되면 또 다른 것이 보일 수도 있는 것이다.

申金이 亥水를 생조하면서도 亥中甲木을 노려보고 있는 눈길이 곱지 않은 것을 읽어야 한다. 그리고 亥水가 寅木을 생조하면서도 寅中丙火를 바라보는 시선은 결코 곱지 않은 것이다. 이것은 寅木이 巳火를 생조하면서도 寅中丙火는 巳中庚金을 바라보는 눈길이 뭔가 떨떠름하다. 그래서 생조를 하면서도 화끈하게 가지 못하고 뭔가 망설이는 눈길의 여운이 걸리는 것이다.

(2) 극제(剋制)

이번에는 극제에 대해서 살펴보자. 亥水가 巳火를 극제하고, 巳火는 申金을 극제하고, 申金은 寅木을 극제하는데 寅木은 극제를 할 土가 없어서 허공에 헛발질을 하고 있는 셈이다. 물론 이것은 겉으로 살펴본 빙산(氷山)의 일각(一角)이다. 그렇다면 보이지 않는 내부에서는 어떤 일이 진행될까?

亥水가 巳火를 극제하면서도 巳中庚金에게는 따뜻한 눈길을 주고 있는 것은 또 뭐란 말인가? 또 巳中庚金으로 인해서 亥中甲木이 손상(損傷)을 받게 될까봐 맘에 걸리는 것도 참으로 복잡한 심사(心思)가 되겠다. 또 巳火가 申金을 극제하면서도 申中壬水의 바라보는 눈길이 께름칙하고, 巳中庚金은 또 申中壬水를 생조하고자 하는 마음을 품고 있으니 그야말로 내부(內部)의 스파이라고 할 수 있겠다.

 그런가하면 申金이 寅木을 극제하면서도 寅中丙火의 눈치를 보지 않을 수가 없겠고, 다시 申中壬水가 寅中甲木을 따뜻한 눈길로 바라보고 있는 것을 申中庚金이 왜 모르겠는가 말이다. 그래서 여러 가지로 복잡해서 剋을 하면서도 마음에서는 통쾌(痛快)하지 못한 그 무엇이 목에 걸려서 넘어가지 않고 있으니 이러한 것들로 인해서 심란(心亂)한 것이다.

3) 辰, 戌, 丑, 未의 관계

 자평명리학(子平命理學)을 공부하는 많은 학인(學人)들이 가장 어려워하는 것도 이들의 관계(關係)이다. 머릿속에서 '土는 참으로 어렵습니다.'라는 단어를 떼어버릴 때쯤이면 이미 프로의 냄새가 물씬 풍기게 될 것이다. 그만큼 끈질기게 쫓아다니면서 속을 썩이는 글자들이라는 이야기다. 그래서 여기에서 어느 정도의 개념(槪念)을 잡아 놓는다면 다음에 정리하는 과정이 조금은 수월하지 않을까 싶다.

(1) 생조(生助)와 극제(剋制)

 모두가 같은 五行인 土이니 누가 누구를 생조한다고 한들 공감(共感)이 되지 않는 이야기이다. 그래서 土의 생조를 논할 경우에는 土를 제외하고 논해야 하고 그렇게 제외하는 의미를 살려서 '속으로'라는 단서(端緖)를 붙여 놓아야 혼란이 없을 것이다. 모든 일은 속으로만 진행이 되는 까닭이다.

이러한 관점으로 살펴보게 되면 훨씬 간결하고 쉬울 것이다. 그리고 자세히 살펴보면 알겠지만 그 구조는 寅, 申, 巳, 亥의 그룹에서 거론된 내용과 대동소이(大同小異)하다는 것을 파악할 수 있을 것이다. 다만 '속으로 진행되는 관계'이다.

丑土가 未土를 만나면, 속으로 丑中癸水가 未中乙木을 생조한다. 그러면서도 未中丁火는 맘에 안 들어 하는 마음이 생기게 된다. 未土가 戌土를 만나게 되면 未中乙木이 속으로 戌中丁火를 생조하지만 戌中辛金은 맘에 들지 않는다. 또 戌土가 丑土를 만나면 戌中辛金이 丑中癸水를 생조하려는 마음이 있으면서도 또 한편으로는 戌中丁火가 丑中辛金을 맘에 들어 하지 않아서 갈등이 발생하게 된다.

또 丑土가 辰土를 만나게 되면 丑中辛金은 癸水를 생조를 하고 싶고 丑中癸水는 辰中乙木을 생조하고 싶어하는 마음이 생긴다. 그러면서도 丑中辛金이 辰中乙木을 공격하고 싶은 마음도 생겨서 이러한 갈등이 은연중(隱然中)에 사람의 마음에 자리를 잡게 되니 그 마음이 편치만은 않은 것이다. 그래서 四柱에 土가 많으면 복잡(複雜)한 사람이라고도 한다. 나머지도 이와 같은 방식으로 대입하면서 관찰하면 답이 나올 것이다.

4) 종합적(綜合的)으로 관찰(觀察)

이해가 쉽도록 그룹을 지어서 生剋의 관계를 살펴보았으니까 이해가 된 다음에는 그룹과 무관하게 서로 대입하여 生剋

의 관계를 살펴보면 될 것이다. 가령 卯木과 巳火가 만났다고 하면, 卯中乙木은 巳中丙火를 생조했더니 巳中庚金이 卯中乙木을 먹어버리는 기이(奇異)한 현상이 발생하기도 하는 것이 자연의 이치이며 地支의 변화이다. 이러한 현상이 인간계(人間界)라고 해서 생기지 말라는 법은 없는 것이다.

가령 혼자 밥을 해먹는 총각이 딱해서 빨래를 해주었더니 자신이 좋아서 그런 줄로 알고 성폭행(性暴行)을 하려고 달려들 수도 있는 것이 또한 인간이 살아가는 세상의 풍경이니까 말이다. 적어도 세상에서 일어날 수가 있는 모든 상황은 干支의 22글자에 다 들어 있다고 생각하면 될 것이다. 이러한 대입이 잘 이루어진다면 실제로 풀이를 하는 과정에서도 막힘이 없이 물 흐르듯이 술술 답이 나올 것이다.

또, 未土가 巳火를 만나면 우선 巳中丙火가 未中己土를 생조하게 되고, 巳中庚金은 未中乙木을 공격하게 된다. 이것은 동네 아주머니가 밥을 가져다 줘서 주린 배를 채우게 되어 고마운데 그 아주머니의 아들이 따라와서는 거지라고 놀려서 마음에 상처를 받는 것과 같다고 할 수 있겠다. 이야기는 이렇게 상황에 맞도록 만들면 되는 것이고, 그러기 위해서는 많은 상식(常識)이 요구된다.

이렇게 地支를 마무리 하는 단계에서 生剋의 관계에 대해서 살펴보았으니 이보다 더 자세한 天干의 변화까지 고려하여 대입하는 방법은 다음 기회로 미루기로 하고 혼자서 궁리하는 방법으로 참고하여 많은 생각을 해보라는 권유를 한다. 그렇게 궁리를 한 다음에 《干支》편을 만나게 된다면 훨씬 원활(圓滑)하게 궁리를 이어갈 것이다.

제3장

사주작성법(四柱作成法)

1. 사주팔자의 구조(構造)

 十干과 十二支를 배웠으므로 기본적인 의미는 모두 이해를 할 수가 있게 되었다. 다만 그러한 글자들이 종횡(縱橫)으로 내달리면서 전개(展開)하는 드라마는 아직 읽을 능력이 되지 않을 것이지만 기본만이라도 알게 되었다는 것도 이미 상당히 공사(工事)가 진척(進陟)되고 있는 것이라는 실감나게 하기 위해서 四柱를 작성(作成)하는 방법(方法)을 소개하는 것이다. 어차피 자평명리학(子平命理學)을 공부한 인연이 四柱를 보기 위한 것이었으니까 지금 알아 두면 이 다음부터는 바로바로 활용을 할 수도 있을 것이다.

 干支에 대한 이해를 마치게 되면 비로소 四柱를 보아도 뭔가 느낌이 떠오를 수가 있고 내용(內容)을 읽을 수가 있는 능력(能力)이 생기게 된다. 이것이 가능해지면 四柱를 적어 놓고서 궁리(窮理)하는 것이 제법 재미가 쏠쏠할 것이다. 그리고 이것이야말로 노심초사(勞心焦思)하면서 정진(精進)을 한 공덕(功德)이라고 해야 할 것이다.

1) 네 기둥, 여덟 글자

'四柱'를 우리말로 풀이하면 '네 기둥'이 된다. 그리고 각 一柱는 한 세트의 干支로 구성되어 있으니 두 개의 글자가 된다. 그러므로 네 기둥의 두 글자가 모여서 여덟 개의 글자로 구성이 된다. 그래서 '팔자(八字)'라고 하며, 묶어서 '사주팔자(四柱八字)'라고 한다.

이렇게 부르는 의미에는 그야말로 '네 세트의 干支'를 말하는 의미가 있고, 막연(漠然)하게 '사람이 태어난 운명(運命)'이라는 의미로도 사용이 된다. 물론 우리가 사용을 할 경우에는 전자(前者)가 되는 것은 당연(當然)하다. 그러니까 그냥 '四柱'라고 해도 되고, '팔자(八字)'라고 해도 같은 뜻이다. 그런데 한국 사람들은 일반적으로 四柱라고 하는데, 중국 사람들은 팔자(八字)라는 말을 더 즐겨 사용한다.

그 이유는 아마도 '사'라고 하는 말이 들어가는 것은 무지무지하게 싫어하고 '팔'이라고 하는 말이 들어가는 것은 억수로 좋아하기 때문에, 같은 값이면 더 좋은 방향으로 생각을 하는 것이 나쁠 이유가 없다보니까 그런 것으로 짐작이 된다. 심지어 자동차(自動車)의 번호판(番號版)에도 특별(特別)하게 프리미엄이 붙는다고 하는 것을 보면 8자에 대한 사랑은 대략(大略) 짐작이 되고도 남는다. 왜 그렇게도 '팔'을 좋아하는지 알아봤더니 그 속에는 그야말로 황당(荒唐)해 보이는 뜻이 있었다.

그러니까 '팔'은 중국말로 '빠:ba'가 되는데, 발음이 일이 잘 풀린다는 '발(發)'의 '파:fa'와 비슷하기 때문에 재물(財

物)이 폭발적(爆發的)으로 늘어나기를 바라는 마음에서 그렇게도 좋아한다고 한다. 중국인(中國人)들이 세계를 누비고 다니면서 상업(商業)으로 성공(成功)하는 데에는 이러한 가치관이 바닥에 깔려 있다고 해야 할 모양이다. 우리는 체면(體面)을 중요하게 생각해서 딱 부러지게 금액(金額)을 말하는 것도 쭈뼛거리는 것이 보통인데, 선비의 문화(文化)가 그렇게 만들지 않았나 싶다.

새해의 덕담(德談)으로 '건강(健康)하세요!'는 이미 구식(舊式)이고, '부자 되세요!'로 통하는 것이 요즘의 풍경(風景)이라고 한다면 우리도 중국을 닮아간다고 해도 될 것이다. 중국에서는 신년인사(新年人事)로 '공희발재(恭喜發財)!'가 환영(歡迎)을 받는 것을 보면, '돈 많이 버세요!'의 중국버전이라고 이라고 할 만 하겠다.

이렇게 민족(民族)의 정서(情緒)에 따라서 선호(選好)하는 단어(單語)는 달라도 의미하는 바는 똑같다. 生年月日時를 干支로 바꿔 놓은 것이 四柱거나 팔자(八字)라는 것은 틀림이 없는 것이다.

2) 生日을 모르면 불용(不用)

'四柱'라는 말은 있어도 '三柱'라는 말은 없다. 그 이유는 당연히 사람이 타고난 운명을 예측(豫測)하려면 四柱가 있어야 하기 때문이다. 그러므로 三柱라는 말은 사용하지 않게 되는 것이다. 태어난 날짜까지는 알고 있지만 시각에 대해서 잘 모르게 되면 네 번째의 기둥인 時柱를 나타낼 방법이 없기 때문에 이러한 경우에는 부득이 三柱가 될 수밖에 없다.

하물며 생일을 모른다면 日柱도 없는 셈이다. 그렇게 되면 三柱도 아니고 二柱가 되는데, 그것은 그야말로 아무런 의미가 없다. 최소한 운명(運命)을 해석(解釋)하려면 三柱는 있어야 대략적으로라도 짐작(斟酌)할 수 있다.

어쩌면 四柱를 보려는 사람이 생일을 모른다면 운명의 판단을 하기는 불가능하다고 생각하지만 방법이 없는 것은 아니다. 이러한 경우에는 점술(占術)에 의지해서 살펴보는 것이 해결책(解決策)으로 보인다. 가끔은 생일을 몰라서 난감해 하는 경우도 있으나, 생일을 몰라도 판단할 방법은 있다는 것을 생각하고 적당한 방법을 찾아보는 것이 좋을 것이다.

혹 무속인(巫俗人)에게 물어보려고 한다면 나이만 있어도 된다. 그리고 점단(占斷)으로 답을 구할 경우에도 나이나 생일은 크게 비중을 두지 않는다. 그것은 질문을 한 순간의 조짐(兆朕)만이 중요하기 때문이다. 다행히도 점술은 질문(質問)의 종류(種類)를 가리지 않고 답변(答辯)을 마련해 놓고 있으므로 나중에 五行의 원리를 깨달은 다음에는 멋진 활용의 방법을 얻게 될 것이다.

3) 정확(正確)하지 못한 정보(情報)

자신이 알고 있는 생일(生日)과 시간(時間)이 사실(事實)은 잘못된 것일 수도 있다. 이것도 왕왕(往往) 있는 일이다.

그래서 四柱만 들여다보면서 연구(研究)를 하는 학자에게는 이보다 더 곤혹(困惑)스러운 순간(瞬間)도 없을 것이다. 살아가다가 갑자기 궁금한 것이 생겨서 의뢰(依賴)를 하는 사람은 자신이 태어난 시간에 대해서 그리 중요한 것이 아닐 수도 있지만 그것을 해석하는 학자에게는 무척 큰 고민이 된다.

문제는 주어진 조건(條件)이 달라지면 풀이하는 해석이 달라지는데, 의뢰한 사람은 틀린 자료[생일]를 제공한 것에 대해서는 생각하지 못하고서 자신에게 맞지 않는 해석이라고 불평(不平)을 할 수도 있다는 것에 있다. 그래서 속을 모르는 학자는 끙끙대면서 고민을 하다가는 좌절(挫折)을 할 수도 있는 것이니 이렇게 되어서는 참으로 곤란한 문제이다.

나중에 알고 보니까 생일이 다르다거나 아침인줄로 알고 있었는데 사실은 저녁때였다고 하는 경우도 허다(許多)하다. 그러니 논리적(論理的)으로 四柱의 해석(解釋)에 접근(接近)하는 경우에 이러한 장면은 그야말로 의욕상실(意慾喪失)에 걸릴 수도 있을 만큼 중대(重大)한 문제이다.

그래서 경험이 많은 철학자(哲學者)는 四柱를 풀다가 뭔가 이상한 느낌이 들면, 바로 정확한 데이터를 제공받았는지를 확인하게 된다. '뭔가 이상하다'는 것은 예상(豫想)을 한 결과(結果)가 나타나지 않았을 경우이다. 그리고 이 과정에서 오류(誤謬)의 원인(原因)이 나타나게 되는 경우가 의외(意外)로 많다는 것을 경험(經驗)하게 된다. 그런데 초학자(初學者)는 이러한 것을 확인하는 것이 여간 곤란하지 않으니 이러한 것은 많은 경험의 축적(蓄積)으로 해결을 하는 수밖에 없다.

4) 오주십자(五柱十字)의 가능성(可能性)

'사주팔자(四柱八字)'만 이야기를 하니까 그것이 모두 다인줄로 생각하게 된다. 이것은 일반적(一般的)인 개념(概念)이기도 하다. 그런데 대만(臺灣)의 곽목량(郭木樑) 선생이 五柱의 가능성을 제시(提示)했다.

현재까지는 오주괘(五柱卦)의 형태로 점괘(占卦)를 풀이하는 용도(用度)로 사용하지만 앞으로는 선천적(先天的)인 운명(運命)을 연구(研究)하는 기본적(基本的)인 자료(資料)에 추가(追加)해야 할 것으로 생각하고 있으며 이미 나름대로 대입을 할 방법을 모색(摸索)하고 있는 낭월이다.

그런데 조선시대(朝鮮時代)에도 왕실(王室)에서 중요(重要)한 사람의 경우에는 五柱를 보았다는 흔적(痕迹)이 있었다는 어느 도반(道伴)의 정보제공(情報提供)이 있어서 살펴보고는 과연 그럴 수도 있겠다는 생각을 하게 되었다.

그런데 명칭(名稱)은 분명(分明)히 '五柱'인데, 四柱에 추가되는 마지막 한 柱의 내력(來歷)이 구체적(具體的)으로 기록되지 않아서 아쉬운 감이 많이 든다. 주석(註釋)을 보면, 年月日時의 네 기둥에다가 입태일(入胎日)의 干支를 합하여 五柱가 된 것이라는 설이 있는데, 이대로라고 한다면 分柱의 의미와는 전혀 다른 이름이라고 해야 할 것이다.

五柱의 分柱를 간단히 소개한다면, 한 時辰의 干支를 다시 열두 개로 나누는 방식을 대입하게 되는 것이다. 가령 時柱가 己巳인 사람이라고 할 경우를 놓고 생각해 보자. 己巳시가 나오기 위해서는 현재의 표준시로 09시 30분부터 11시 30분

사이에 태어난 사람이라는 것은 분명(分明)하다. 그러므로 9시 30분에 태어난 사람이나 11시 29분에 태어난 사람이 모두 같이 巳시가 되는 것이다. 이 간격(間隔)은 120분이 된다.

그리고 分柱는 그 120분을 12로 나누게 되는데, 09시 30분부터 40분까지는 子분이 되고, 50분까지는 丑분, 10시까지는 寅분, 10시 00분부터 10분까지는 卯분, 20분까지는 辰분, 30분까지는 巳분, 40분까지는 午분, 50분까지는 未분, 11시까지는 申분, 11시 00분부터 10분까지는 酉분, 20분까지는 戌분, 30분까지는 亥분이 된다.

여기에다가 分干을 만드는 방법은 甲己시의 경우에는 甲子부터 시작하여 대입하면 되므로 丑분은 乙丑이 되고, 寅분은 丙寅, 卯분은 丁卯, 辰분은 戊辰, 巳분은 己巳, 午분은 庚午, 未분은 辛未, 申분은 壬申, 酉분은 癸酉, 戌분은 甲戌, 亥분은 乙亥로 대입을 하면 된다.

만약 時柱가 辛巳일 경우에는 戊子, 己丑, 庚寅, 辛卯, 壬辰, 癸巳, 甲午, 乙未, 丙申, 丁酉, 戊戌, 己亥로 대입을 하면 되는데, 이러한 공식은 時柱를 적는 방식을 적용하면 되므로 참고하기 바란다.

이렇게 分柱까지 적어서 五柱를 만들게 된다면 해석하는 관점은 또 달라질 수가 있을 것이다. 그리고 쌍태아(雙胎兒)의 경우에도 이러한 방식으로 적용시켜서 같은 시간대에 태어났더라도 10분의 간격으로 인해서 달라지는 分柱를 확인할 수 있을 것이다.

2. 四柱를 작성하는 방법(方法)

1) 만세력(萬歲曆)

　태어난 연도(年度)의 干支를 이해하기 위해서는 만세력이 필요 없어도 가능하겠지만 월건(月建)과 일진(日辰)을 알기 위해서는 만세력이 없이 불가능하다. 그래서 필히 구비(具備)해야 할 책이 된다. 시중에서 구입할 수 있는 만세력은 대부분 약 150여 년간의 일진(日辰)을 표기해 놓은 책이다.

　책에 따라서 음력(陰曆)이나 양력(陽曆)을 기준으로 삼기도 하고, 요일(曜日)이 표기되거나 생략되기도 하며 일광절약제(日光節約制)인 서머타임에 대한 시기도 표시한 것이 있으니까 잘 살펴보면 그 차이를 알 수 있을 것이다. 그리고 간단한 방법으로는 출판일이 최근에 가까울수록 정확한 만세력이니 살펴보고 구입하면 되겠다.

　다만 이미 나와 있는 만세력(萬歲歷)이 수십 종인데 그 중에 어느 것이 가장 좋은 책이 될 것인지는 그야말로 각자의 인연에 맡기는 수밖에 없을 것이다. 다만 형편이 허락한다면 2~3권의 만세력을 갖추어 놓고서 비교를 하면서 四柱를 작성한다면 정확도가 더욱 높아질 것이니 이러한 것은 참고를 할 만하겠다.

2) 年柱

年柱를 작성(作成)하는 방법은 앞에 설명한 寅과 子의 항목(項目)에서도 언급(言及)을 한 부분이 있으니까 참고하여 이해하면 도움이 될 것이다. 이미 절기(節氣)의 의미가 중요(重要)하다는 것을 이해하였기 때문에 정리에 많은 도움이 될 것이다.

태어난 생일이 5월이나 10월과 같이 입춘(立春)에서 멀리 떨어진 경우에는 고민을 할 필요가 없다. 다만 양력 2월 초라고 한다면 바짝 긴장해야 한다. 특히 4일이나 5일일 경우에는 입춘 날이 문제가 아니라 입춘 시간에 대해서 신경을 집중해야 하는 것이다. 시간을 확인한 다음에 지나지 않았다면 전년도(前年度)의 干支를 사용하고, 지난 시간이라면 당년(當年)의 干支를 적으면 된다.

2011년 2월 4일에 태어난 사람을 기준으로 살펴보도록 한다면, 만세력에는 아마도 13시 32분이 입춘인 것으로 되어 있을 것이다. 여기에서 '아마도'라고 하는 것은 만세력마다 약간의 차이가 있을 수 있다는 것을 고려(考慮)한 것이다. 그리고 이것은 미리 계산한 추정치(推定値)라는 것을 알고 있어야 한다.

가장 정확한 시각은 보통 책력(冊曆)이라고 부르는 것으로 당년에 발행한 대한민력(大韓民曆)이다. 이것은 오차(誤差)를 수정(修整)하여 한국천문연구원에서 발표한 것을 바탕으로 만들었기 때문에 이 책력(冊曆)에 의거(依據)하여 절입시간을 살펴보면 된다. 오래 전에 출판된 만세력 일수록 절입시간의 오차가 많을 것은 당연하다고 하겠다. 특히 출판 이후의 연도에 대해서는 100% 정확한 만세력은 있을 수가 없으므로 참고하기 바란다.

여하튼 최대한 정확한 만세력에 의거하여 입춘시각을 확인한 다음에는 그대로 적으면 된다. 만세력의 오차로 인해서 틀린 年柱가 나오게 되면 어떻게 하느냐고 걱정을 할 수도 있겠지만 그것은 그 사람의 운명이려니 하는 것도 정신건강에는 도움이 될 것이다. 사실 운명의 감정(鑑定)에는 여러 가지의 상상(想像)을 초월(超越)한 요인(要因)들이 개입하기 때문에 아무리 완벽하게 한다고 해도 오류는 일어날 수가 있기 때문이다.

3) 月柱

年柱를 성공적으로 작성했다면 月柱는 그보다 쉽다고 보아도 되겠다. 다만 月柱의 기준은 12절기(節氣)가 들어오는 시각(時刻)이라는 것만 알아 두면 된다. 그러니까 입춘(立春)은 年柱의 기준도 되면서 동시에 月柱의 기준도 된다고 하는 것을 알 수 있겠다. 만약에 절기가 바뀌는 날에 태어난 사람이라고 한다면 입춘의 경우와 마찬가지로 시각(時刻)을 확인해서 지났으면 다음 월건(月建)을 표기(表記)하고 지나지 않았으면 지난 달의 월건을 표기하면 되는 것이다.

예를 들어 2011년 양력 4월 5일에 태어났다고 한다면 이 날은 청명(淸明)에 해당하고 청명의 시각은 12시 12분이다. 그러므로 생일의 시간이 낮 12시 이전이라고 한다면 월건은 辛卯가 되고, 12시 12분 이후라고 한다면 壬辰이 되는 것이다. 그렇다면 '12시 12분에 태어난 사람은 어떻게 하느냐?'고 묻고 싶은 독자도 있을 것이다. 그러한 경우에는 그냥 壬辰월로 대입하면 된다.

여기에서 표준시(標準時)와 자연시(自然時)의 사이에서 머리가 아프셨던 독자들은 아무리 복잡해도 '시시콜콜 명리학시리즈'답게 풀이를 하고 넘어가야 하지 않겠는가?

매월(每月)의 절기가 들어오는 시각은 지구(地球)에 동시(同時)로 발생(發生)하게 된다. 그것은 자전(自轉)에 의해서 바뀌는 일출(日出) 시간과는 엄연히 다른 문제이다. 그러니까 하루는 자전(自轉)에 의해서 생겨나게 되고, 한 해는 공전(公轉)에 의해서 생겨나게 된 것이므로 이것들의 관계를 잘 정리하고 넘어가야 하는 셈이다.

지구에 동시로 들어오는 시각(時刻)이라면 한국과 중국에도 동시에 들어올 것이다. 그러니까 현재의 표준시(標準時)로 본다면 중국은 한국보다 1시간이 늦으므로 한국에서 12시 12분에 청명(淸明)이 들어왔다면 중국의 북경(北京)에서는 11시 12분에 들어오게 되는 것이다. 그리고 일본의 동경

(東京)은 표준시가 같으므로 청명 시간도 같다.

실제로 자연시(自然時)에서 청명이 들어오는 시각은 11시 42분이 된다. 만세력에 따라서 절입 시간이 표준시를 기준으로 표기된 경우도 있고, 자연 시간을 기준으로 표기된 경우도 있으니 매년 출간되는 절기력을 참고하기 바란다.

그렇다면 표준시와 자연시의 거래(去來)도 다시 마무리를 해야 할 것 같다. 아직도 계산을 할 것이 남았단 말인가? 그렇다. 여하튼 한국에서 명리학(命理學)을 공부하는 학자(學者)는 머리에 이끼가 낄 사이가 없는 것은 확실하다. 이렇게 생각을 할 것이 많으니까 말이다.

만세력에 표시된 청명의 시각이 일본 동경에서 12시 12분이므로 한국에서의 청명이 들어오는 자연시(自然時)는 11시 42분이다. 그리고 표준시(標準時)로는 다시 30분을 늦춰야 하므로 12시 12분에 절기가 청명으로 바뀌는 것이다.

엥?! 그러면 뭐냐? 결국 같다는 말이냐? 그렇다. 어찌어찌해서 계산을 마치고 나서 바라보면 만세력에 표기된 것과 같은 시간이 되어버리는 묘한 계산서가 나오게 된다. 과정이야 어떻든 간에 이것이 최종적(最終的)인 결론(結論)이다. 다만 그 사이에서 뒤섞여버린 자연시와 표준시의 의미만 혼동하지 말라는 당부를 하고 넘어간다.

4) 日柱

사람이 태어난 날짜가 日柱로 환산(換算)된다. 그래서 생일날이 틀리게 되면 日柱도 당연히 달라지는 결과가 나오는 것이다. 그래서 정확한 생일을 확인하고 만세력을 펼쳐야 하는 것인 매우 중요한 절차이기도 하다. 여하튼 생일이 나왔다고 하면 그 기준은 子시가 된다는 것을 알고 시작하면 되겠다. 그런데 子시라고 하는 말이 나오게 되면 또 머리가 지끈거리는 독자도 있을 것이지만 여기에서 분명(分明)하게 해결을 보고 넘어가면 될 것이다.

(1) 야자시(夜子時)와 조자시(朝子時)

명리학자(命理學者)들 간에서도 찬반(贊反)으로 엇갈리는 부분이다. 그 이유는 子시를 중심(中心)으로 해서 23시 30분 쪽으로는 야자시(夜子時)라고 하여 날짜가 변경이 되지 않고, 01시 30분 쪽으로는 조자시(朝子時)라고 하여 날짜가 변경이 되는 것을 말한다.

문제는 야자시인 23시 30분부터 날짜가 바뀌어야 한다는 것과 자정(子正)인 0시 30분부터 날짜가 바뀌어야 한다는 것에 있다. 일반적(一般的)으로는 자정(子正)을 기점(起點)으로 새로운 날이 시작되는 0시라고 하는 것이므로 이것에는 문제가 없다. 다만 명리학자의 견해로 봐서 子는 시작(始作)이므로 23시 30분부터 날짜가 바뀌어야 한다는 것으로 생각할 수도 있다는 점이다.

여기에 비중(比重)을 두고 있는 이유(理由)는 바로 날짜가 바뀌게 되면 그 사람의 주체(主體)를 의미하는 日干이 달라지고, 그로 인해서 四柱의 전체적(全體的)인 판도(版圖)가 달라질 수도 있기 때문에 논란(論難)이 발생(發生)하게 되는 것이다.

낭월도 이 부분에 대해서 무심(無心)할 수가 없는지라 궁리도 해보고 임상(臨床)을 통한 대입도 해보면서 올바른 답을 얻기 위해서 노력도 했지만 실로 규명(糾明)을 한다는 것은 참으로 쉽지 않았다. 보는 관점에 따라서 다른 판단이 나오게 되는 까닭이다.

그래서 지금은 자정(子正)을 기점(起點)으로 삼고 대입하고 있는데, 여기에 대해서 나름대로 기준(基準)은 있다. 물론 학자들 사이에서도 이론(異論)이 있으므로 누가 옳다고 단정(斷定)을 할 수는 없지만 이것도 하나의 견해(見解)라고 생각한다면 더 이상 시끄럽게 생각을 할 필요가 없이 그냥 어느 쪽이든 '자기 생각에 타당하다.' 싶은 것을 사용하면 된다는 결론(結論)이다.

(2) 조자시(朝子時)

2011년의 시간으로 00시 30분이 자연시(自然時)에서는 자정(子正)인 00시가 된다. 그러므로 의뢰자가 이야기를 해 주는 시간대가 새벽 00시 30분이라고 하면 당일(當日)의 干支를 표시(表示)하면 되고, 00시 20분이라고 하면 전일(前日)의 干支를 표시하면 되니까 간단하게 해결이 된다. 그런데 과연 간단할까? 그렇다. 더 이상 복잡할 것이 없지 않은가? 이 부분이 복잡하다고 생각되는 것은 야자시(夜子時)로 인해서일 것이니 다음의 항목에서 잘 정리를 하면 된다.

(3) 야자시(夜子時)

앞의 子水에 대한 항목에서도 언급을 했으므로 대략은 알고 있을 것이지만 다시 설명한다. 어떤 사람이 2011년 양력 11월 11일 00시 10분에 태어났다고 전제(前提)를 하자. 그렇게 되면 그 사람은 아직 다음 날이 되지 않았기 때문에 실제로는 11월 10일에 태어난 셈이 된다. 그래서 干支는 己巳일로 표시하면 틀림없다. 이것을 야자시에 태어난 것이라고 하면 되는데, '야자시(夜子時)'라는 말은 '10일 저녁의 子時'라고 하는 의미가 되는 것이다.

그런데 설명을 봐서는 하나도 복잡하지 않은데 무엇이 문제일까? 그것은 아마도 時柱의 干支가 혼란스러울 수가 있는 까닭일 것이다. 10일의 야자시(夜子時)는 丙子가 된다. 그리고 11일의 조자시(朝子時)도 丙子이다. 그렇다면 같은 丙子시라는 이야기인가? 그렇다. 같은 丙子시이다. 다만 日柱가 다르다. 10일은 己巳이고 11일은 庚午이다. 그래서 子시는 전후(前後)에 따라서 己巳일도 되고 庚午일도 되는 것이다. 이것만 정확히 알고 있으면 문제는 해결(解決)이 된다. 어려울 것이 하나도 없는 것이다.

문제는 암기법(暗記法)에 의해서 己巳일의 子시는 甲子시라고 하는 공식을 여기에다가 적용시켜버리는 것에서 일어나게 된다. 같은 甲己일이라도 새벽에는 甲子가 되지만 저녁에는 丙子가 된다는 것을 혼동한 것에서 일어나는 오류인 것이다. 이제 무엇이 문제인지 명확하게 이해가 되었을 것이다. 아직도 뭔가 헛갈린다면 반복(反覆)해서 10회 정독(精讀)하라는 숙제(宿題)를 남긴다.

(4) 동지(冬至)에서 찾은 유형(類型)

子는 일에서도 작용(作用)하지만, 월에서도 작용한다. 그리고 어디에서 더 비중이 있을까? 당연히 月支에서의 비중이 더 크다. 왜냐하면 地支는 계절에서 그 의미가 가장 크게 작용하기 때문이다. 그래서 월에 있는 子를 관찰하면 뭔가 힌트가 나오지 않을까 싶었다.

앞에서 동지(冬至)가 한 해의 시작(始作)이 된다는 설명을 했다. 물론 여기에 대해서 합의(合意)를 했을 것으로 믿고 이야기를 풀어갈 참이다. 동지는 子월에 포함(包含)되어 있다. 그리고 子월은 두 개의 절기(節氣)로 이루어져 있다는 것도 알 수 있다.

子월의 시작에는 대설(大雪)이 있다. 처음에는 대설이고, 그로부터 15일이 지나면 동지(冬至)가 된다. 그리고 해가 가장 짧아지는 것도 동지이고 그때부터 해가 길어지는 것도 동지이다. 만약에 대설(大雪)이 한 해의 시작이라고 한다면 아직 해가 덜 짧아진 상태에서 새해를 맞이해야 한다.

그렇지만 태양의 길이를 알고 있다면 이 이야기에는 동의(同意)를 하지 못할 것이다. 너무나 당연하게 동지가 시작이라는 것을 알고 있기 때문이다. 이렇게 꼼짝을 하지 못할 논거(論據)가 마련되고 나면, 여기에서부터 이야기는 필자(筆者)의 의도(意圖)대로 진행(進行)이 될 전망(前望)이다.

문제는 동지(冬至)에 해당하는 것을 子시에서 찾으면 된다. 비슷한 것이나 같은 유형(類型)을 찾아서 대입(代入)하는 것이다. 그렇게 하면 무엇에 해당하는지를 알 수가 있는 것이고, 그러면 어떤 해답(解答)이 나올 것인지도 판단(判

斷)을 할 수가 있는 것이다.

　동지를 기준으로 이전(以前)의 대설(大雪) 쪽으로 가면 야자시(夜子時)가 되고, 전년(前年)에 해당하는 셈이며, 이후(以後)의 소한(小寒) 쪽으로 가게 되면 조자시(朝子時)와 같이 되고, 신년(新年)이 되는 것과 같은 공식이 나오게 된다는 이야기를 하고 싶은 것이다.

　낭월의 관점(觀點)으로는 조자시와 야자시의 관계를 여기에서 찾은 것으로 보고 자정(子正)을 날짜의 기준점으로 삼고 있는 것이다. 다만 누가 옳은 것인지에 대해서는 단언(斷言)을 하기 어렵다. 문제는 그 시간대에 태어난 사람들을 놓고 대입을 해봐도 명료(明瞭)하게 구분이 되기가 어려운 까닭이다.

　그래서 이나저나 어려운 것이라면 이론적으로라도 타당한 쪽으로 방향을 잡아서 다음에 보다 분명한 해답을 보게 될 때까지는 그대로 진행을 하는 것이 속이라도 편안할 것이라는 것으로 결론(結論)을 내린다. 벗님은 어떻게 할 것인가? 우선은 낭월의 제안(提案)을 수용(受容)하는 것도 좋을 것으로 생각이 되지만 그 점은 알아서 하라는 여운(餘韻)을 남긴다.

　그렇게 하는 것은 혹시라도 낭월의 강경(强硬)한 어투(語套)로 인해서 벗님이 사유(四維)하고 판단(判斷)할 여지(餘地)를 없애버리게 되지는 않을까 싶은 노파심(老婆心)에서이다. 나름대로는 이미 판단이 되었지만 그럼에도 여운을 남겨 놓음으로 해서 스스로 생각을 해볼 기회(機會)를 갖도록 한다고 해서 더 나쁠 이유는 없을 것이기 때문이다.

　子水를 설명하면서 그 특수성(特殊性)으로 인해서 연관(聯

關)이 된 내용들에 대해서도 언급(言及)을 하느라고 지면(紙面)이 많이 소모(消耗)되었다. 그렇지만 모두가 중요하고 알아둬야 할 내용들이기에 어느 것을 뺄 수도 없는 상황이니 모쪼록 잘 이해를 하기만 바랄 뿐이다.

5) 時柱

태어난 시각(時刻)을 干支로 바꾼 것이 時柱이다. 이렇게 기본형(基本形)은 참으로 간단한데 말이다. 구체적(具體的)으로 들어가게 되면 또 자연시(自然時)와 표준시(標準時)가 충돌(衝突)이 되는 것을 피할 길이 없다. 더구나 과거(過去)의 시간대(時間帶)까지도 알고 있어야 한다는 것은 참으로 피곤(疲困)한 일이기도 하다. 그렇지만 귀찮다고 해서 외면(外面)을 할 수도 없는 일이니 정면(正面)으로 돌파(突破)를 하는 것이 가장 현명(賢明)한 해결책(解決策)이다.

(1) 표준시의 변경년도(變更年度)

한국의 역법은 몇 번의 갈팡질팡이 있었다. 그 사이에 태어난 사람은 당연히 그 당시에 시행(施行)했던 기준(基準)으로 시간이 표기(表記)가 되었을 것이다. 따라서 우리는 자연시(自然時)에 맞춰서 時柱를 표기해야 하므로 숙제가 참으로 많이도 주어진 셈이다. 그렇지만 이제부터는 완전히 손아귀에 움켜쥐도록 하고 다시는 이 문제로 속을 썩지 않으면 될 것이다.

(2) 동경(東經) 127도 기준(基準)

　동경(東經)과 동경(東京)은 다르다. 동경(東經)은 경도(經度)를 말하는 것이고, 동경(東京)은 일본의 도쿄를 말하는 것이기 때문이다. 소리가 같다고 해서 뜻도 같다고 생각할까봐 괜히 걱정스러워서 언급하고 있는 좁쌀영감 낭월이다. 그럼에도 불구하고 만에 하나라도 잘 몰랐다면 이번 기회에 확실하게 알아 두면 될 것이다.

　한국의 서울은 동경(東經) 127도 30분인데, 30분은 생략하고 설명한다. 이것은 영국의 그리니치 천문대를 기준으로 동쪽으로 127도에 한국의 서울이 있다는 의미이다. 이것을 측정하는 기구는 GPS이다. 그리고 요즘은 차량의 내비게이션에서도 잘 표시가 되므로 시험 삼아 확인해 보면 된다. 경도(經度)는 지구의 표면을 15도 간격으로 나누어서 1시간씩 배정하여 한 바퀴를 도는데 24시간이 되도록 만든 것이다.

　그리니치에서 00시일 경우에 한국의 시간대는 +8시 30분이다. 이것은 국제적(國際的)인 관례(慣例)에서 약간 벗어나 있는 것이 문제이다. 그래서 어느 쪽이든 가까운 곳의 정시(正時)를 사용하는 것이 일반적(一般的)이므로 우리도 부득이하게 동경(東京)의 시간대(時間帶)를 사용하게 되었다는 말도 있다. 그러니까 국제질서는 무시해버리고 우리 편한대로 한다면 동경 127도를 표준시로 정하면 되는 것이다.

　우리나라에서도 한때는 서울 시각을 사용했던 적이 있었다. 1908년 4월 29일부터 1912년 1월 1일까지였고, 다시 시도를 한 것은 1954년 3월 21일부터 1961년 8월 9일까지의 두 차례이다. 특히 54년부터 61년 사이에 태어난 사람들은 자연시를 사용하였으므로 30분을 붙이면 안된다는 것도 알아 두도록 한다.

(3) 동경(東經) 135도 기준(基準)

이런저런 이유로 해서 일본 동경(東京)의 시간대를 사용하게 되었으니 명리학자는 시계에서 약 30분을 더해야 하는 번거로움은 피할 수가 없게 되었다. 왜냐하면 시계가 09시라고 하는 것은 실제로 자연시간에서는 08시 30분경이기 때문이다. 그래서 巳시는 09시 30분부터 11시 30분까지라고 하는 공식(公式)이 생기게 된 것이고, 이것은 1961년 8월 10일 00시에 태어난 사람부터 지금까지 그대로 유지되고 있다는 것을 알아 두면 되겠다.

(4) 일광절약제(日光節約制)

또 하나의 고민을 해야 하는 것은 이른바 하절기(夏節期) 일광절약제(日光節約制)라고 하는 서머타임(summer time)에 대한 처리 문제이다. 이것도 간간히 시행을 하는 바람에 조심하지 않으면 時柱를 작성(作成)하는데 오류(誤謬)를 일으킬 수도 있다는 점을 생각해야 하겠다. 시행했던 연도만 표기하면, 1948, 1949, 1950, 1951, 1955, 1956, 1957, 1958, 1959, 1960이고, 88올림픽 때문에 한시적으로 시행했던 1987, 1988년이다.

여기에 대한 시행과 종료의 일정은 일일이 언급하지 않을 것이므로 만세력을 구입할 적에 이러한 것이 모두 표기가 된 책으로 구입하는 것이 상책(上策)이라는 귀띔을 해드릴 참이다. 이러한 것들로 인해서 時柱에 오차가 생길 수가 있으므로 주의해야 한다는 것만 알아 두더라도 나중에 문제가 생기면 바로잡을 힌트는 될 것이기 때문이다.

(5) 지역적(地域的)인 시간차(時間差)

우리나라는 동서(東西)의 폭이 넓지 않아서 큰 차이는 나지 않는다. 대략 10분 이내라고 보면 될 것이다. 이것을 동경(東經) 135도 기준으로 대입하게 된다면 129도에 있는 부산은 자연시로 환원(還元)할 시간을 30분으로 계산을 할 것이 아니라 24분으로 계산을 해야 하고, 126도 23분에 있는 목포는 35분 정도이기 때문에 09시 30분에 태어났다면 엄격히 말해서는 아직도 辰시라고 해야 한다는 것이다.

그래서 대략 우리나라의 시간차는 약 10분 정도에 불과하므로 큰 문제는 없겠지만 미국이나 중국의 경우에는 이러한 것도 대단히 복잡하므로 오히려 작은 나라에서 태어난 것이 다행이라고 생각할 수도 있을 것 같다. 좋은 만세력은 이러한 것도 표기되어 있으므로 살펴보면 눈에 들어올 것이다.

時柱를 생각할 경우에 대략 이상과 같은 부분을 알고 있다가, 간단하게 적용을 할 것인지 정밀하게 대입을 할 것인지는 각자 알아서 판단해야 할 것이다. 참고로 낭월은 대략 09시 20분이 넘어가면 새로운 時柱로 대입하는 편법을 사용하는데 이것은 새로운 파도가 밀려오는 힘이 더 강하다는 논리로 인해서이다. 그리고 이러한 것에 대해서까지 절대적인 공식이라고 할 수는 없으므로 각자 경험에 의해서 판단하면 된다는 말로 정리를 하면 될 것이다.

(6) 체감시간 환산법

시계를 의지해서 잡은 시간이 정확한 것은 사실이지만 현실적으로는 반드시 그대로만 되는 것도 아니라는 점이 또 문제이다. 왜냐하면 보통은 시간을 말해 주지만 실제로 상담실에서 사주를 받아보면 상상도 못한 시간대가 등장을 하게 되니 오히려 듣는 사람이 당황스럽다. 그래서 간단하게나마 여기에 대해서 정리를 하면 나머지도 미뤄서 짐작을 할 수가 있으리라고 생각된다.

우선 '밥을 먹을 때'가 있다. 이러한 경우에는 계절을 봐야 한다. 아침을 먹을 때라고 하면 하절기에는 卯시라고 보고 동절기에는 辰시로 대입을 하면 대체로 크게 벗어나지 않는다. 점심을 먹을 때는 대체로 午시로 보면 되고 오전 새참때라고 한다면 이번에는 巳시로 보면 된다. 오후의 새참때는 申시가 되고 저녁을 먹을 때가 되었을 적에는 동절기에는 酉시로 놓고 대입하고 하절기에는 戌시로 대입하여 판단하면 된다. 그렇게 해보고서 뭔가 맞지 않으면 다시 酉시로 보면 되므로 미리부터 걱정을 할 필요는 없는 것이다.

가장 큰 문제는 '자다가 낳은 것'이다. 이때에는 일단 다음날로 대입하게 될 가능성이 가장 높다. 그래서 통계로 본다면 다음날의 子시를 기준으로 대입하게 된다. 만약에 일주(日主)의 성격을 분석하여 부합되지 않으면 비로소 전날의 야자시에 맞추어서 대입을 하면 크게 벗어나지 않는다. 이와 같이 방법으로 時柱에 대해서 궁리를 해보기 바란다.

3. 대운(大運)의 작성(作成)

 四柱를 제대로 표기(表記)하려면 여덟 글자와 대운(大運)까지 적을 줄 알아야 하는 것이다. 대운(大運)이라는 것은 10년 주기로 干支가 바뀌어가면서 삶의 길흉(吉凶)을 나타내는 글자이므로 이것을 바탕으로 삼아서 일의 진퇴(進退)와 성패(成敗)를 가늠하게 되는 기준(基準)이 되는 것이다. 물론 중요(重要)한 것으로 논한다면 대운보다도 매년의 干支인 세운(歲運)이 더 중요하지만 그래도 대운의 원리는 알고 있어야 하겠다.

1) 대운(大運)은 月柱 기준(基準)

 대운의 干支를 나타낼 적에는 月柱를 기준으로 삼아서 적게 되어 있다. 가령 四柱의 月柱가 庚申이라고 할 때, 순행(順行)을 하는 경우에 대운의 干支는 辛酉, 壬戌, 癸亥, 甲子, 乙

丑, 丙寅, 丁卯……의 순서로 표시된다. 반대로 역행(逆行)이라고 하는 경우에는 대운의 干支는 己未, 戊午, 丁巳, 丙辰, 乙卯, 甲寅……의 순서로 표시가 되는 것이다.

2) 대운(大運)의 순행(順行)

 순행(順行)이란 甲子 다음에 乙丑이 오는 것을 말하고, 역행(逆行)이라는 것은 甲子 다음에 癸亥가 오는 것을 말한다. 이렇게 대입하는 기준은 남녀(男女)에 따라서 달라지는데, 年干의 글자를 우선 확인해야 한다. 年干이 甲丙戊庚壬에 해당하는 해에 태어난 사람은 陽이고, 乙丁己辛癸의 해에 태어나게 되면 陰이 된다.
 陽의 해에 태어난 사람이 남자라면 양남(陽男)이라고 칭하고 여성이라면 양녀(陽女)라고 한다. 또 陰의 해에 태어난 사람이 남자라면 음남(陰男)이라고 하고, 여성이라면 음녀(陰女)라고 부르게 되어 있다. 그래 놓고서 양남(陽男)과 음녀(陰女)는 순행(順行)을 하는 공식으로 대입을 하게 되는 것이다.

3) 대운(大運)의 역행(逆行)

 음남(陰男)과 양녀(陽女)는 대운(大運)의 순서(順序)도 역행(逆行)을 하게 되어 있다. 그 이유는 남자가 陰年에 태어났고, 여성은 陽年에 태어나 자연의 이치를 위반했기 때문이라고 한다. 이 법은 자평명리학(子平命理學)의 초기(初期)부터 그렇게 적용을 시켜왔기 때문에 아직까지도 그대로 지켜지고 있다고 보면 될 것이다.

4) 신대운(新大運)

낭월도 고인(古人)의 가르침에 충실(充實)하고자 하여 年干의 글자에 따라서 순역(順逆)으로 대운을 적용(適用)시켜서 임상(臨床)을 해왔다. 그러다가 언제부턴가 그 공식(公式)에 대해서 회의심(懷疑心)이 들기 시작했다. 첫째는 年干이 그렇게 중요하냐는 것이고, 둘째는 임상하는 과정에서 뭔가 남의 다리를 긁고 있다는 느낌이 들었기 때문이다.

그래서 이런저런 궁리를 하다가 남녀를 모두 日干을 위주(爲主)로 하여 대입하면 어떻게 될 것인지를 생각하게 되었고, 얼마 전부터는 이 방식을 적용시키고 있는데 나름대로 재미가 있다는 생각이 들어서 가만히 소개를 한다. 다만 고법에서는 벗어나는 것이기 때문에 조심스러운 것도 사실이다. 그러니까 대운이 잘 맞지 않는다는 생각이 들게 될 경우에 참고만 하라는 말씀을 남긴다.

이 방법으로 적용하는 것을 '신대운(新大運)'이라고 했다. 방법은 간단하다. 年干의 글자는 볼 필요가 없고 日干을 봐서 陽干이면 순행(順行)하고 陰干이면 역행(逆行)하면 된다. 이렇게 적용을 시키게 되면 절반은 운이 바뀌게 되는 통계(統

計)가 나올 것이다.

 그러니까 年干을 기준해서 양남(陽男)이 陽日干인 경우와 음녀(陰女)가 陽日干인 경우에는 운의 흐름이 동일(同一)하므로 아무런 문제가 없다. 또 음남(陰男)이 陰日干인 경우와 양녀(陽女)가 陰日干인 경우에도 마찬가지로 같은 흐름을 타게 되므로 변화가 없는 구조이니 어느 방법을 사용하더라도 같은 대운의 흐름을 타게 되는 것이다. 대운의 흐름이 바뀌게 되는 경우는 양남(陽男)이 陰日干이거나, 음녀(陰女)가 陰日干인 경우이다.

 실은 이러한 생각을 했던 것이 어제 오늘의 일은 아니다. 이미 2006년도에 쓴 인터넷 낭월명리학당의 '낭월한담'의 게시판에서 '제336화 대운의 미스터리'에서 언급을 했지만 그로부터 5년이 지난 지금에서야 공식적으로 책을 통해서 언급을 하는 것은 이렇게 신대운(新大運)으로 대입하는 것도 참작을 할 만하다는 생각이 들었기 때문이다.

 그런데 가끔은 日干을 기준으로 하면서도 年干에서의 양남음녀는 순행하고 음남양녀는 역행하는 이치를 살려야 할 것인지에 대해서도 임상하고 있는데 아직 확실하게 단언을 할 단계는 아니어서 일단 보류하고 있다. 연구심이 왕성한 독자는 이러한 것도 참고해서 적용시켜 보기 바란다. 지금은 양일간은 남녀모두 순행으로 대입해 보는데 이것도 양남은 순행하고 양녀는 역행하는 방식을 적용해 볼 수도 있겠다는 생각이다.

 혹, 해당하는 사람의 四柱를 놓고서 간단하게 대입해 보면 바로 확인을 할 수가 있는 것이 아니냐는 생각이 될 수도 있겠지만 사실 인생의 여정이라는 것이 그렇게 간단하게 흑백으로 구분이 되는 것도 아니어서 조심스러운 것이다. 그러니까 왕성한 연구심(研究心)과 의심정신(疑心精神)으로 뭉쳐진 독자에게 이러한 힌트를 제공하고 많은 사례를 접하면서 종합적으로 타당성이 높은 방향으로 찾아보자는 의견도 된다. 이렇게 하는 과정에서 또 뭔가 가려진 비밀이 하나 벗겨질 수도 있을 것이기 때문이다.

5) 대운(大運)의 숫자

 대운(大運)이 나오고 나면 필연적(必然的)으로 대운수(大運數)가 붙게 되어 있다. 그 숫자는 1부터 10까지이다. 경우에 따라서는 1이 채 되지 않아서 0.2로 표시를 해야 할 경우도 있겠지만 간편하게 1로 표시하는 것이다. 이것은 역운(逆運)과 순운(順運)에 따라서 계산법(計算法)이 달라진다.
 순운(順運)의 경우에는 다음에 오는 절기(節氣)의 시각(時刻)까지 날짜의 수를 세어서 3으로 나누어서 그 값으로 숫자를 삼게 되는 것이다. 가령 양남음녀(陽男陰女)에 해당하는 사람이 다음 절기일까지 6일이 남았다고 하면, 이것을 3으로 나누면 2가 되는데 이것을 대운수에 붙여서 2대운이라고 하게 되는 것이다. 이렇게 되면 그 사람은 두 살부터 운이 바뀌는 것으로 대입이 된다.
 또 역운(逆運)에 해당하는 경우를 예로 든다면, 음남양녀(陰男陽女)의 경우에 절기(節氣)로부터 10일이 지난 다음에 태어났을 경우에는 3으로 나누면 3과 나머지 1이 되는데, 이 경우에도 3대운이라고 기록하게 된다. 그리고 나머지에 대한 처리는 계산의 편리성을 위해서 일사이입(一捨二入)의 방법을 사용한다. 즉 1이 남으면 버리고, 2가 남으면 대운수에 보태는 것이다. 즉 11일이라고 한다면 나머지가 2가 되므로 12일 만에 태어난 것과 같은 방식으로 계산을 하게 되는 것이다.

만약에 정확하게 계산하기를 좋아하는 경우라고 한다면 1일은 4개월이 되므로 생일로부터 3살 4개월이 되면 대운이 바뀌는 것으로 대입을 할 수도 있다. 그리고 2가 남으면 8개월이 되고 3은 12개월 즉 1년이 되는 것이다. 그러니까 대운의 숫자를 대입하는 기준은 생일이 되는 것이고 이것을 우리는 만(滿) 나이라고 말한다. 그 이유는 四柱의 출발점이 태어난 이후부터이므로 뱃속에서 보낸 시간은 계산을 해주지 않기 때문이다.

6) 만세력(萬歲曆)의 절입일(節入日)

편리하게 만세력을 이용하면 숫자에 대한 고민은 하지 않아도 된다. 그런데 절기가 바뀌는 날에 태어난 사람을 보려고 하면 대운을 표시하는 공간이 휑하니 비어있어서 좀 당황스러울 수가 있다. 이러한 날의 경우에는 절입(節入)의 시간(時間)에 따라서 숫자가 달라질 수가 있기 때문에 표기를 하지 못한 것이므로 그 이치만 알고 있으면 간단하게 해결이 된다.

가령 청명(淸明)이 14시 00분이라고 가정할 경우에 오전에 태어난 사람은 아직 절기가 들어오지 않았기 때문에 月柱는 卯월이 될 것이고, 16시에 태어난 사람은 절기가 들어왔기 때문에 청명이 그대로 적용되어서 辰월이 되는 것이다.

그러니까 아직 청명이 들어오지 않은 시각이라고 하면 전날[혹은 앞 칸]의 숫자를 적용시키면 되고, 청명이 들어온 경우라고 하면 이번에는 다음날[혹은 뒷 칸]의 숫자를 적용시키면 되므로 매우 간단하다. 물론 가지고 있는 만세력에 대운수(大運數)가 나오지 않은 것이라고 한다면 날짜를 세어서 나누기 3을 하면 되는 것이다.

7) 신대운(新大運)의 대운 변경

신대운(新大運)으로 대입을 해보고 싶은 경우라고 한다면 대운수에 대해서도 약간 고려를 해야 할 부분이 있다. 즉 신대운으로 대입을 해보려고 하니까 기존의 대운이 바뀌게 된다면 대운수도 함께 바뀌게 된다는 것을 알고 있으면 되는 것이다. 잘 만들어진 만세력에서는 대운수(大運數)도 그대로 표시가 되어 있으므로 남자의 경우에 대운의 순역(順逆)이 바뀌게 되면 대운수도 반대로 여성의 대운수를 사용하면 되고, 여성의 경우에도 순역이 바뀐다면 대운수도 반대로 남자의 숫자를 사용하면 된다.

4. 세운(歲運)

 四柱에 대한 임상이 쌓여가면서 점점 세운(歲運)에 대한 비중이 커진다는 것을 느끼게 된다. 세운이라는 것은 매년(每年)의 干支를 四柱에 대입하게 될 경우에 세운(歲運)이라는 명칭(名稱)을 부여하게 된다. 그러니까 2011년은 辛卯년이고 이것을 四柱에 대입하게 되면 세운(歲運)이 辛卯라고 보는 것이다.

 세운에는 특별한 법이 없다. 그냥 해가 바뀌면 바로 작용을 하는 것으로 생각하고 四柱에 대입하여 길흉(吉凶)을 판단하면 되는 것이다. 물론 해가 바뀐다는 것은 입춘(立春)을 기준으로 삼는다는 것은 당연한 공식이라는 점은 더 말을 하지 않아도 될 것이다.

 지금의 독자 수준으로는 대운이나 세운의 길흉을 대입하기에는 무리가 따른다. 그래서 그것을 해석하기 위해서라기 보다는 공식을 알아둔다는 마음으로 이해하고 있으면 된다. 그러니까 언젠가는 사용할 것이므로 잠시 짬이 날 적에 공식이라도 외워둔다는 정도의 생각이면 될 것이다.

사실 이러한 활용은 용신(用神)의 원리(原理)를 배우고 난 다음에서야 비로소 가능할 것이다. 혹시라도 눈치가 빠르다면 五行의 비율 정도를 살펴서 길흉을 짐작해 볼 수는 있지만 그것도 정확한 것은 아니므로 무리할 필요는 없다고 본다.

아직은 서두르지 않아도 배워야할 것은 산처럼 쌓여 있으니까 차근차근 전진하는 노력과 열정(熱情)만 잃지 않고 있다면 반드시 四柱를 풀이해서 멋진 해석(解釋)과 조언(助言)을 할 수가 있는 실력은 저절로 얻어질 것이기 때문이다. 항상 강조하는 것이지만 天干과 地支를 궁리해서 힘을 얻어 놓아야만 나중에 더 높은 수준으로 올라가더라도 흔들리지 않고 전진(前進)을 할 수가 있다.

세운의 기준은 입춘(立春)이지만 이것도 심리적으로 생각을 해보면 동지(冬至)부터 적용시켜야 하지 않을까 싶은 생각을 해보기도 한다. 사람의 마음이 동지가 되면 새로운 각오와 계획을 세우는 경우가 참 많아서이다. 그래서 세운도 이렇게 대입하는 것이 더 재미있겠다는 생각을 하게 되는데, 심리적으로는 분명히 동지부터 신년(新年)의 기운을 받고 있는 것 같다.

그러니까 심리적인 새해는 동지이지만 현실적인 새해는 입춘이다. 즉 계획과 구상은 동지부터 하게 되지만 그러한 것들이 실제로 구현(具顯)되는 것은 날이 풀리기 시작하면서 가능하다고 보면 충분히 납득이 될 것이다.

5. 天干의 관계(關係)

 地支를 설명하는 자리에 웬 天干이 등장하는가 싶을 수도 있겠다. 앞에서도 간간히 干合에 대한 이야기가 언급이 되었는데 아마도 미리 이해를 하지 못한 독자의 경우에는 그것이 무슨 뜻인지에 대해서 궁금할 수도 있을 것이다. 구체적인 내용은《干支》편에서 다시 만나게 될 것이므로 기본적인 형태만 알아 두면 되겠다. 이것을 지금 외워 놓는다면 다음에 상황을 유추(類推)하는데 많은 도움이 될 것으로 본다.
 특히 年柱에서 月柱의 干支를 찾아내거나, 日柱에서 時柱의 干支를 찾아내는 것이 더욱 중요하므로 사주작성법(四柱作成法)의 연장선상(延長線上)에서도 반드시 필요하다고 생각이 된다. 이것만 잘 알아 두더라도 도표를 두 개는 없앨 수가 있을 것이다. 四柱를 적으면서 도표를 늘어 벌여 놓고서 뒤적거리면서 찾아다니는 것은 멋진 모습으로 보이기는 어려울 것이기 때문이다.

1) 干合

干合은 일명 五合이라고도 한다. 合의 종류가 다섯 개라는 뜻이다. 이것은 기본적인 구조를 이해하게 되면 여러 가지로 편리한 점이 있으므로 잘 익혀 놓기를 권한다.

(1) 甲己合

天干에서 甲木과 己土가 서로 만나게 되면 서로 合을 하게 되는데 이것을 甲己合이라고 한다. 合은 유정(有情)하여 서로 끌어당기는 것으로 이해를 하면 된다. 甲木은 己土를 필요로 하고 己土는 甲木을 필요로 하게 되어서 서로 끌어당기게 되므로 그 사이에서 정(情)이 생기게 된다.

(2) 乙庚合

天干에서 乙木과 庚金이 서로 만나게 되면 필요로 하는 것이 있어서 자신들도 모르게 끌어당기게 되니 마치 남녀가 우연히 만났는데, 한 순간에 사랑하는 마음이 생겨서 어느 누구라도 그것을 떼어놓을 수가 없는 상황이 된다. 이렇게 合으로 시작된 인연은 결과적으로 좋은 인연이 될 수도 있고 비극적인 결말을 가져 올 수도 있지만 그것과 무관하게 일단 글자가 보이면 서로 合을 하게 된다.

(3) 丙辛合

天干에서 丙火와 辛金이 서로 만나게 되면 전생의 인연에 의해서 서로 이끌려서 合을 하게 된다. 이것은 힘으로 제어할 수가 없는 것이어서 그대로 빨려들어 가듯이 그렇게 만나서 깊은 애증(愛憎)의 바다를 헤매게 되기도 한다. 그러므로 합으로 인해서 결과가 좋다거나 나쁘다고 하는 것을 미리 판단할 수가 없다. 다만 四柱를 볼 수가 있게 되면 비로소 그 합의 결말까지도 유추(類推)하여 알아 낼 수가 있다.

(4) 丁壬合

天干에서 丁火와 壬水가 서로 만나게 되면 그 순간에 불꽃이 튀는 사랑에 빠지게 된다. 그로 인해서 전생의 은인(恩人)을 만나기도 하고, 철천지의 원수(怨讐)를 만나기도 하지만 그러한 것은 나중의 일이고 우선 당장은 까닭모를 매력(魅力)에 이끌려서 합을 이루게 된다.

(5) 戊癸合

天干에서 戊土와 癸水가 어딘가에서 만나게 되면 둘은 순식간에 서로에게 이끌려서 합이 되는 인연이다. 이렇게 합이 되면 어떤 것으로도 막을 수가 없다. 다만 공부가 깊은 학자는 그 결과가 어떻게 될 것인지에 대해서만 조용히 관조(觀照)를 하게 될 뿐이다.

2) 干合의 활용(活用)

干合을 알게 되면 干支의 나열(羅列)에 대해서 편리한 점이 있으므로 이것을 위해서라도 干合을 알아둘 필요가 있는 셈이다. 이것은 나중에 고수(高手)가 되더라도 그대로 활용 (活用)을 하게 되므로 잘 익혀 두도록 한다.

이것을 활용하는 방법은 年柱에서 月柱를 찾을 경우에도 유용하고, 日柱에서 時柱를 찾을 경우에도 유용하다. 그리고 나중에 時柱에서 分柱를 찾을 일이 생기더라도 같은 원리(原理)를 그대로 응용하여 편리하게 干支를 찾게 되므로 매우 중요하다.

(1) 甲己-甲子

甲년과 己년에는 甲子로 시작하여 寅월에 태어난 사람은 甲子, 乙丑, 丙寅으로 연결이 되어서 丙寅월이라는 것을 바로 알 수가 있다. 그리고 어디까지 따지느냐면 丑월까지이다. 丙寅, 丁卯, 戊辰, 己巳, 庚午, 辛未, 壬申, 癸酉, 甲戌, 乙亥, 丙子, 丁丑으로 이어지는 것이다.

또 甲일이나 己일에 태어난 사람도 마찬가지로 子시는 甲子시, 丑시는 乙丑시로 시작이 되어서 丙寅시, 丁卯시와 같은 순서로 따져서 亥시까지 대입을 할 수가 있는 것은 서로 같은 이치이다. 만세력에도 時柱까지는 표기가 되지 않으므로 이것을 외울줄 모른다면 도표를 의지해서 四柱를 적어야 하는데 그것도 모양이 빠지는 일이므로 이 방법을 적극 권장한다.

(2) 乙庚-丙子

乙년이나 乙일, 庚년이나 庚일은 丙子, 丁丑, 戊寅, 己卯, 庚辰, 辛巳, 壬午, 癸未, 甲申, 乙酉, 丙戌, 丁亥, 戊子, 己丑까지 적용을 하면 된다. 단, 丙子, 丁丑은 월에서는 사용하지 않는

다. 寅월부터 시작이기 때문이다.

(3) 丙辛-戊子

丙년이나 丙일, 辛년이나 辛일은 戊子, 己丑, 庚寅, 辛卯, 壬辰, 癸巳, 甲午, 乙未, 丙申, 丁酉, 戊戌, 己亥, 庚子, 辛丑으로 대입하면 된다. 月柱의 干支를 찾을 적에는 庚寅부터 시작하고 時柱를 찾을 적에는 戊子부터 시작하여 순서대로 외워나가면 찾고자 하는 干支가 드러나게 되는 것이다. 이것을 원활하게 사용하기 위해서는 반드시 六甲을 외워야 할 것이다.

(4) 丁壬-庚子

丁년이나 丁일, 壬년이나 壬일은 庚子, 辛丑, 壬寅, 癸卯, 甲辰, 乙巳, 丙午, 丁未, 戊申, 己酉, 庚戌, 辛亥, 壬子, 癸丑으로 대입하여 필요한 干支를 찾아내면 된다.

(5) 戊癸-壬子

戊년이나 戊일, 癸년이나 癸일에는 壬子, 癸丑, 甲寅, 乙卯, 丙辰, 丁巳, 戊午, 己未, 庚申, 辛酉, 壬戌, 癸亥, 甲子, 乙丑으로 대입하여 干支를 찾아내면 틀림없이 올바른 干支가 산출(算出)된다.

이상과 같이 干合을 의지해서 간단하게 찾아내는 干支에 대해서 이해를 하고 암기까지 해놓은 후에 다음 공부로 넘어가서 더욱 즐거운 시간이 되도록 정진(精進)하기 바란다.

6. 사주작성(四柱作成) 연습

명식작성(命式作成)					
성별,음양	년	월	일	시	분
時	日	月	年		
					四柱
					대운수
					干支
					신대운
					干支

 수능을 볼 것도 아닌데, 특별히 어려운 것으로 준비해서 문제를 위한 문제가 되는 것은 현실적으로 실용적이지 않으므로 편안하게 생각하면서 대입할 수 있는 방법을 취하도록 할

참이다. 적는 방식은 앞의 표를 참고하여 작성하면 될 것이고 혹시라도 이런저런 칸을 많이 만들어서 많은 것을 기입하고 싶다면 그것은 각자 취향에 따라서 변형하여 사용하면 될 것이다. 그럼 문제를 보면서 표에 맞게 써넣은 다음에 확인해 보면서 그동안의 공부를 통해서 알게된 부분을 잘 이해하고 있는지를 파악하도록 한다.

 [1] 남, 음력 1975년 6월 13일 08시 40분
 [2] 여, 양력 1975년 6월 13일 08시 40분
 [3] 남, 양력 1999년 4월 16일 04시 20분
 [4] 여, 양력 2005년 3월 11일 15시 50분
 [5] 남, 음력 2010년 7월 25일 10시 20분

 이렇게 다섯 개의 문제를 준비했다. 만세력을 찾아서 작성한 다음에 비교해 가면서 확인하면 이해에 도움이 될 것이다. 그리고 틀린 경우에는 왜 틀리게 되었는지를 반드시 확인해야 할 것이다. 이것이 잘된다면 가족들부터 생일을 적은 다음에 이와 같이 연습자료로 삼으면 더욱 깊은 이해가 될 것이다. 참고로 낭월이 사용한 만세력은 동학사 2006년 11월판 《맞춤형 사주만세력》이다. 만세력에 따라서 약간의 오차가 있을 수 있으므로 참고로 적어 놓는 것이다.

【1】 남, 음력 1975년 6월 13일 08시 40분

명식작성(命式作成)								
남, 음	1975년 6월 13일 08시 40분							
時		日		月		年		
火土	丙辰	土土	戊辰	水土	癸未	木木	乙卯	四柱
74	64	54	44	34	24	14	04	대운수
乙亥	丙子	丁丑	戊寅	己卯	庚辰	辛巳	壬午	干支
76	66	56	46	36	26	16	06	신대운
辛卯	庚寅	己丑	戊子	丁亥	丙戌	乙酉	甲申	干支

글을 쓰는데에는 법칙(法則)이 있다. 가로쓰기는 왼쪽에서 오른쪽으로 쓰고 세로쓰기는 오른쪽에서 왼쪽으로 쓰는 것이다. 아랍권에서는 가로쓰기를 하면서도 오른쪽부터 쓰니까 예외라고 하겠지만 특히 四柱를 적을 적에는 반드시 위와 같이 쓰는 것을 권한다.

책에 따라서는 세로쓰기를 왼쪽부터 하기도 하고, 또 위에서부터 干支를 왼쪽에서 차례로 내려서 쓰는 경우도 있으나 이것은 바람직하지 않은 것으로 생각된다. 물론 글을 쓰는 것은 자유이므로 어떻게 하든 상관없겠지만 나중에 고서(古書)를 보게 되면 무척 혼란스러운 경우를 당하게 되기 때문에 애초에 눈의 길을 잘 들여야 한다는 것이 첫째로 중요한 부분이

다. 혹시라도 '나는 고서를 볼 일이 없으므로 그냥 편하게 할 껴~!'라고 하는 것까지 말리지는 못하겠지만 후일에 중국인 명리학자라도 만나게 된다면 망신스러울 수도 있을 것이다.

하긴, 이미 중국의 대륙에서 나오는 명리서적에는 四柱의 표시가 혼란스럽게 작성되기 시작하고 있다. 그래서 항상 年月日時의 위치를 확인해야 하고, 또 표시가 되어 있지 않으면 내용을 잘 살펴본 다음에 四柱를 읽어야 한다는 점이 이 시대의 자평명리학을 공부하는 사람이 반드시 알아야 할 점이다.

四柱의 干支 왼쪽에 五行을 표시한 것은 연습 삼아 그렇게 적어보는 것도 좋을 것 같아서이다. 나중에 실제로 四柱를 적어 놓을 적에는 이렇게까지 할 필요는 없다. 그러니까 干支의 五行은 적지 않아도 잘 알 수 있도록 익숙하게 암기하면 되겠다.

1번 자료의 경우에는 음남(陰男)에 해당하므로 대운(大運)은 역행(逆行)으로 표시하는 것이 기본적인 공식이다. 그래서 대운의 干支는 역행으로 표시되었다. 다만 혹시라도 신대운(新大運)에 대해서 참고할 경우를 생각해서 함께 표시를 했다. 신대운으로 보면 日干이 陽干이므로 순행(順行)이 되어서 대운도 순운(順運)으로 표시하고 대운의 숫자도 반대로 적용이 된다는 것을 알아 두면 나중에 활용하는데 참고가 될 것으로 본다.

【2】 여, 양력 1975년 6월 13일 08시 40분

명식작성(命式作成)									
여, 양	1975년 6월 13일 08시 40분								
時		日		月		年		
金土	庚辰	金木	庚寅	水火	壬午	木木	乙卯	四柱
78	68	58	48	38	28	18	08	대운수
庚寅	己丑	戊子	丁亥	丙戌	乙酉	甲申	癸未	干支
								신대운
								干支

 이 자료는 여성으로 年干이 陰干에 해당하여 대운은 순행(順行)이 되는데, 신대운으로 대입하면 日干이 陽干이므로 또한 같은 순행이 된다. 그러니까 기존의 대운으로 대입해도 순운(順運)이고 신대운으로 대입해도 순운이므로 변화가 없는 것으로 봐서 신대운은 표시를 할 필요가 없는 경우라고 보면 되겠다.

 대운의 地支가 未로 시작해서 申酉戌을 거쳐 亥子丑으로 흐름을 타게 되는데, 이러한 모습을 간단하게 줄여서 표현할 경우에는 '운(運)이 서방(西方)에서 북방(北方)으로 흐른다'고 표현을 하기도 한다. 책에 종종 언급이 되는 이야기이므로 알아 두면 참고가 될 것이다.

[3] 남, 양력 1999년 4월 16일 04시 20분

명식작성(命式作成)									
남, 양	1999년 4월 16일 04시 20분								
時		日		月		年		
木木	甲寅	土土	戊戌	土土	戊辰	土木	己卯	四柱
74	64	54	44	34	24	14	04	대운수
庚申	辛酉	壬戌	癸亥	甲子	乙丑	丙寅	丁卯	干支
77	67	57	47	37	27	17	07	신대운
丙子	乙亥	甲戌	癸酉	壬申	辛未	庚午	己巳	干支

 이 자료는 남자이다. 年干이 己卯이니 陰干에 해당하여 대운은 역행(逆行)하게 되는 공식이다. 그래서 흐름은 동방(東方)에서 북방(北方)을 거쳐 서방(西方)으로 가는 것으로 표기를 하게 된다. 계절로 봐서는 거꾸로 가는 셈이지만 역운이기 때문에 이와 같은 결과가 나오게 된다.

 신대운으로 대입하게 되면 日干이 戊土이므로 陽干이 된다. 그래서 순행(順行)하는 구조로 진행하게 되면 남방(南方)에서 서방(西方)을 거쳐서 북방(北方)으로 흐르는 방향이 된다. 그리고 대운의 숫자도 바뀌어서 7세, 17세, 27세의 흐름을 타게 되는 것이다. 나중에 용신(用神)을 배우고 나면 이러한 것을 통해서 삶의 과정을 추론할 수가 있게 된다.

[4] 여, 양력 2005년 3월 11일 15시 50분

명식작성(命式作成)								
여, 양	2005년 3월 11일 15시 50분							
時		日		月		年		
水 金	壬 申	木 火	甲 午	土 木	己 卯	木 金	乙 酉	四柱
78	68	58	48	38	28	18	08	대운수
丁 亥	丙 戌	乙 酉	甲 申	癸 未	壬 午	辛 巳	庚 辰	干支
								신대운
								干支

여성으로 현재[2011]의 나이는 7세가 된다. 年干이 陰干이고, 日干이 陽干에 해당하여 신대운과 종전 대운이 같으므로 그대로 대입하여 작성하게 된다. 대운의 흐름은 남방(南方)에서 서방(西方)으로 흐르는 구조라고 말하게 되는데, 현재의 나이를 보면 8세부터 운이 들어오게 되므로 아직은 대운의 적용이 시작되지 않는 것으로 보게 된다.

이러한 경우에는 대운은 가만히 두고서 세운(歲運)만을 대입하여 길흉화복(吉凶禍福)을 판단하게 된다. 그러니까 만약에 대운의 숫자가 10이라면 열 살이 되기 전까지는 대운의 작용을 대입하지 않게 되는 것이다.

[5] 남, 음력 2010년 7월 25일 10시 20분

명식작성(命式作成)									
남, 음	2010년 7월 25일 10시 20분								
時		日		月		年			
水火	癸巳	火土	丙辰	木金	甲申	金木	庚寅	四柱	
72	62	52	42	32	22	12	02	대운수	
壬辰	辛卯	庚寅	己丑	戊子	丁亥	丙戌	乙酉	干支	
								신대운	
								干支	

 남자가 庚寅년에 태어났으므로 陽干이 되고, 日干도 丙이므로 또한 陽干이다. 이렇게 되는 경우에는 대운과 신대운의 흐름이 같으므로 그대로 판단하게 된다. 운의 흐름은 서방(西方)에서 북방(北方)을 거쳐서 다시 동방(東方)으로 흐르게 되어 있다.

 만약에 필요한 五行이 木이 될 경우에는 동방의 운에서 발전하게 되고, 金이 될 경우에는 서방의 운에서 발전하게 되는 것으로 해석하는 것이 운을 살펴보는 방법이지만 아직은 준비가 더 필요하므로 꾸준히 연마하여 五行의 흐름이 보일 정도의 실력을 갖추게 되면 한 눈에 전체적인 상황을 파악하여 결과를 예측할 수가 있다.

7. 六甲과 역괘(易卦)

 이제는 六甲을 알아야 할 때가 되었다. 干支의 기본을 마쳤으니까 공식부터 암기하고 마무리를 해야 할 단계가 된 것이다. 干支의 조합은 60개이고 역괘(易卦)의 조합은 64개가 되어서 혹시라도, 서양의 별자리와 동양의 12支가 대응이 되듯이 이것도 서로 연결시킬 방법이 있을 것도 같아 이리저리 대입을 해봤지만 그것은 어려웠다. 그러니까 직접적인 연관은 없었다는 이야기이다. 그래서 역괘는 역괘이고 六甲은 六甲이라는 것으로 정리하였다. 비록 그렇다고 하더라도 이 두 가지의 기본적인 공식은 역학자(易學者)이거나, 명학자(命學者)이거나 피할 수가 없는 것이라고 생각해도 될 것이다.

 干支와 역괘(易卦)는 동양철학의 양대산맥이라고 해도 좋을 것이다. 한자가 만들어지게 된 것도 점괘(占卦)를 기록하기 위해서였다는 설이 있을 정도로 한자문화권에서의 두 학문은 그 역사에서 쌍벽(雙璧)을 이루고 있는 것도 사실이다. 그리고 21세기가 되었음에도 이러한 균형은 그대로 유지가 되는 것을 보면 기본적인 구조에 대해서도 알아 두면 좋을 것이다. 물론 여기에서 더 깊이 파고 들어가는 것은 각자의 인연에 따르면 된다.

1) 육갑경(六甲經)

 무슨 일이든 다 그렇지만 노력과 성과가 참으로 중요하다. 그러니까 결과도 중요하지만 방법도 그에 못지않게 대단히 중요한 것이다. 다같이 노력을 했는데 성취도(成就度)가 다르다면 일단 방법이 잘못 되었는지를 생각해 보는 것이 중요하다. 방법은 기술(技術)이기도 하다. 공부하는데도 기술은 있기 마련이다. 지금 강조(强調)하는 것도 그 기술이다.
 이만하면 干支의 이치도 대략 파악이 되었을 것이니 이제는 정리를 해야 하는데, 가장 좋은 방법이 干支를 내 것으로 만들어야 하는 일이다. 그리고 그렇게 하기 위해서는 무엇보다도 六甲을 외우는 것보다 더 효과적인 것은 없다고 보아도 좋을 것이다. 이것 하나면 많은 방면에서 큰 자신감을 얻게 될 것이기 때문이다.
 통근(通根)을 이해하는 과정에서도 干支의 독립적(獨立的)인 작용을 모두 파악하고 있다면 실제로 四柱를 조합(組合)한 다음에 저울질을 하는 과정에서도 네 가지의 干支에 대한 구조를 얼른 떠올리고 그 관계를 대입해 버리면 간단하게 판단이 될 것이지만, 이것이 이뤄지지 않았다면 하나하나를 모두 찾아서 저울대에 올려놓고 살펴보아야 하는 번거로움을 끝없이 반복해야 한다. 그래서 이제는 六甲부터 외워 놓고 다른 일을 보자는 이야기이다. 바로 지금이 외워야 할 필요를 강조할 때이기도 한 까닭이다.

(1) 天干 외우기

우선 天干부터 외워야 하겠다. 어쩌면 天干을 배우면서 특별히 암기공포증(暗記恐怖症)이 있는 경우가 아니라면 아마도 해결을 보았을 것으로 짐작을 해본다. 비록 그렇더라도 제대로 해야 한다. 정확(正確)하지 않은 암기는 오히려 거추장스럽거나 오류를 범할 가능성도 높기 때문이다.

甲乙丙丁戊己庚辛壬癸를 외우는 것은 대부분 잘하였을 것으로 본다. 그렇다면 이제부터는 그것을 뒤집어서 癸壬辛庚己戊丁丙乙甲으로 외워야 한다. 이것은 부지런한 독자(讀者)가 아니라면 소홀하게 생각을 하였을 수도 있다. 그렇지만 반드시 노력을 기울여서 해야만 결과는 풍성(豊盛)한 법이다.

(2) 地支 외우기

天干을 다 외운 다음에는 地支를 외운다. 어려울 것은 하나도 없다. 그냥 오며 가며 그렇게 중얼중얼, 子丑寅卯辰巳午未申酉戌亥를 외우면 된다. 물론 다 외운 다음에는 天干과 마찬가지로 亥戌酉申未午巳辰卯寅丑子를 외우면 된다. 이것은 생각으로 외우는 것이 아니고 입으로 외워야 한다. 그러니까 입만 벌리면 나오도록 숙련(熟練)을 하라는 의미이다.

낭월의 생각으로는 이렇게 하면서 干支의 씨앗을 뇌리(腦裏)에 꽉꽉 박아 넣는 것이 아닌가 싶다. 종자(種子)를 심고 물을 주는 마음으로 외우면 좋을 것이다. 결국 우리에게 필요한 것은 干支의 변화(變化)이다. 그리고 그 변화를 파악하는 데 뇌속에다가 유전인자(遺傳因子)를 묻어 놓으면 반드시 크게 써먹을 때가 올 것이다.

불가(佛家)의 속담(俗談)에 '노는 입에 염불(念佛)하라.'는 말이 있다. 손으로 일을 하더라도 입은 놀고 있으므로 그 시간에 '나무아미타불(南無阿彌陀佛)'을 하든지 아니면 '관세음보살(觀世音菩薩)'을 하든지 간에 열심히 하노라면 언젠가 그것이 나도 모르게 큰 도움이 될 것이라는 뜻이다.

(3) 干支 외우기

앞에서 '干따로 支따로' 외웠다면 그것만으로 써먹으려고 하지 말라는 주의를 줘야 하겠다. 자칫하면 四柱의 대운(大運)을 적으면서 天干을 적어 놓고 다시 地支를 적는 꼴사나운 품새를 방문자에게 공개하게 될 수도 있기 때문이다. 처음에 습관이 되면 잘 고쳐지지 않는다. 습관(習慣)은 그래서 무서운 것이다. 지금부터 길을 잘 들여야 품격(品格)있는 모습을 보여줄 수가 있는 것이다.

과거에 상당히 인지도(認知度)를 가지고 있는 선생을 찾아간 적이 있었는데 명식(命式)을 적으면서 天干을 먼저 적어 놓은 다음에 다시 地支를 적는 모습을 본 적이 있다. 조금만 신경을 쓴다면 그것은 고칠 수가 있는 것이니, 부디 낭월의 독자는 그러지 말라는 희망사항도 함께 담아서 안내하고자 한다.

육갑순행(六甲順行)								
癸酉	壬申	辛未	庚午	己巳	戊辰	丁卯	丙寅	乙丑	甲子
癸未	壬午	辛巳	庚辰	己卯	戊寅	丁丑	丙子	乙亥	甲戌
癸巳	壬辰	辛卯	庚寅	己丑	戊子	丁亥	丙戌	乙酉	甲申
癸卯	壬寅	辛丑	庚子	己亥	戊戌	丁酉	丙申	乙未	甲午
癸丑	壬子	辛亥	庚戌	己酉	戊申	丁未	丙午	乙巳	甲辰
癸亥	壬戌	辛酉	庚申	己未	戊午	丁巳	丙辰	乙卯	甲寅

육갑역행(六甲逆行)								
甲寅	乙卯	丙辰	丁巳	戊午	己未	庚申	辛酉	壬戌	癸亥
甲辰	乙巳	丙午	丁未	戊申	己酉	庚戌	辛亥	壬子	癸丑
甲午	乙未	丙申	丁酉	戊戌	己亥	庚子	辛丑	壬寅	癸卯
甲申	乙酉	丙戌	丁亥	戊子	己丑	庚寅	辛卯	壬辰	癸巳
甲戌	乙亥	丙子	丁丑	戊寅	己卯	庚辰	辛巳	壬午	癸未
甲子	乙丑	丙寅	丁卯	戊辰	己巳	庚午	辛未	壬申	癸酉

어쩌면 암기멀미증이 있는 독자는 순서대로만 외우면 되

지 힘들게 거꾸로까지 외울 필요가 있겠느냐는 잔꾀가 발생할 수도 있겠다. 이것은 대운(大運)의 표기(表記)로 인해서이다. 여하튼 대운의 순역(順逆)이 존재하는 한(限)은 외워야 한다. 그러니까 미련스럽게 외워 놓는 것이 뱃속 편할 것이다. 이렇게 외워 놓으면 나중에 실력이 높아진 다음에 보상(補償)은 이루어진다는 것만 믿고 분발하길 바란다.

(4) 干支 검색법

일단 六甲을 다 외웠다면 이제 활용(活用)을 할 수가 있는 방법(方法)을 안내하도록 한다. 물론 외우지 못했다면 이것은 그림의 떡이다. 사실은 이러한 방법이 있으므로 외우라고 하는 것이라고 보아도 좋을 것이다.

[문] 甲子일의 午시는 무슨 午시인가?
㉮ 甲子, 乙丑, 丙寅, 丁卯, 戊辰, 己巳, 庚午시이다. (80점)
㉯ (도표를 뒤적뒤적 보고서) 庚午시이다. (30점)
㉰ 甲己甲子-戊辰, 己巳, 庚午시이다. (100점)
㉱ 그 어려운 것을 어찌 알겠는가. (0점)

각자 자신의 능력대로 점수를 매기기 바란다. 결론은 일정한 순서가 있으므로 그것을 알면 나중에 시간을 단축시키는 데 매우 유용하다는 것을 전달하기 위해서 만들어본 문제이다. 여기에서 표를 하나 보면서 이해를 돕도록 한다.

年柱에서 月柱, 日柱에서 時柱찾기	
甲己(年,日)에는	甲子 … 戊辰 … 甲戌
乙庚(年,日)에는	丙子 … 庚辰 … 丙戌
丙辛(年,日)에는	戊子 … 壬辰 … 戊戌
丁壬(年,日)에는	庚子 … 甲辰 … 庚戌
戊癸(年,日)에는	壬子 … 丙辰 … 壬戌

六甲만 외웠다면 간단하다. 甲己년이나 甲己일에 태어난 사람이 辰시라고 한다면 무슨 辰이냐는 것을 알아야 한다. 물론 도표를 보고 찾을 수도 있다. 그렇게 하다가는 인생의 절반을 도표를 보는 일에 투자하게 될 뿐이라는 것이 문제이다.

甲子부터 따져서 辰에 도달하면 그것이 해답이 된다. 甲子, 乙丑, 丙寅, 丁卯, 戊辰 그렇다. 甲己일에는 언제라도 辰시는 戊辰시가 되도록 되어 있다는 것을 알아 두면 되는 것이다. 그러니까 己丑일도 마찬가지로 戊辰시가 된다는 것이다. 또 丙일이나 辛일에는 壬辰시가 되는 것이다. 이것을 암기하기 위해서 간단하게 요약법을 설명한다.

(5) 간단한 암기법

甲己戊辰甲子戌 乙庚庚辰丙子戌
丙辛壬辰戊子戌 丁壬甲辰庚子戌
戊癸丙辰壬子戌

이렇게 간단한 공식을 암기한 다음에 설명을 훑어보면 바로 이해가 될 것이다.

甲이나 己는 甲子로 시작한다.
乙이나 庚은 丙子로 시작한다.
丙이나 辛은 戊子로 시작한다.
丁이나 壬은 庚子로 시작한다.
戊나 癸는 壬子로 시작한다.

甲이나 己는 辰을 만나면 戊辰이니 天干이 土이다.
乙이나 庚은 辰을 만나면 庚辰이니 天干이 金이다.
丙이나 辛은 辰을 만나면 壬辰이니 天干이 水이다.
丁이나 壬은 辰을 만나면 甲辰이니 天干이 木이다.
戊나 癸는 辰을 만나면 丙辰이니 天干이 火이다.

甲이나 己는 戌을 만나면 甲戌이 된다.
乙이나 庚은 戌을 만나면 丙戌이 된다.
丙이나 辛은 戌을 만나면 戊戌이 된다.
丁이나 壬은 戌을 만나면 庚戌이 된다.
戊나 癸는 戌을 만나면 壬戌이 된다.

간단하게 해놓은 공식을 풀이하면 이렇게 길어진다. 여하튼 나름대로의 방법을 동원해서 정확하게 알아 놓고 외워 두기 바란다. 처음에 공부를 할 적에 이러한 방법을 알려줬으면 나중에 훨씬 편했을 것이라는 생각이 새삼스럽게 든다. 실패를 경험을 한 다음에서야 지름길을 알게 되는 것인가 보다.

이것은 時干에서 分柱를 찾을 적에도 그대로 활용이 된다. 그러므로 제대로 알아 두기만 하면 무지하게 편리하므로 구구단을 외우는 것과 같은 효과라고 하겠다. 그러니까 甲己시에는 甲子분으로 시작한다고만 알고 있으면 되는 것이다. 만약에 이러한 설명들이 어렵다고 느껴진다면 이유는 간단하다. 분명히 六甲을 제대로 외우지 않았다. 왜냐하면 六甲만 외우면 모두 해결이 될 문제들이기 때문이다.

2) 주역(周易)의 괘상(卦象)

이번에는 상식에 대한 공부이다. 메인은 앞에서 설명한 六甲을 외우는 것인데 이것을 외우고 난 다음에는 내친 김에 64괘도 알아 두면 상식으로 쓸모가 있기 때문에 간단하게 소개를 하도록 한다. 그러니까 최소한으로 이 정도는 알아 두어야 하지 않겠느냐는 의미이다.

(1) 구궁팔괘(九宮八卦)

'아홉 개의 궁에 자리잡고 있는 여덟 개의 괘상'이라는 뜻으로 구궁팔괘라고도 한다. 그런데 구궁 팔괘도 알고 보면 두 가지가 있다. 하나는 선천팔괘(先天八卦)이고 또 하나는 후천팔괘(後天八卦)이다. 선천은 과거의 모습이라고 한다면 후천은 지금의 모습이라고 할 수 있을 것이다. 그래서 지금의 모습을 나타내는 후천팔괘에 대해서 이해를 하도록 한다. 여기에서 자세히 살펴보면 地支와 팔괘(八卦)가 서로 한 자리에 모이는 것을 접하게 된다.

후천팔괘도(문왕팔괘)		
辰巳 남동 ☴	午 정남 ☲	未申 남서 ☷
卯 정동 ☳	中 중앙 ☯	酉 정서 ☱
丑寅 북동 ☶	子 정북 ☵	戌亥 북서 ☰

후천팔괘도를 일명 문왕팔괘(文王八卦)라고도 한다. 문왕팔괘란 말은 선천팔괘도를 복희팔괘(伏羲八卦)라고 하는 것과 대비해서 붙여진 이름인데 딱 요만큼만 이해하면 된다.

(2) 팔괘의 형태(形態)

① 건삼련(乾三連) ☰ : 삼효가 모두 이어져 있다.
② 태상절(兌上絶) ☱ : 위의 효가 끊어져 있다.
③ 이허중(離虛中) ☲ : 가운데 효가 끊어져 있다.
④ 진하련(震下連) ☳ : 아래의 효가 이어져 있다.
⑤ 손하절(巽下絶) ☴ : 아래의 효가 끊어져 있다.
⑥ 감중련(坎中連) ☵ : 가운데 효가 이어져 있다.
⑦ 간상련(艮上連) ☶ : 위의 효가 이어져 있다.
⑧ 곤삼절(坤三絶) ☷ : 삼효가 모두 끊어져 있다.

처음에 팔괘를 접하게 되면 괘상의 모양이 비슷비슷해서 얼른 보아도 눈에 들어오지 않을 경우를 대비해서 모양을 생각하면서 암기하는 방법이니까 지나는 길에 알아 두도록 하면 유익할 것이다.

(3) 팔괘의 상징(象徵)

① 건위천(乾爲天): 乾은 하늘을 상징한다.
② 곤위지(坤爲地): 坤은 땅을 상징한다.
③ 감위수(坎爲水): 坎은 물을 상징한다.
④ 리위화(離爲火): 離는 불을 상징한다.
⑤ 진위뢰(震爲雷): 震은 우레를 상징한다.
⑥ 손위풍(巽爲風): 巽은 바람을 상징한다.
⑦ 간위산(艮爲山): 艮은 산을 상징한다.
⑧ 태위택(兌爲澤): 兌는 연못을 상징한다.

이상의 여덟가지는 모두 자연의 현상에서 선택이 된 것이다. 눈이나 비가 없느냐고 하면 그것은 水의 변형이므로 水로 대입하면 되는 것이다.

(4) 팔괘의 陰陽과 가족관계

① 건괘(☰): 삼효가 모두 陽이니 노양(老陽-父)이다.
② 태괘(☱): 위의 효가 陰이니 음괘(陰卦-少女)이다.
③ 리괘(☲): 중간의 효가 陰이니 음괘(陰卦-中女)이다.
④ 진괘(☳): 아래의 효가 陽이니 양괘(陽卦-長男)이다.
⑤ 손괘(☴): 아래의 효가 陰이니 음괘(陰卦-長女)이다.
⑥ 감괘(☵): 중간의 효가 陽이니 양괘(陽卦-中男)이다.
⑦ 간괘(☶): 위의 효가 陽이니 양괘(陽卦-少男)이다.
⑧ 곤괘(☷): 삼효가 모두 陰이니 노음(老陰-母)이다.

팔괘의 陰陽은 셋 중에서 다른 둘과 다른 모양을 하고 있는 것을 중심으로 놓고 살피게 된다. 그래서 진괘(震卦), 감괘(坎卦), 간괘(艮卦)는 양괘(陽卦)가 되고 태괘(兌卦), 리괘

(離卦), 손괘(巽卦)는 음괘(陰卦)가 되는 것이다. 그리고 건괘(乾卦)와 곤괘(坤卦)는 모두 같은 효(爻)로 이뤄져 있기 때문에 그대로 陰陽이 되면서 어른이라는 뜻에서 노(老)를 붙이게 되는 것이다.

(5) 팔괘의 五行과 天干

① 건괘(☰): 陽金이므로 庚이다.
② 태괘(☱): 陰金이므로 辛이다.
③ 리괘(☲): 陰火지만 묶어서 丙丁이다.
④ 진괘(☳): 陽木이므로 甲이다.
⑤ 손괘(☴): 陰木이므로 乙이다.
⑥ 감괘(☵): 陽水이지만 묶어서 壬癸이다.
⑦ 간괘(☶): 陽土이므로 戊이다.
⑧ 곤괘(☷): 陰土이므로 己이다.

水火를 보면 陰陽으로 나뉘지 않고 하나씩만 있으므로 묶어서 구분을 하는데 이것은 水火의 성질(性質)이 한 방향으로 치우쳐 있어서 陰陽으로 분리가 되지 않은 것을 의미하는 것으로 이해를 하게 된다. 그리고 水火의 陰陽도 재미있다. 누구나 火는 陽이라고 생각하는데 괘상(卦象)은 陰이고, 또 水는 陰이라고 생각하지만 막상 괘상을 보면 陽으로 되어 있는 것은 만물(萬物)은 물극필반(物極必返)의 논리에 의해서 한쪽으로 치우치게 되면, 다른 陰陽으로 변화하는 조짐(兆朕)이 일어난다는 것을 의미한다. 그래서 팔괘는 미리 움직이므로 기(氣)가 되는 것이다. 여기에서는 동지를 적용시키는 역경(易經)의 이치를 짐작할 수도 있겠다. 즉 陰이 극(剋)에

달하여 陽으로 변한다는 의미가 그 안에 포함되어 있다.

(6) 팔괘의 방위(方位)와 地支

① 건괘(☰): 西北의 戌亥이다.
② 태괘(☱): 正西의 酉이다.
③ 리괘(☲): 正南의 午이다.
④ 진괘(☳): 正東의 卯이다.
⑤ 손괘(☴): 東南의 辰巳이다.
⑥ 감괘(☵): 正北의 子이다.
⑦ 간괘(☶): 東北의 丑寅이다.
⑧ 곤괘(☷): 西南의 未申이다.

天干에서는 陽木으로 甲이 되고 地支에서는 正東으로 卯가 되는 것에 대해서 서로 맞지 않는다고 생각할 필요는 없다. 이것은 주역(周易)에서 논하는 문제이기 때문에 자평명리학(子平命理學)의 기준(基準)으로 대입해서 맞다 틀리다는 것을 논하는 것은 의미가 없는 일이기 때문이다.

(7) 팔괘의 신체(身體)와 장부(臟腑)

① 건괘(☰): 머리와 폐(肺)
② 태괘(☱): 입과 대장(大腸)
③ 리괘(☲): 눈과 심장(心臟) 소장(小腸)
④ 진괘(☳): 발과 간(肝)
⑤ 손괘(☴): 허벅지와 담(膽)
⑥ 감괘(☵): 귀와 신장(腎臟) 방광(膀胱)
⑦ 간괘(☶): 손과 위(胃)

⑧ 곤괘 (☷) : 배와 비장(脾臟)

 이러한 분류는 팔괘를 이용하여 육효(六爻)의 점괘(占卦)를 만들어서 길흉화복(吉凶禍福)을 대입하여 풀이하게 될 경우에 어느 부위에 질병(疾病)이 있다는 것을 찾아내는 용도로도 사용이 된다. 이렇게 대입하여 풀이하는 것을 육효점(六爻占)이라고도 하는데, 역괘(易卦)를 이용하는 점술(占術)에서는 모두 이러한 방법을 사용하게 된다.
 괘효(卦爻)의 시간적인 개념은 아래에서부터 쌓이는 의미로 만들어진 것이다. 그래서 맨 아래를 장남이나 장녀라고 하고 중간은 중남이나 중녀가 되고 맨 위는 소남이나 소녀로 이름이 붙게 되었다. 이것을 '육효법(六爻法)'에서는 절묘하게 인용하는데, 손괘에 병이 나타나면 장녀가 아프다고 말하고 태괘가 沖을 받게 되면 막내딸이 밖으로 나갔다고 풀이하는 것이다.
 혹 현실적으로는 자녀의 수가 많아서 자녀가 여섯 이상이라면 첫째와 막내를 제외한 중간은 모두 중남이나 중녀가 되는 것으로 대입하는 것은 응용이라고 생각하면 될 것이다. 그리고 외아들이라면 장남도 되고 중남도 되고 소남도 되므로 모두 포함시키면 되고, 외동딸이라면 또한 장녀와 중녀와 소녀를 모두 적용시키면 된다. 이것은 응용이다.

(8) 팔괘의 자연(自然)과 동물(動物)

① 건괘(☰) : 맑음[晴]과 말[馬]을 상징한다.
② 태괘(☱) : 비[雨]와 양[羊]을 상징한다.

③ 리괘(☲): 맑음[晴]과 꿩[雉]을 상징한다.
④ 진괘(☳): 뇌우[雷雨]와 용[龍]을 상징한다.
⑤ 손괘(☴): 바람[風]과 닭[鷄]을 상징한다.
⑥ 감괘(☵): 비[雨]와 돼지[豚]를 상징한다.
⑦ 간괘(☶): 안개[霧]와 개[狗]를 상징한다.
⑧ 곤괘(☷): 흐림[曇]과 소[牛]를 상징한다.

응용하는 방법을 생각해 보면, 가령 내일 배를 타러 가는데 날씨가 어떻겠느냐는 질문을 받고서 괘를 얻었을 적에 간괘가 나온다면 안개가 심하다고 하고 건괘가 나오면 맑은 날이 될 것이라는 해석을 할 수가 있으니까 안개가 끼면 항해(航海)에 지장이 있을 수 있으므로 길을 나서지 말라고 조언(助言)을 할 수 있는 것이다.

또 무슨 동물을 키우면 좋겠느냐는 질문을 했을 경우에는 곤괘가 나오면 소를 키우라고 해주고 손괘가 나오면 닭을 키우라고 할 수 있는데, 만약에 진괘가 나오면 용을 키우라고 할 수는 없으므로 악어나 도마뱀을 키우라고 할 수도 있고 또 뱀으로 적용시켜도 가능할 것이다. 이러한 것은 응용법(應用法)인데, 핵심적(核心的)인 하나를 잘 이해하고 나면 질문의 유형에 따라서 주변에서 사물(事物)을 끌어다가 사용을 할 수가 있다.

물론 실제로 전문가의 경지(境地)에서 사용을 할 경우에는 이렇게 간단한 것이 아니라 여러 가지의 상황을 고려해서 귀신이 곡(哭)할 노릇이라고 할 기기묘묘(奇奇妙妙)한 풀이가 나타나기도 하는 것이다. 그리고 그렇게 되기까지에는 陰

陽五行의 이치를 얼마나 깊이 관찰하고 있느냐는 것에서부터 출발한다는 것을 잊지 않도록 해야 할 것이다.

 이렇게 부분적으로 팔괘가 갖고 있는 상징성을 이해하고 있으면 나중에 육효에서 어떤 풀이하는 내용을 접할 기회가 있더라도 왜 그런 말이 나오게 되었는지를 가늠할 수가 있을 것이다. 그리고 나중에 자평법을 공부한 다음에 주역에 대해서도 관심이 생긴다면 이러한 기초적인 개념을 잡아놓은 것이 안내자의 역할을 할 것이므로 미리감치 준비를 해 두는 것도 나쁘지 않을 것이라는 생각이다.
 뭐든지 파고 들어가게 되면 또 하나의 새로운 세계가 열리게 되고 그 속에서 또 즐거우면서도 흥분되는 세상을 배우게 되는 것이 학문의 세계이고 철학(哲學)이기도 하다. 그래서 가능하다면 뭐든지 기본적인 구조라도 알아두는 것을 권하게 되는 것이다. 깊이 들어가지는 못하더라도 그것만으로도 서로 연결이 될 수 있는 징검다리의 역할은 할수가 있을 것이기 때문이다. 이제 주역의 핵심인 64괘에 대해서 살펴보도록 하자. 다만 설명을 할 능력은 되지 않으므로 그냥 구구단을 외우듯이 표만 알아두라는 말씀으로 얼버무린다.

(9) 64괘의 명칭(名稱)

64괘 조견표

상괘 하괘	☰ 1	☱ 2	☲ 3	☳ 4	☴ 5	☵ 6	☶ 7	☷ 8
☰ 1	1/1 乾	2/1 夬	3/1 大有	4/1 大壯	5/1 小畜	6/1 需	7/1 大畜	8/1 泰
☱ 2	1/2 履	2/2 兌	3/2 睽	4/2 歸妹	5/2 中孚	6/2 節	7/2 損	8/2 臨
☲ 3	1/3 同人	2/3 革	3/3 離	4/3 豊	5/3 家人	6/3 旣濟	7/3 賁	8/3 明夷
☳ 4	1/4 无妄	2/4 隨	3/4 噬嗑	4/4 震	5/4 益	6/4 屯	7/4 頤	8/4 復
☴ 5	1/5 姤	2/5 大過	3/5 鼎	4/5 恒	5/5 巽	6/5 井	7/5 蠱	8/5 升
☵ 6	1/6 訟	2/6 困	3/6 未濟	4/6 解	5/6 渙	6/6 坎	7/6 蒙	8/6 師
☶ 7	1/7 遯	2/7 咸	3/7 旅	4/7 小過	5/7 漸	6/7 蹇	7/7 艮	8/7 謙
☷ 8	1/8 否	2/8 萃	3/8 晋	4/8 豫	5/8 觀	6/8 比	7/8 剝	8/8 坤

표에서 괘상과 명칭은 표시하였지만 뜻에 대한 설명은 범위를 벗어난다고 봐서 생략한다. 이 부분에 대해서는 각자 관심도에 따라서 해당 서적을 살펴보고 이해를 하는 것이 오히려 올바른 지식을 얻는데 도움이 될 것으로 봐서 어설프게 언급하지 않을 것이다. 그리고 괘상과 함께 표시한 숫자는 괘상을 나타낼 적에 함께 사용하는 방법이므로 참고로 알아 두면 도움이 될 것이다. 이것을 암기하고자 하는 독자를 위해서 간단하게 정리를 해놓는다.

이렇게 외우면서 공부했던 기억이 새삼스럽게 떠오르는데 일반적으로 이 정도만 알아 두더라도 괘상을 보면서 무슨 괘인지를 알아보는 것으로는 크게 아쉽지 않을 것으로 생각된다. 일삼아서 64괘를 외울 필요는 없겠지만 六甲을 외우고 났는데 시간이 남는다고 하면 64괘도 열심히 외어 놓으면 나중에 반드시 그만한 보상이 주어질 것은 틀림이 없다. 여하튼 아는 만큼만 보이는 법이다.

■ 地支편의 마무리

 地支의 기본적인 이치에 대해 이해를 돕기 위해서 최대한으로 다양한 관점을 놓고 살펴보았으니 기초(基礎)를 다지는 데 약간의 도움이 되었을 것으로 기대하면서 혹시라도 책의 설명이 어려워서 이해에 어려움이 있었다면 또한 낭월의 우둔함을 탓하기 바란다.

 비록 地支에 대해서 깊이 살펴본다고 했지만 실상은 天干 없는 地支 없고, 地支 없이 天干을 논할 수도 없다는 것을 느꼈다면 공부는 잘 되어가고 있는 것으로 보아도 될 것이다. 이제부터는 가능하면 干과 干의 사이에 무슨 관계(關係)가 성립되어 있는지를 살피고, 支와 支의 사이에서도 무슨 관계가 일어나고 있는지를 교차적으로 대비해서 살피는 노력이 필요할 때이다.

 예를 든다면 四柱의 구조는 마치 거미줄과 같다고 할 수 있다. 天干은 씨줄이 되어서 나무와 기둥을 연결하고 있다면, 地支는 날줄이 되어 뱅글뱅글 돌아가면서 엮어 놓게 되는 것이다. 다만 이 단계에서 깊이 관찰을 하는 시간을 많이 갖는다면 촘촘하고도 큰 거미집이 될 것이고 급하게 얼버무리게 된다면 매우 작은 거미집이 될 수 밖에 없는 것이다.

 공부를 하는 과정에서는 힘들고 어렵겠지만 그렇게 큰 집을 지어 놓은 공덕은 언젠가 반드시 나타나기 마련이다. 그래서 누군가와 더불어 이야기를 나누면서 열두 조각으로 되어 있는 十二支가 자연스럽게 한 덩어리로 뭉쳐져서는 사람의 운명이 들여다 보이는 기적(!)이 일어나게 되는 신비한 체험을 하게 될 것이다. 바로 그러한 순간에 비로소 地支의 의미에 대한 노력의 결실이 주어지는 것이다.

이제 地支에 대한 개별적(個別的)인 설명은 마무리를 한 셈이다. 이것으로 종합(綜合)해서 풀어갈 준비는 되었으므로 다음의 이야기는 《干支》편에서 계속 이어가도록 하겠거니와 계속 정진하여 자평명리학(子平命理學)의 기본적인 이치(理致)에 대해서는 언제 어디서라도 아쉬움없이 자유롭게 사유(思惟)하고 대입할 수 있도록 열심히 정진(精進)을 한 결실(結實)이 이뤄지길 기원한다.

2011년 가을에 낭월 두손모음